小学
数与代数
基础理论

蒋志萍

汪文贤◎编著

（第二版）

XIAOXUE SHU YU DAISHU
JICHU LILUN

ZHEJIANG UNIVERSITY PRESS
浙江大学出版社
·杭州·

图书在版编目（CIP）数据

　　小学数与代数基础理论 / 蒋志萍，汪文贤编著.
2 版. -- 杭州：浙江大学出版社，2024. 8. -- ISBN
978-7-308-25322-2

　　Ⅰ. G624.503

　　中国国家版本馆 CIP 数据核字第 2024TP1497 号

小学数与代数基础理论（第二版）

蒋志萍　　汪文贤　编著

责任编辑	王　波	
责任校对	吴昌雷	
封面设计	雷建军	
出版发行	浙江大学出版社	
	（杭州市天目山路 148 号　邮政编码 310007）	
	（网址：http://www.zjupress.com）	
排　　版	杭州晨特广告有限公司	
印　　刷	杭州宏雅印刷有限公司	
开　　本	710mm×1000mm　1/16	
印　　张	12.75	
字　　数	257 千	
版 印 次	2024 年 8 月第 2 版　2024 年 8 月第 1 次印刷	
书　　号	ISBN 978-7-308-25322-2	
定　　价	39.00 元	

前　　言

　　《义务教育数学课程标准(2022年版)》规定的数学教学内容中,有"数与代数"、"图形与几何"、"统计与概率"和"综合与实践"四个部分,而"数与代数"显然是小学数学的主要内容。这无论是从内容所占的篇幅上,还是教学所花的时间上,都可以看出。对于一个将来要从事小学数学教学的师范大学生来说,其基本上学过"图形与几何"和"统计与概率"的相关课程,因此具有这方面系统的理论知识;但"数与代数"方面的理论知识并不系统,有许多人甚至并不具有。为此,我们编著了《小学数与代数基础理论》,供有关的师范专业学生作教材,也可作为在职教师继续教育培训教材。

　　《小学数与代数基础理论》是在原人民教育出版社小学数学室编著的中等师范学校数学教科书(以下简称中师教材)《小学数学教材教法(第一册)》(内容为小学数学基础理论)的基础上编著的。鉴于高等师范学校学生比中等师范学校学生起点高、基础厚及现行小学数学教材的实际,我们着重从提高学生对小学数与代数内容的理解和把握的角度,来组织《小学数与代数基础理论》的内容。

　　全书共有六章和三个附录。第一章预备知识,第二章自然数,第三章整数性质初步,第四章分数,第五章小数,第六章量的计量。三个附录分别是5000以内的质数表、有关质数的一些猜想和祖冲之与圆周率,它们可供学习相关内容时参考,或作为资料备查。

　　预备知识一章既是学习第二到第五章内容的基础,又能使读者从更高的视角去审视第二到第五章的内容和把握小学数与代数的内容。

　　自然数一章分别以自然数的基数理论和序数理论为线索展开,学习时谨防混淆。基数理论具有较强的实用意义,这在运用自然数四则运算解决实际问题中就可以明显地体现出来;自然数序数理论具有较强的理论意义,对于提高小学数学教学的理论水平具有明显的意义。两种理论各有优势,读者可在学习中体会。基数理论以集合论知识为基础而建立,与实际生活联系紧密,从而直观通俗,易于理解,便于应用;序数理论以公理化方法为基础而建立,从而体系严密,对于定理的证明要求高,能使读者对小学数与代数的许多相应内容在"知其然"的基础上,"知其所以然"。这一章与中师教材《小学数学教材教法(第一册)》的相应内容比较,有大的差别,主要是在其基础上增加了自然数的序数理论。另外,把整数四则简单应用题的教学与四则运算意义教学结合起来,旨在加强对运算意义的理解和应用。

整数性质初步一章基本上属于初等数论的内容,但比初等数论对相关内容的论述要更详细、具体。这部分内容的学习,为读者研究相应数学内容打下较坚实的理论基础。本章与中师教材《小学数学教材教法(第一册)》的相应内容比较,也有大的差别,主要是在内容上作了深化和扩充。

分数一章与中师教材《小学数学教材教法(第一册)》的相应内容比较,变化不大。主要着重于数的概念从自然数扩展到分数后,如何将自然数四则运算的概念和性质扩展、迁移到分数中来。与整数应用题的教学类似,基本分数应用题也与分数乘除法的意义结合在一起教学。

小数与量的计量两章的内容与中师教材《小学数学教材教法(第一册)》的相应内容相比,变化不大。

书中的许多习题,是巩固学习内容所必需的,有许多内容还应视作是所学内容的必要补充。

蒋志萍　汪文贤

目　　录

第一章　预备知识

为了方便后续课程的学习,本章拟对集合、映射、关系、可数集等知识作简要的复习,对运算等知识作新的学习.这些知识都属于小学数学的现代基础,对于理解小学数学内容来说,既是知识的基础,也是观点的指导.由于集合、映射、关系、可数集等知识只是一种简要的复习,需要作补充的话,请参看有关教材;而运算则需要近世代数等方面的基础.

第一节　集　合

1　集合的概念

集合是现代数学中的一个重要概念,是个不加定义的原始概念.《现代汉语词典》对集合一词的解释是:数学上指若干具有共同属性的事物的总体.也就是说,一些具有共同属性的个体所组成的整体就称为一个集合,简称集,常用大写英文字母 $A,B,C,\cdots$ 来表示.集合中的每一个个体称为这个集合的元素,常用小写英文字母 $a,b,c,\cdots$ 来表示.如全体自然数就构成一个自然数集,常记作 $\mathbf{N}$,每一个自然数都是自然数集的元素,代表元素常用 n 来表示.一个元素如果是某一集合的元素,就说这个元素属于这个集合,如 $1\in\mathbf{N}$.一个元素如果不是某一集合的元素,就说这个元素不属于这个集合,如 $\frac{1}{2}\notin\mathbf{N}$.

以后如无特殊说明,$\mathbf{N}$ 表示自然数集,$\mathbf{Z}$ 表示整数集,$\mathbf{Q}$ 表示有理数集,$\mathbf{R}$ 表示实数集,$\mathbf{Z}^+$ 表示正整数集,$\mathbf{Z}^-$ 表示负整数集,等等.

一个集合中的元素具有以下特征:

(1) 元素的确定性,即一个元素属于还是不属于某个集合是确定的.

(2) 元素的互异性,即一个集合中没有两个相同的元素.

(3) 元素的无序性,即一个集合中的元素与书写的次序无关.

一个集合的元素个数是有限的,称为有限集;元素个数是无限的,称为无限集.

2　几个相关概念

定义 1.1　如果一个集合 A 的所有元素都是集合 B 的元素,则称集合 A 是集

合 B 的子集,或说集合 A 包含于集合 B,记作 $A \subseteq B$,或 $B \supseteq A$.

定义 1.2 如果一个集合 A 的所有元素都是集合 B 的元素,且集合 B 中至少有一个元素不在集合 A 中,则称集合 A 是集合 B 的真子集,或说集合 A 真包含于集合 B,记作 $A \subset B$,或 $B \supset A$.

定义 1.3 如果集合 A 中的每一个元素都是集合 B 的元素,且集合 B 的每一个元素又都是集合 A 的元素,则称集合 A 与集合 B 相等,记作 $A = B$.

定义 1.4 如果说在某一范围内,所有集合都是某一集合的子集,则称这一集合为全集.全集常用 I 表示.

定义 1.5 一个元素也没有的集合,称为空集.空集常用希腊字母 $\varnothing$ 表示.空集也是有限集.

3 集合的运算

常用的集合运算有交、并、补、差等运算,运算的结果分别称为交集、并集、补集、差集等.

定义 1.6 由集合 A, B 的公共元素所构成的集合,称为集合 A, B 的交集,记作 $A \cap B$.按照交集的定义,$C = A \cap B = \{c \mid c \in A, c \in B\}$.

定理 1.1 集合的交运算满足交换律和结合律,即 $A \cap B = B \cap A$,$(A \cap B) \cap C = A \cap (B \cap C)$.

定义 1.7 由集合 A, B 所有的元素所构成的集合,称为集合 A, B 的并集,记作 $A \cup B$.

按照并集的定义,$C = A \cup B = \{c \mid c \in A \text{ 或 } c \in B\}$.

定理 1.2 集合的并运算满足交换律和结合律,且集合的交运算对并运算满足分配律,即 $A \cup B = B \cup A$,$(A \cup B) \cup C = A \cup (B \cup C)$,$(A \cup B) \cap C = (A \cap C) \cup (B \cap C)$.

定义 1.8 补集.若集合 A 是全集 I 的子集,则把由属于 I 而不属于 A 的元素所构成的集合称为 A 的补集,记作 $\overline{A}$.按照补集的定义,$\overline{A} = \{x \mid x \in I, x \notin A\}$.

定义 1.9 差集.设 A, B 是两个集合,把属于 A 但不属于 B 的元素所构成的集合,称为 A 与 B 的差集,记作 $A - B$ 或 $A \setminus B$.按照差集的定义,$A - B = \{x \mid x \in A, x \notin B\}$.

4 集合的笛卡儿积

在直角坐标系中,我们非常熟悉用有序实数对来表示点的坐标.如用二维有序数对 (x, y) 来表示平面直角坐标系中的点,用三维有序数对 (x, y, z) 来表示空间直角坐标系中的点.这种有序数对中的全体,在集合中就是所谓集合的笛卡儿 (Descartes, 1596—1650) 积.

定义 1.10 设 A, B 是两个集合,由 A 中的任意一个元素与 B 中的任意一个

元素所组成的所有有序元素对所构成的集合,称为 A 与 B 的笛卡儿积.按照集合的笛卡儿积的定义,$A \times B = \{(x, y) | x \in A, y \in B\}$.

事实上,任意的 $(x, y) \in A \times B$ 是一个序偶.一般地,$(x, y) \neq (y, x)$.对于任意的 $(x_1, y_1), (x_2, y_2) \in A \times B$,当且仅当 $x_1 = x_2, y_1 = y_2$ 时,才有 $(x_1, y_1) = (x_2, y_2)$.

以上是二元笛卡儿积的定义.我们还可以把这一定义推广到 n 元笛卡儿积.

例 1.1 设 $A = \{a, b, c\}$,$B = \{1, 2\}$,

则 $A \times B = \{(a, 1), (a, 2), (b, 1), (b, 2), (c, 1), (c, 2)\}$.

例 1.2 设 $\mathbf{R}$ 为实数集,则 $\mathbf{R}^3 = \mathbf{R} \times \mathbf{R} \times \mathbf{R} = \{(x, y, z) | x \in \mathbf{R}, y \in \mathbf{R}, z \in \mathbf{R}\}$.
这实际上就是三维欧几里得空间.

我们还可以把它推广到 n 维欧几里得空间.

第二节 映 射

1 映射的概念

映射也是与集合有关的现代数学中的重要概念.

定义 1.11 设 X, Y 是两个集合,f 是一个法则,如果对于任意的 $x \in X$,在法则 f 的作用下,总有且只有唯一的 $y \in Y$ 与 x 对应,则称 f 是 X 到 Y 的映射,y 是 x 在映射 f 作用下的像,记作 $y = f(x)$.而称 x 是 y 的一个原像(或逆像).

用符号表示为:

$$f: X \to Y$$
$$x \mapsto y = f(x).$$

并称 X 是映射 f 的定义域,记作 D_f.所有的像的集合称为映射 f 的值域,记作 R_f.

定义 1.12 如果 $R_f = Y$,则称 f 是从 X 到 Y 上的映射.

定义 1.13 如果 $R_f \subset Y$,则称 f 是从 X 到 Y 内的映射.

定义 1.14 如果 f 是从 X 到 Y 上的映射,且对于任意的 $x_1, x_2 \in X, x_1$ 不同于 x_2,它们对应的像 y_1 和 y_2 又不同,则称 f 是一个从 X 到 Y 上的一一映射.如果对于两个集合间存在一个集合到另一个集合上的映射,我们又说这两个集合是一一对应的.

例如,正弦函数 $y = \sin x$ 就是一个从 $(-\infty, +\infty)$ 到 $[-1, 1]$ 上的映射.$y = x^2$ 是从实数集 $\mathbf{R}$ 到 $\mathbf{R}$ 内的映射.$y = 2x$ 是一个从实数集 $\mathbf{R}$ 到 $\mathbf{R}$ 上的一一映射.

2 逆映射

定义 1.15 对于从 X 到 Y 上的一一映射 f,反过来,我们可以建立一个从 Y 到 X 上的一一映射,即以 x 的像 y 为原像,以 x 为 y 的像所建立的映射.这个映射

我们称为映射 f 的逆映射,记作 f^{-1}.

用符号表示就是:

设 $f: X \rightarrow Y$

$$x \mapsto y = f(x)$$

是从 X 到 Y 上的一一映射,那么 f 的逆映射 f^{-1} 为:

$$f^{-1}: Y \rightarrow X$$

$$y \mapsto x = f^{-1}(y)$$

它是一个从 Y 到 X 上的一一映射.

3 中小学数学中映射的基本形式

(1) 数集到数集的映射;

(2) 数集到点集的映射;

(3) 几何图形集合到数集的映射;

(4) 点集到点集的映射.

第三节 关 系

1 关系的概念

关系是我们常说的一个词.现实生活中有各种各样的关系,如一个班级的学生,相同年龄是一种关系,不同年龄也是一种关系;相同性格是一种关系,不同性格也是一种关系.日常生活中遇到的许多关系,可以上升为数学概念.在数学中,关系是一个重要的概念,如数量关系就是数学研究的主要内容之一.由于具不具有某种关系是在一个特定的范围内而言的,因此,关系与集合紧密相关.

定义 1.16 设 X 是一个集合,R 是笛卡儿积 $X \times X$ 的一个子集,对于任意的 $a, b \in X$,(a,b) 即为 $X \times X$ 中的一个元素.如果 $(a,b) \in R$,则称 a 和 b 具有关系 R,记作 aRb,并称 R 为 X 内的一个关系.

例 1.3 设 X 表示某个班 40 名学生的集合,为方便起见,这 40 名学生分别用 1 到 40 的学号来表示,则 $X = \{1,2,3,4,\cdots,40\}$.

因 $X \times X = \{(1,1),(1,2),(1,3),\cdots,(1,40),(2,1),(2,2),\cdots,(40,1),(40,2),\cdots,(40,40)\}$,故若用 R 表示相同年龄这一关系,则显然相同年龄关系的学生的集合就是 $X \times X$ 的一个子集.一个班里的学生,年龄要么相同,要么不同,两者必居其一,不会有别的什么情况.比如学号为 1 号与 3 号的同学年龄相同,即元素 $(1,3) \in R$,即有 $1R3$,显然此时有 $3R1$;如果 1 号与 2 号年龄不同,则表示 $(1,2) \notin R$;而自己与自己年龄自然相同,如有 $1R1$;再有,若 3 号与 8 号年龄相同,就有 $3R8$.

由 $1R3,3R8$,显然可得 $1R8$.

以上三种情况就表明了关系 R 的三个特点：

(1) 对每个学生 i,有 iRi;

(2) 如果 iRj,则 jRi;

(3) 如果 iRj,jRk,则 iRk.

根据以上的同龄关系,我们就可以将一个班的学生进行分类.如果这个班的学生有三种不同的年龄,那显然就分为三类了.

但是很明显,并不是所有的关系都具有以上三个特点.如我们常用的大于或小于关系,即顺序关系,就不具有(1)和(2)这样两个特点.

2　等价关系

定义 1.17　具有以上(1)(2)(3)这样三个特点的关系,我们称之为等价关系.等价关系是现代数学中一个很重要的概念.

设 A 是一个集合,给出一种关系 R,则对于任意的 $x,y\in A$,总可以判断是否具有这种关系.如果具有这种关系,即有 xRy.如果关系 R 满足以下三条公理：

(1) xRx,这一特征称为自反性；

(2) $xRy\Rightarrow yRx$,这一特征称为对称性；

(3) $xRy,yRz\Rightarrow xRz$,这一特征称为传递性；

则称 R 是集合 A 中的一个等价关系.

例如,一个班学生的同龄关系,就是一个等价关系.再如,实数集中的等于关系,就是一个等价关系.

具有等价关系的元素成为一类,称为等价类.等价类也是现代数学中很重要的一个概念.

3　顺序关系

在集合中,除了上述的等价关系外,还有一种重要的关系,叫作顺序关系.顺序关系是我们非常熟悉的关系,如所谓的"长幼有序"就足以表明这种顺序关系在平常生活中很常见.而"长幼有序"无非表示了年龄或辈分等的大小顺序,这种大小顺序就是一种顺序关系.

最为常用的大小顺序关系是数的大小顺序关系.我们知道在实数范围内,两个数是可以比较大小的,因此我们对实数集 $\mathbf{R}$ 进行一番考察,以便明确这种关系具有什么特征.

以实数集中"$\leqslant$"这一关系为例.众所周知,在实数集中,任意给出两个实数 a,b,要么"$a\leqslant b$"这种关系成立,要么"$a\leqslant b$"关系不成立,是非常明确的.如 $1\leqslant1$ 是成立的,$-3\leqslant5$ 也是成立的,而 $5\leqslant0$ 是不成立的.

实数集中的"$\leqslant$"关系,就是一种顺序关系.这一关系具有以下三个特点：

（1）对于任意 $a\in\mathbf{R}$，有 $a\leqslant a$，即 a 与 a 具有"$\leqslant$"关系，亦即具有等价关系中相同的自反性.

（2）若 $a\leqslant b,b\leqslant a$，则 $a=b$. 这说明不具有等价关系中的对称性，称为反对称性.

（3）若 $a\leqslant b,b\leqslant c$，则 $a\leqslant c$. 这说明具有等价关系相同的传递性.

定义 1.18 一般地，如果一个集合 X 内的关系 R，满足以下三条公理：

（1）自反性：对任意 $x\in X$，有 xRx；

（2）反对称性：对任意 $x,y\in X$，若 xRy,yRx，则 $x=y$（这时的"$=$"一般情况下表示相同）；

（3）传递性：对任意的 $x,y,z\in X$，若 xRy,yRz，则 xRz；

则称关系 R 是集合 X 内的一个顺序关系.

定义 1.19 具有以上顺序关系 R 的集合 X 称为半序集.

定义 1.20 如果对于半序集 X 中的顺序关系 R，若对任意 $x,y\in R$，且 $x\neq y$，则 xRy 或 yRx 总有一个成立（通俗地说，就是对于任意两个不同元素总能确定其中哪一个在"前"，哪一个在"后"），就称集合 X 是一个全序集. 如实数集就是一个全序集，因为在实数集中的关系"$<$"或"$>$"都具有以上性质.

第四节 可数集

1 集合的势

我们知道，一个集合，从元素个数是有限的还是无限的角度来分类，可以分为有限集和无限集两大类. 空集一个元素也没有，自然可以认为元素是有限的. 但对于无限集，情况并不相同. 如自然数集与实数集虽同属于无限集，但从数轴上的点来看，自然数集表示的点在数轴上是很稀疏的，而实数集表示的点在数轴上是不留任何空隙的. 在数学上把它们区分开来，就要用到所谓集合的势的概念.

定义 1.21 两个集合 A,B 如果能建立一一对应关系，那么我们称这两个集合是等势的，或者说是对等的. 记作 $A\sim B$，读作 A 和 B 等势.

两个集合等势或对等，形象地说，就是这两个集合之间的元素"同样多"（或"元素个数相同"）.

如全体自然数组成的集合 $\mathbf{N}$ 与全体非负偶数组成的集合 M，虽然 $M\subset\mathbf{N}$，但它们是对等的，即等势的，或者说它们的元素是"同样多"的.

事实上，在 $\mathbf{N}$ 和 M 之间，我们极易建立一一对应关系. 设 n 是 $\mathbf{N}$ 的代表元素，m 是 M 的代表元素，只要令 $m=2n(n=0,1,2,3,\cdots)$，就建立了一个从 $\mathbf{N}$ 到 M 的一一对应关系.

显然，等势关系"$\sim$"也是一种等价关系. 因此，有的书上也把两个集合等势称为两个集合等价.

2　可数集

定义 1.22　我们把自然数集 **N** 的势称为可列势,记作 $\aleph_0$,读作阿列夫零.具有可列势的集合称为可数集(或可列集).

显然,自然数集是可数集.事实上可数集的名称也源于此.

因此,可数集的另一个定义就是:

定义 1.23　与自然数集等势的集合称为可数集.

定理 1.3　有理数集 **Q** 是可数集.

集合的创始人康托尔(G. Cantor,1854—1913)用对角线法证明了这一命题.康托尔的证明方法如下:

先用对角线方法列出所有非负有理数,且凡前面已出现过的数后面就不再出现,如图 1.1 所示.

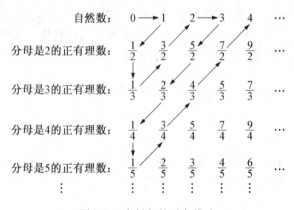

图 1.1　康托尔的对角线法

这样就把全体非负有理数全部列出来了,然后在每个正有理数后插入绝对值相等的负有理数,就把全体有理数排列如下:

$$0,1,-1,\frac{1}{2},-\frac{1}{2},\frac{1}{3},-\frac{1}{3},\frac{3}{2},-\frac{3}{2},2,-2,3,-3,\frac{5}{2},-\frac{5}{2},\frac{2}{3},-\frac{2}{3},\frac{1}{4},$$

$$-\frac{1}{4},\frac{1}{5},-\frac{1}{5},\cdots$$

这就证明了有理数集是可数集,其势也为 $\aleph_0$.

定义 1.24　不与自然数集等势的无限集,称为不可数集,或不可列集.

定理 1.4　实数集 **R** 是不可数集.

证明:我们只要证明在开区间 $(0,1)$ 中的实数不可数即可.设 α 是一个实数,且 $0<\alpha<1$.

假设(0,1)中的实数是可数的,那么就可将其一一编号.编号后的实数作如下排列:

第一个数是:$\alpha_1 = 0.\, a_1^{(1)} a_2^{(1)} a_3^{(1)} \cdots a_n^{(1)} \cdots$

第二个数是:$\alpha_2 = 0.\, a_1^{(2)} a_2^{(2)} a_3^{(2)} \cdots a_n^{(2)} \cdots$

第三个数是:$\alpha_3 = 0.\, a_1^{(3)} a_2^{(3)} a_3^{(3)} \cdots a_n^{(3)} \cdots$

$$\vdots$$

第 n 个数是:$\alpha_n = 0.\, a_1^{(n)} a_2^{(n)} a_3^{(n)} \cdots a_n^{(n)} \cdots$

$$\vdots$$

其中任何一个数中的数字不使它从某一位起全是9.

现在,我们按下法作出一个数:

$\beta = 0.\, b_1 b_2 b_3 \cdots b_n \cdots$,其中 $b_1 \neq a_1^{(1)}$,$b_2 \neq a_2^{(2)}$,$b_3 \neq a_3^{(3)}$,$\cdots$,$b_n \neq a_n^{(n)}$,$\cdots$,且 $b_i \neq 9 (i=1,2,3,\cdots)$.

显然,$\beta \neq \alpha_i (i=1,2,3,\cdots)$,但 $0 < \beta < 1$.这一事实说明,(0,1)中的实数并非全编上了号,这与假设其中的实数都编上了号矛盾.从而定理获证.

以上定理说明了这样一个事实,即实数集的势比自然数集的势要大.

实数集与有理数集都是无限集,但实数集是不可数集,这是它与有理数集的一个根本区别.

定义 1.25 与实数集合等势的集合称为连续集合.

连续集合的势称为连续势,记作$\aleph$,读作阿列夫.

鉴于 $\mathbf{N} \subset \mathbf{R}$,故可认为$\aleph > \aleph_0$.

由于数轴上的点集与实数集可以建立一一对应关系,即它们是等势的,因此,数轴上的点集可以作为连续集的几何例子.

平面上的点集也是连续集.

第五节 运 算

1 代数运算和运算

运算是我们从小学就知道的一个数学概念.那什么叫运算呢? 先看下面我们所熟知的几个例子:

$$3+2=5,1-2=-1,2\times0=0,1\div2=\frac{1}{2}.$$

以上4个算式分别是所谓的四则运算的具体例子.我们分析一下它们的共同点,那就是有两个数,通过某种法则与一个数相对应.即运算是一个集合中两个元素与一个元素之间的一种映射.

定义 1.26　映射 $f: X^n \to X$，叫作在非空集合 X 中的 n 元代数运算. 数 n 称为运算的秩.

当 $n=0$ 时，即所谓的零元代数运算. 零元的代数运算就是在 X 中划出某一个元素来.

当 $n=1$ 时，就是一元的代数运算. 它表示的是 X 到 X 的映射. 三角函数就是一元代数运算的例子.

当 $n=2$ 时，就是二元代数运算，这是我们最经常研究的代数运算，一般人们所谓的代数运算通常是指二元代数运算，简称运算. 序偶 $(a,b) \in X^2$ 是对于代数运算 $*$ 的像，表示为 $a*b$. 以后若无特殊说明，所称的运算均指二元代数运算.

以上定义告诉我们，一个运算必须满足：对于一个集合 X 中的任意两个元素构成的序偶 (a,b)，通过某种运算 $*$ 后，运算的结果所对应的那个元素 $a*b$ 也必须在该集合 X 中，即有 $a*b=c \in X$. 这就是所谓集合对于该运算的封闭性.

从关系的概念来看，X 中的二元代数运算实际上是给出了一个三元关系. 对于三元组 (a,b,c) 这一关系，当且仅当 $a*b=c$ 时才成立；反之，论断不成立. 因为不是 X 中的任意三元关系都是 X 中的二元代数运算. 比如自然数集合中的三元组 $(3,4,5)$，就不能构成自然数集合中通常意义下的一个加法运算.

X 中的三元关系 R 是 X 中的二元代数运算的充分必要条件是：任何数偶 (a,b)，$a,b \in X$，对应于一个且只有一个元素 $c \in X$，使之对于 (a,b,c) 存在关系 R. 例如三元组 $(1,2,3)$ 给出的三元关系，就构成自然数集合中的一个通常意义下的加法运算.

例 1.4　设 $X=\{$立正, 向左转, 向右转, 向后转$\}$，其中的元素的含义就是体育课中列队时的 4 种基本动作.

(1) 写出 X^2；

(2) 在这一集合中定义一个运算：$X^2 \to X$.

解：(1) 求 X^2，实际上是要写出元素可以重复的所有排列，即组成 X 中所有元素的有序元素对.

$X^2 = \{$(立正, 立正), (立正, 向左转), (立正, 向右转), (立正, 向后转), (向左转, 立正), (向左转, 向左转), (向左转, 向右转), (向左转, 向后转), (向右转, 立正), (向右转, 向左转), (向右转, 向右转), (向右转, 向后转), (向后转, 立正), (向后转, 向左转), (向后转, 向右转), (向后转, 向后转)$\}$.

(2) 构造映射 $X^2 \to X$：对于任意的 $(a,b) \in X^2$，使 $a \oplus b = c \in X$.

立正 $\oplus$ 立正 = 立正，立正 $\oplus$ 向左转 = 向左转，立正 $\oplus$ 向右转 = 向右转，立正 $\oplus$ 向后转 = 向后转，向左转 $\oplus$ 立正 = 向左转，向左转 $\oplus$ 向左转 = 向后转，向左转 $\oplus$ 向右转 = 立正，向左转 $\oplus$ 向后转 = 向右转，向右转 $\oplus$ 立正 = 向右转，向右转 $\oplus$ 向左转 = 立正，向右转 $\oplus$ 向右转 = 向后转，向右转 $\oplus$ 向后转 = 向左转，向后转 $\oplus$ 立正 =

向后转，向后转 $\oplus$ 向左转＝向右转，向后转 $\oplus$ 向右转＝向左转，向后转 $\oplus$ 向后转＝立正．

映射 $X^2 \to X$：对于任意的 $(a,b) \in X^2$，使 $a \oplus b = c \in X$，是一个二元代数运算，这个运算就是 $\oplus$．

注：以上我们把不转和没有改变方向的姿势都归为立正姿势．

2　逆运算

我们知道，减法是加法的逆运算，除法是乘法的逆运算．

那么什么叫逆运算呢？

定义 1.27　设 $*$ 是 X 中的一个代数运算，方程 $a*x=c$ 有且只有一个根，即对于序偶 $(a,c) \in X^2$，对应元素 $b=c/a$，使 $a*b=c$，显然，这里"/"也是一个代数运算，我们把"/"这个代数运算称为代数运算 $*$ 的左逆运算．

同样我们可以定义右逆运算．

设 $*$ 是 X 中的一个代数运算，方程 $x*b=c$ 有且只有一个根，即对于序偶 $(b,c) \in X^2$，对应于元素 $a=c/b$，使 $a*b=c$，同样，这里"/"也是一个代数运算，我们把"/"这个代数运算称为代数运算 $*$ 的右逆运算．

但值得指出的是，左、右逆运算不一定相同，只有当运算 $*$ 是可交换的，那么左、右逆运算才是相同的．

事实上，在自然数集合中，减法和除法运算都不符合关于代数运算的定义 1.26，因此它们都不是自然数集合中的代数运算，只能说自然数集合中的部分代数运算．而将集合扩展到整数集后，减法运算就是严格意义下的代数运算，而不只是部分代数运算了；除法运算（除数不为 0）在有理数集合中就是严格意义下的代数运算，而不只是部分代数运算．这说明，代数运算这一概念是与相应的集合紧密相关的，是在某一特定的集合中，在其意义下才成立的．

减法和除法运算并不是最基本的代数运算，它们分别是加法和乘法的逆运算，是由加法和乘法分别派生出来的运算．

例 1.5　加法与减法的关系．

设 $3+x=5$，求 x，则显然 $x=5-3$；同样，设 $x+2=5$，求 x，则 $x=5-2$．这就是说，对于 $3+2=5$，由于 $5-3=2$，即 $5-3$ 是 $3+2$ 的左逆运算；而由于 $5-2=3$，即 $5-2$ 是 $3+2$ 的右逆运算．显然 $3+2$ 的左逆运算与右逆运算都是减法，即左、右逆运算是同一种运算．因此，我们说减法是加法的逆运算．

再来看减法，若设 $5-x=2$，求 x，则显然不存在运算"/"，使 $x=2/5$．虽然有 $5-3=2$，但不存在运算"/"，使 $3=2/5$．事实上 $x \neq 2-5$，$x \neq 2+5$．因此，按照左逆运算的定义，$5-x=2$ 不存在左逆运算；我们勉强有 $x=5-2$，而 $5-2$ 一方面是减法，另一方面又交换了 2 和 5 的位置，这无形中改变了左逆运算的定义．因为定义

中 a,b,c 三者的位置是有严格规定的,不可随意交换.也就是说,对于 $5-3=2$,从严格意义上说,它是不存在左逆运算的,即使把 $5-2=3$ 看作是它的左逆运算,那么此时 $5-3=2$ 的左逆运算是减法,而不是加法.因此,就成为减法是减法的左逆运算.而减法是自身的逆运算这一说法又不大符合人们平时的习惯,听上去都显得别扭.以上讨论告诉我们,对于减法而言,即使在不严格的意义下,其左、右逆运算都是不同的.其根源就是因为减法不具有交换律.

以上告诉我们,减法只有左逆运算,其左逆运算是加法,没有右逆运算.就算把减法作为减法的右逆运算,但由于左、右逆运算不能统一,因此,严格来说减法是没有右逆运算的,只有左逆运算.有人说,减法的逆运算是加法,显然是省掉了"左"字,而这个"左"字的省略,是要费一番笔墨才能说得清楚的.这就是为什么教材上只说减法是加法的逆运算,而一般不说加法是减法的逆运算,更不提加减法互为逆运算的原因之所在.

正是由于上述原因,在运算中减法不是以基本运算的身份出现,而是作为加法的派生运算出现.同理,可以理解其他运算的关系,如乘法与除法运算的关系等.

乘方运算是不可交换与不可结合的基本运算的最初实例(减法与除法虽也是不可交换与不可结合的,但它们分别是加法与乘法的逆运算).乘方运算的不可交换性导致它有两个逆运算——左的和右的(对数和开方).

3　中小学数学中的运算

中小学数学中常见的主要运算是关于数与函数的四则运算.但从运算的定义看,求两个数的最大(小)公约(倍)数,求两个数中的最大(小)数,求一个数的相反数,还有集合、事件、图形的运算等都属于运算.

以上各种运算哪种运算是一元运算?

你能举出一个一元、二元、三元运算的例子吗?

 习 题 一

1. 几何中的相似关系"∽"是不是一种等价关系?为什么?

2. 日常生活中的朋友关系是不是一种等价关系?为什么?

3. 试证明等势关系"～"也是一种等价关系.

4. 设 $\mathbf{N} = \{自然数\}$,$\mathbf{Z} = \{整数\}$,试证:$\mathbf{N} \sim \mathbf{Z}$.

5. 你认为小学数学里有哪些运算?

6. 你能找出一个只有有限个元素的集合 X,并构造一个映射 $X^2 \to X$,使这个映射是一个二元代数运算吗?

7. 你能构造一个从实数集到实数集的一元运算吗?

8. 一个小学生在做 $\frac{1}{2}+\frac{2}{3}$ 时,他这样计算: $\frac{1}{2}+\frac{2}{3}=\frac{1+2}{2+3}=\frac{3}{5}$. 你如何理解?

9. 举例说明"乘除法是互为逆运算"的说法不大准确.

10. 你能定义一个既满足交换律又满足结合律的运算吗?

11. 如果 $2\triangle 3=2+3+4,5\triangle 4=5+6+7+8,\cdots$,试求:

(1) $7\triangle 4$;

(2) 解方程: $1\triangle x=6,x\triangle 3=12$.

12. 计算.

(1) 设 $M*N=\dfrac{M+N}{2}$,求 $3*(6*8)$;

(2) 设 $x*y=\dfrac{A\times x\times y}{4x+5y}$,且 $1*2=1$,求 $2*3$;

(3) 设 $a*b=3a-2b$,求 $\left(\dfrac{3}{4}*\dfrac{1}{2}\right)*\dfrac{2}{5}$.

第二章 自然数

数总是与其运算紧密结合在一起的.事实上,运算已成为数的本质属性了.可以说数与运算基本上是同步而生的,甚至数的产生有许多是源于数的运算.例如,在自然数范围内,除法运算不是总可以实施的,为了解决这一矛盾,分数就产生了;开方运算的引进,产生了无理数,使有理数集扩展到实数集,等等.因此,讨论数的问题总是离不开数的运算,即数与运算是密不可分的.

本章讨论自然数及其四则运算问题.

第一节　自然数的概念

1　数的起源

什么叫数? 数是个不加定义的原始概念.《现代汉语词典》对数是这样解释的:数学上表示事物的量的基本概念.

数是怎样产生的? 数源于自然,自然宇宙是数的发源地;人类生产、生活等实践活动,则是数赖以产生的动力之源;而数的进一步发展,则是数学自身发展的需要.

人类的祖先,由于生活、生产的需要,在接触、融合、改造自然的过程中,逐渐形成了数的概念.原始人类起初并没有数的概念,但由于所生存的环境的影响及生存的需要,就慢慢萌生了数的概念.比如狩猎时要把打猎工具与打猎人员进行一人一件的分配时,就产生了人与工具的以下三种关系:人比工具"多"、人比工具"少"、人与工具"同样多".我们知道,比……多、比……少、与……同样多,这三个概念的形成依赖于一一对应的比较方法.

正是不同集合可以建立一一对应的关系,使人们认识到了许多集合虽然不同,但它们的元素个数是相同的.如看见人人都是一张口、一个头,天上只有一个太阳、一个月亮,门前有一条河流,打到一只野兽;再如,一只手有五个手指,一只脚有五个脚趾,有五件工具、五个猎人、五头猎物,等等.这使人们产生了把这些同样多的元素集合归为一类的思想,这就是我们所说的等势集合类.既然它们是等势集合类,就可以用人们最熟悉的、最方便的、元素又基本固定的集合作为代表,来表示这类等势集合的共同特征.如用五个手指的集合表示五件工具、五个猎人、五头猎物等的集合.这种作为代表的集合,就是我们所说的标准集合.实际上,这就萌生了"一""五"等数的前期概念.

标准集合的使用,虽然方便了人们的交流,但是并没有脱离具体的事物.由于文字的创造与使用,人们认识到使用符号来表示具体事物更为方便,于是创造了表示抽象的数的符号.如用"|""||""|||"等符号来表示"一""二""三"等,后来又使用了更为方便的如今我们称之为阿拉伯数字的"1""2""3"等.

综上所述,我们可以这样说,数物体的过程实质上就是把一个具有 n 个物体的集合与从 1 到 n 这 n 个自然数构成的有序数集建立一个一一对应的过程.而这一过程实际上也就是数数的过程.

由上可知,一个自然数就得用一个相应的符号来表示.为以后行文方便起见,我们对要使用的字母 $a,b,c,\cdots$ 与符号"="和"≠"的含义作一简略说明.

如无特别说明,在本章中小写英文字母 $a,b,c,\cdots$ 均表示自然数.

若 a,b 表示同一数,则记为 $a=b$,否则记为 $a\neq b$.

于是对于关系"=",不难知道其满足以下三条性质:

(1)自反性:对于任意 a,均有 $a=a$;

(2)对称性:若 $a=b$,则 $b=a$;

(3)传递性:若 $a=b,b=c$,则 $a=c$.

因此,关系"="显然是一个等价关系.

2 自然数的定义

自然数是最早产生的数.那么,什么叫自然数? 以上分析告诉我们,自然数是一切等势有限集合共同特征的标记,即自然数表示有限集合元素的个数.

但对于一般的人,你要回答他什么是自然数,只要告诉他"像 1,2,3,4,5,$\cdots$ 这样用来表示物体个数的数就叫自然数",也就可以了.显然,这只是对自然数这一概念的一个举例性描述.

事实上,小学数学教材上关于自然数的含义就是这样说的:表示物体个数的数叫自然数.这样理解自然数,也即正整数 1,2,3,4,5,$\cdots$

由于"0"表示"没有"物体,所以很难把 0 归入其中.

但众所周知,现在我们把 0 也定义为自然数了.因为既然自然数是等势有限集合共同特征的标记,而空集也是有限集合,0 是空集的标记,因此,把 0 定义为自然数是很自然的事.

显然,"表示物体个数的数叫自然数"这样的话不能作为自然数的定义,因为"个数"实际上就是自然数.

那么自然数的定义是怎么样的呢?

从以上我们对自然数"1"的产生的描述中可以看出,"1"是太阳的集合,月亮的集合,一条河流的集合,一头野兽的集合,等等,是所有这些集合在数量上的共同特征的一个标记.

同样,我们知道,"3"是从三个人、三本书、三支笔等的集合中得出的,"3"是这些集合共同特征的标记.

定义 2.1（自然数的基数定义）　自然数是一切等势有限集合共同特征的标记.

这一标记实际上表示的是集合中元素的个数,通常称为基数.定义 2.1 是不严密的,因为"有限集合"的概念要用到自然数的概念来描述.虽然这样,但它却把自然数的这种表示物体数量的本质属性揭示出来了,这就是所谓的基数属性.这一属性的另外表现形式,即自然数集的一条基本性质——离散性.

但一个自然数除了可以表示物体的数量——基数外,还可以表示物体的次序,称为序数.如 5,可以表示 5 个物体,但也可以表示第 5 个物体.这说明自然数还可以表示某个有序集合中每个元素所占的位置,通常称为序数,这就是自然数的序数属性.

而明显的,以上定义 2.1 不仅不严格,而且也不能表达自然数所能表示的序数属性.

为此,意大利数学家皮亚诺(C. Peano,1858—1932)用公理方法给出了自然数的序数定义.

皮亚诺通过设置一个公理系统的方法来完成这一任务.其中直接使用了"集合""对应""后继"等概念与关系.

定义 2.2（自然数的序数定义 1）　满足下列公理的集合 $\mathbf{N}$ 叫自然数集合（简称自然数集）,$\mathbf{N}$ 中的任一元素 n 都是自然数.（该定义不含 0）

公理 2.1　$\mathbf{N}$ 中至少有一个元素,记作 1,即 $1 \in \mathbf{N}$.

公理 2.2　设 $a \in \mathbf{N}$,a 的后继记作 a',则 a' 存在且唯一,即若 $a=b$,则 $a'=b'$.

公理 2.3　1 不是任何元素的后继,即若 $a \in \mathbf{N}$,则 $a' \neq 1$.

公理 2.4　$\mathbf{N}$ 中的任何元素至多是一个元素的后继,即若 $a'=b'$,则 $a=b$.

公理 2.5　若 $\mathbf{N}$ 的任一子集 M 具有以下两个性质:

(1) $1 \in M$;

(2) 若 $a \in M$,有 $a' \in M$,则 $M=\mathbf{N}$.

皮亚诺的这 5 条公理,就是人们称作的自然数公理,又称皮亚诺公理.

自然数公理系统将自然数集的元素完全确定了,从 1 开始,由公理 2.2,它有唯一的后继 $1'$,记作 2（即 $1'=2$）;2 又有一个唯一的后继 $2'$,记作 3（即 $2'=3$）……如此继续下去,并将它们按上述顺序排列起来,就得到一列自然数:

$$1,2,3,\cdots$$

人们称之为自然数列.

定义 2.2 中的自然数,又称正整数.这一定义还揭示了自然数集 $\mathbf{N}$ 的又一基本

性质——无限性.自然数的序数定义具有很强的理论意义,以该定义为基础可以建立起关于自然数的一套严密的理论体系.

自然数的这 5 条公理,对于读者来说,前 4 条并不难理解,但第 5 条公理,即公理 2.5 也许是不明显的.可对于学过数学归纳法的人来说,却是容易接受的.我们知道,数学归纳法是用"有限"的步骤来解决"无限"的问题.但也许在刚学习数学归纳法时,很多人都有这样的体会,即对数学归纳法的合理性总是抱有怀疑的态度.事实上,数学归纳法的合理性正源于公理 2.5.由它可导出数学归纳法,故而公理 2.5 又称归纳公理.

定理 2.1(关于归纳法证明的合理性) 设 A 是一个与自然数有关的命题,如果

(1) 假定某一个命题 A 对于自然数 1 是正确的;

(2) 从假定命题 A 对于自然数 a 正确,可以证明命题 A 对于 a 的后继 a' 正确,那么这一命题对于任何一个自然数都是正确的.

证明:设 M 是使命题 A 正确的一切 a 所构成的集合,则

① 由(1)可知,$1 \in M$;

② 设 $a \in M$,则命题 A 对于自然数 a 正确,则由(2),$a' \in M$.

由①、②,根据公理 2.5,得 $M = \mathbf{N}$,即命题对一切自然数都正确.

公理 2.2 和公理 2.4 显然说明这样一个事实,即 $a = b$ 是 $a' = b'$ 的充要条件.这一命题的否命题就是以下的定理 2.2.

定理 2.2 $a \neq b$ 是 $a' \neq b'$ 的充要条件.

证明:由公理 2.2 和公理 2.4 即可获证.

定理 2.3 对于任意的 $a \in \mathbf{N}$,有 $a \neq a'$.

证明:设 M 是使 $a \neq a'$ 成立的一切 a 构成的集合.

(1) 由公理 2.1 和公理 2.3,有 $1 \neq 1'$,故 $1 \in M$.

(2) 令 $a \in M$,即有 $a \neq a'$.根据定理 2.2 得 $a' \neq (a')'$,从而 $a' \in M$.

由(1)(2),依公理 2.5,得 $M = \mathbf{N}$.于是对任意 $a \in \mathbf{N}$,有 $a \neq a'$.

定理 2.4 除 1 以外,每个自然数都是一个且只是一个自然数的后继.

证明:唯一性由公理 2.4 显然可得.

下面证明存在性,即若 $a \in \mathbf{N}$,$a \neq 1$,则有 $b \in \mathbf{N}$,使得 $b' = a$.

设 M 是由两类数组成的集合,第一类只有一个数 1,第二类是所有作为某一数的后继数组成的集合.由定理 2.2,$1 \in \mathbf{N}$,有 1 的后继 $1' \in \mathbf{N}$,故 M 中的第二类数是存在的.

(1) 由假设 $1 \in M$.

(2) 设 $a \in M$,则 $a' \in M$(因 a' 是 a 的后继,故 a' 是第二类数).

由(1)(2),根据公理 2.5 可得,$M = \mathbf{N}$,即除 1 以外的每一个自然数都是某一自然数的唯一后继.

3　自然数概念的扩展

3.1　0作为自然数

根据定义2.2,0不是自然数.因此,《全日制义务教育数学课程标准》实施以前的小学教材一直都不把0作为自然数,称0,1,2,3…为扩大的自然数列.

虽然在我国以前的中小学教材中0是不作为自然数的,但这并非说人人都不把0作为自然数.事实上,在1994年11月国家技术监督局发布的《中华人民共和国国家标准——物理科学和技术中使用的数学符号》中,就将自然数集记为:$\mathbf{N}=\{0,1,2,3,\cdots\}$,即表明从那时起,0就被正式定义为自然数了.至于学术界,把0定义为自然数那就更早了,如上海教育出版社1980年出版的张锦文先生的《集合论与连续统假设浅说》中,就把0定义为自然数.但正式见之于中小学教材,正如前述,则是国家实施《全日制义务教育数学课程标准》以后的事.

现行小学数学教材也已经把0定义为自然数了.自然数的概念在原有的基础上扩展了.0作为自然数这一概念,今后将成为每个公民的常识.

自然数的概念扩展了,势必带来一些相应的变化.那么,把0作为自然数将会发生什么样的变化呢?

从自然数的序数定义来说,则有:1是0的后继,即$0'=1$.在自然数列的最前面应该加上个0,即得新的自然数列:0,1,2,3,…

那么,为什么要把0定义为自然数呢?把0定义为自然数有什么理由,又有什么必要呢?

让我们先从自然数的功能说起.

自然数具有三大功能,即基数、序数和运算功能.而把0定义为自然数,非但没有影响自然数的三大功能,反而加强了它的这三大功能.

首先,0不作为自然数时,自然数的基数功能是不完整的.因为,自然数中没有0的话,空集作为有限集合,是没有任何标记的.而空集是一个元素也没有的集合,可用0作为标记.这样不仅使空集有了基数,强化了自然数的基数功能,而且也是一件很自然的事.

其次,把0作为自然数,还加强了自然数的序数功能.因为1之前有了0.

再次,把0作为自然数,也加强了自然数的运算功能.因为自然数的范围扩大了,运算功能自然得到加强,如$1-1$,在原来的自然数范围内是不能实施的,而把0作为自然数后,就可以实施了.显然,自然数的运算功能得到了加强.

最后,把0作为自然数,自然数原有的基数、序数和运算功能都没有受到任何影响.

从国际上说,世界发达国家都已把0定义为自然数,因此,把0定义为自然数,还有利于与世界数学教材接轨.

综上所述,把0定义为自然数是恰当的.于是自然数列为:

$$0,1,2,3,\cdots$$

显然,自然数列具有有始、有序、无限的性质.

因此,全体自然数构成的集合 $\mathbf{N}=\{0,1,2,3,\cdots\}$.

我们知道,0 不仅可以表示"没有",也可以表示实实在在的"有".温度是 0 摄氏度,不会是"没有"温度,而是通常情况下水结冰的温度.这说明 0 是有确定意义的.另外,引进负数后,0 还表示正、负数的界限,故自然数又称非负整数.自然数集合称非负整数集合.

3.2 自然数概念扩展后的序数定义

0 作为自然数后,其外延的变化势必带来内涵的变化.那么皮亚诺公理应该作如何修正,才能使 0 进入自然数集?

定义 2.3(自然数的序数定义 2) 满足下列公理的集合 $\mathbf{N}$ 叫自然数集合(简称自然数集),$\mathbf{N}$ 中的任一元素 n 都是自然数.

公理 2.1′ $\mathbf{N}$ 中至少有一个元素,记作 0,即 $0\in\mathbf{N}$.

公理 2.2′ 设 $a\in\mathbf{N}$,a 的后继记作 a',则 a' 存在且唯一,即若 $a=b$,则 $a'=b'$.

公理 2.3′ 0 不是任何元素的后继,即若 $a\in\mathbf{N}$,则 $a'\neq0$.

公理 2.4′ $\mathbf{N}$ 中的任何元素至多是一个元素的后继,即若 $a'=b'$,则 $a=b$.

公理 2.5′ $\mathbf{N}$ 的任一子集 M 具有以下两个性质:

(1) $0\in M$;

(2) 若 $a\in M$,有 $a'\in M$,则 $M=\mathbf{N}$.

由于自然数定义的变化,关于归纳法证明的合理性的定理 2.1 就要作相应修改.修改后即得以下的定理 2.5.

定理 2.5 如果

(1) 假定某一个命题对于自然数 0 是正确的;

(2) 从假定命题 A 对于自然数 a 正确,可以证明命题 A 对于 a 的后继 a' 正确,

那么这一命题对于任何一个自然数都是正确的.

事实上,具体使用数学归纳法证明命题时,并不受(1)的限制.

因为证明与自然数有关的命题,是从 $n=0$ 开始,还是从 $n=1$ 开始,这要看具体情况而定.如果命题符合从 0 开始的条件,从 0 开始证明也无妨;但是如果命题是从 2 开始的话,我们也无须或也不可能从 1 开始.因此,使用数学归纳法证明与自然数有关的命题,究竟是从哪个数开始作为第一步,应视具体情况而定.一般地,依照习惯从 $n=1$ 开始,不会有实质性的影响.

以后所说的自然数的序数定义,如无特别说明即指定义 2.3.

相应的定理 2.4 也要作适当修改,要将"除 1 以外,每个自然数都是一个且只是一个自然数的后继"修改为"除 0 以外,每个自然数都是一个且只是一个自然数的后继".

4 自然数的表示

4.1 命数法

前面我们虽然使用了 $1,2,3$ 这三个不同的符号表示了三个不同的自然数,但如果都这样,每一个不同的自然数分别给以一个不同的单独符号来表示,显然是不可能的.相反的,人们希望用尽可能少的几个符号,就将所有的自然数表示出来.正像我们用"点、横、竖、撇、捺、挑、折和勾"这八种基本笔画就能表示出所有的汉字一样.为此,人们引进了符号"0".注意,现在它仅仅是个我们所需要的符号而已,并没有更多别的什么含义.

设 $a \in \mathbf{N}$,a 的后继 a',记作 $a+1$(即 $a'=a+1$),则由数学归纳法可得一切自然数的记号:

$$1, 1+1, 1+1+1, \cdots$$

这种记法,虽然用到的独立符号很少,只有"1"与"+"两个,但显然太繁,需要简化.但这一记法告诉我们,1 是自然数的单位,是自然数集合的生成元.

设 $g \neq 1$,记

$$g_1 = 1, g_2 = g_1 + 1, g_3 = g_2 + 1, \cdots, g_k = g = g_1 0 = g_{k-1} + 1;$$
$$g + g_1 = g_1 g_1, g_1 g_1 + 1 = g_1 g_2, \cdots, g_1 g_{k-1} + 1 = g_2 0;$$
$$g_2 0 + 1 = g_2 g_1, \cdots$$

这样,用 $0, g_1, g_2, \cdots, g_{k-1}$ 这 k 个记号就可以表示一切自然数了.这种表示自然数的方法,称为 k 进位法.

当 $k=2$ 时,就得到最简单的自然数表示法——二进位法,即用 0 和 1 这两个记号表示一切自然数.德国数学家莱布尼茨曾受中国的"伏羲八卦图"的启发,发明了二进位制.

当 $k=10$ 时,就得到最普遍最常用的自然数表示法——十进位法,即用 $0,1,2,3,4,5,6,7,8,9$ 这十个记号表示一切自然数.此时,实际上,我们记 $g_1 = 1, g_2 = 2, \cdots, g_{10-1} = g_9 = 9, g_{10} = g_9 + 1 = 10, g = 10$.

我国是世界上最早采用十进制记数法的国家之一,特别是用个、十、百、千、万等专用名词表示每位数的地位,更比其他国家早.

按照十进制记数法,我国是这样给自然数命名的:

(1) 自然数列的前十一个数各给以单独的名称:

零、一、二、三、四、五、六、七、八、九、十.

(2) 按照"满十进一"规定记数单位.十个一称为十,十个十称为百,十个百称为千,十个千称为万,然后是十万、百万、千万、亿、十亿、百亿、千亿等.个、十、百、千称为个级,万、十万、百万、千万称为万级,亿、十亿、百亿、千亿称为亿级,等等.这种方法称为四位分级法.

（3）其他自然数的命名,都由十个数和记数单位组合成,位置上缺少的以零补充.如一个数含有六个千万、四个百万、五个百与七个一,那就是六千四百万零五百零七.

世界上许多国家不是四位一级命数法,而是三位一级的.十个千不给新的名称,就称十千,到千个千才给新的名称——密(million).这样从低到高就有：个、十、百是个级,千、十千、百千是千级,密、十密、百密是密级,等等.

4.2 记数法

用来记数的符号叫数字或数码.阿拉伯数字1,2,3,4,5,6,7,8,9,0,因使用方便,故成为世界通用数字.

把若干个阿拉伯数字排成一行,就得一个数.在这一行的若干个数字中,由于各数字所处的位置不同,表示所含的记数单位就不同.从右边开始的第一位上的数字表示几个一,这一位叫个位；第二位上的数字表示几个十,这一位叫十位；以下依次类推.个位、十位、百位……统称为数位.这一思想可用数位顺序表体现出来(见表2.1).

表 2.1　数位顺序表

数位名称	…	千亿位 百亿位 十亿位 亿位	千万位 百万位 十万位 万位	千位 百位 十位 个位
记数单位	…	千亿 百亿 十亿 亿	千万 百万 十万 万	千 百 十 一
级	…	亿　级	万　级	个　级

这种记数法,每个数字除了它本身的数值外,还有位置值,这样的记数原则叫作记数的位值原则.

写数的时候,按照数的命名,从高位到低位自左至右顺次写出各个数位上的数字,如果某一个数位上一个记数单位也没有,就写上"0".

国际通用的是按三位一级来命名的,为与国际习惯一致,我国写数也"规定数字的分位方法为三位制",即三位一级,相邻两级中间用","分开(或把级与级之间的距离拉开一些).例如,十三亿零八万六千五百,写作1,300,086,500(1 300 086 500).

由几个数字写出的自然数就叫几位数,这里要求"最左端的那个数字不能是0".因为0表示没有,最左端的数字如果是0,非但没有改变这个数的大小,反而还会带来数不尽的烦恼.如15是个两位数,表示它由1个十和5个一所组成.若左端加上个"0",成为015,表示它由0个百、1个十和5个一组成,显然其值还是与15表示的值相同,这是其一；其二,若015算"三位数"的话,那么这与最小的三位数100相矛盾；其三,那还会有0015这个"四位数",等等.

顺便指出,根据在说几位数时,最左端的数字不能是0的规定,自然就包括了"最小的一位数是1,而不是0"这一事实.事实上,我们可这样来理解：只有一个数字0,它处在个位上,表示"只有零个1",即"一个1也没有".而作为一个一位数,原意是表示能用它来表示的客观存在事物的数量的,可现在不能；另一方面,如果"0"作为一位数,那么"00"岂不是两位数了,"000"就是三位数了,等等.这自然又是一个矛盾,因为如果说某人有六位数的存款,当然是件好事,可又说他的六位数存款是"000000",那自然是玩笑了;再则,0 不是一位数,那么一位数有 9 个,两位数有 90 个,三位数有 900 个,四位数有 9000 个,依此类推.9,90,900,9000,…这自然是很美的一个数列.

根据以上分析,在说几位数时,"规定最左端的数字不能是 0"是必要的,0 不是一位数也是很容易理解的.

4.3 读数法

根据十进制记数法和我国的命数法,可以得到如下读数法:

(1) 四位及其以内的数,从高位次,顺着位次一位一位读出来.

(2) 四位以上的数,先从右向左四位分级,再从最高位起,顺次读出各级里的数和它们的级名.

(3) 一个数末尾的"0"和每一级末尾的"0"不读出来;其他数位上有一个"0"或连续几个"0",都只读一个"零".

例:3500(末尾 0 不读);

207000(每级末尾的 0 不读);

4080010(中间的 0 和每级前的 0 读一个 0).

5 自然数的性质

5.1 自然数的双重属性

根据自然数的基数与序数定义,显然自然数具有以下两个性质.

(1) 基数性

一个自然数可用于表示一个集合中物体的个数,这一性质就是自然数的基数性质.它是一类等势有限集合共同特征的标志.如 3 这个数,可用于表示所有具有 3 个元素的集合在数量上的共同特征.

这一性质明显地告诉我们,自然数具有包含性.

除 0 外,任何一个自然数都包含它前面的自然数,这一性质就是自然数的包含性,简称数包含.这种包含性是数的组成的依据.如 5 包含 4,4 包含 3,3 包含 2,2 包含 1,1 包含 0.于是 5 就由 4 和 1 组成,即 5 比 4 多 1;4 由 3 和 1 组成,即 4 比 3 多 1,等等.这一性质可用图 2.1 直观地表示出来.

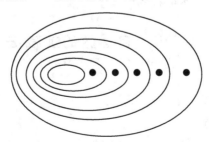

图 2.1 自然数的包含性

（2）序数性

除0外的任何一个自然数,都具有表示某一个集合中元素的顺序,这一性质就是自然数的序数性质.如3这个数,还可用于表示某个元素处于第三的位置上.一个学生排在队伍中的第三位,就是3的序数性的具体表现.

5.2　自然数集的性质

根据对自然数性质的讨论分析,可得自然数集 **N** 的性质如下.

（1）离散性

由于自然数源于数数,表示的是集合中元素的个数,因此自然数集 **N** 具有离散性.这一性质可以直观地反映在数轴上.

（2）可数性

我们知道,自然数集 **N**＝{0,1,2,3,…}是个无限集,这一集合中的所有元素可以排成一个自然数列:0,1,2,3,…如果元素可以排成一列,这一性质称为可数性.显然,自然数集具有可数性.自然数集合显然能与自身等势.因此,自然数集当然是可数集.

 习题二

1. 举例说明自然数是一切等势有限集合共同特征的标记.

2. 自然数和自然数列有什么联系和区别?

3. 举例说明自然数列在数数中的应用.

4. 最小的一位数是0还是1? 为什么?

5. 下面的数,哪些用的是基数意义,哪些用的是序数意义?

（1）2009 年 10 月 1 日是中华人民共和国成立 60 周年的日子;

（2）第 3 行从前数到第 5 个人是小李,再往后数 3 个人就是小王.

6. 有的儿童学写数时,会把十二写成 102,这在知识上是由于什么原因造成的?

7. 有的儿童数数时,在数二十时,会数出"十十",你如何纠正他?

8. 你是如何理解 0 作为自然数的?

9. 举例说明数学归纳法的合理性.

第二节　自然数的加减法

1　自然数的加法

1.1　自然数加法的定义

定义 2.4(自然数加法的基数定义)　设 A,B 是两个不相交的有限集合,它们

的基数分别是 a,b,如果集合 A 与 B 的并集是 C,那么并集 C 的基数 c 就叫作 a 与 b 的和,求两个数的和的运算就叫作加法,记作

$$a+b=c,$$

读作"a 加 b 等于 c".

其中 a 与 b 都叫作加数,c 叫作 a 与 b 的和,符号"+"叫作加号.

根据这一定义,我们可直观地把加法理解为是把两个数合并为一个数的运算.

显然,对于任意集合 A,由于 $\varnothing \cup A=A\cup\varnothing$,故有 $0+a=a+0=a$.特别地,当 $A=\varnothing$ 时,由 $\varnothing\cup\varnothing=\varnothing$,得 $0+0=0$.

对照第一章预备知识中关于运算的定义,即若设自然数集为 $\mathbf{N}$,则加法就是映射:$\mathbf{N}^2\rightarrow\mathbf{N}$.这里有序数对 $(a,b)\in\mathbf{N}^2$ 对于运算"+"的像,即为 $a+b$.

根据这个定义,要求出和 c,既可直接数出并集 C 的所有元素而得到,也可在 a 的基础上再数上 b 个 1 而得到.从理论上说,这一方法对于求任意两个自然数的和都是适用的,但实际上对于两个较大自然数求和这一方法是笨拙的.而对于两个一位数相加,通常编成加法表,使得熟练到能脱口而出.

由于数数过程的可行性和结果的唯一性,因此加法运算在自然数范围内总是可以实施的,且结果是唯一的.这说明自然数集对加法运算是封闭的.

由于集合并的运算可以推广到有限个集合上去,因此加法的定义可以推广到求有限个加数的和.基本方法是先求出第一、二个数的和,再求所得的和与第三个数的和,等等.

根据以上加法的定义,可得以下推论:

推论 2.1　设 $a,b\in\mathbf{N}$,则 $a+b\geqslant a,a+b\geqslant b$.

证明：由 $A\cup B\supseteq A,A\cup B\supseteq B$,

故 $a+b\geqslant a,\quad a+b\geqslant b$.

自然数加法的基数定义,直观通俗,由它容易理解自然数加法结果的唯一性,运算的封闭性,运算满足结合律、交换律等许多性质;这一定义还具有明显的实用含义.根据这一定义,凡是合并的问题,都属于加法问题.也就是说,以下问题都归结为用加法计算.

例 2.1　一个兴趣小组有 4 个男同学、5 个女同学,这个兴趣小组共有几个同学?

分析：这属于"求两个量的总和"的问题,即把两个数合并在一起,求它们的和.

数量关系可用图 2.2 表示.

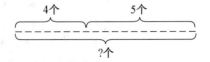

图 2.2　例 2.1 的数量关系

例 2.2 计划种一批树,已种 8 棵,还剩下 7 棵,原计划种几棵树?

分析:这属于"已知减少的量和剩余量,求原有量"的问题.事实上,还是属于"求两个量的总和"的问题.

因为从表面上看,本题似乎不能直接用加法意义来解答,但细一分析就知道,它还是能直接根据加法意义来解答的.

读者可自己画出表示数量关系的线段图来说明这一事实.

例 2.3 小明有 6 本课外书,小红比小明多 5 本,小红有几本课外书?

分析:这属于"求比已知量多的另一个量"的问题.

这题虽然不能直接根据加法的意义来解答,但通过对数量关系的分析,仍然可以归结为与例 2.1 相同的数量关系,再根据加法的意义来解答.它反映的是两个数量的比较关系,如图 2.3 所示.

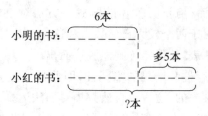

图 2.3 例 2.3 的数量关系

通过分析可知,小红的书本数可以分成两部分,一部分是与小明同样多的本数,另一部分是比小明多的本数.求小红的书本数仍然可以归结为:把两个数合并在一起,求它们的和.

由于集合的并满足交换律和结合律,因此,加法运算也满足交换律和结合律.而集合并的交换律和结合律可以推广到有限个集合上去,因此加法的交换律和结合律也可以推广到有限个加数的情形.

根据加法满足交换性和结合性,对于两个多位数的加法,可以先把它们写成不同记数单位之和的形式,再把相同记数单位相加而求出和.

例 2.4 计算 273+468.

解:273+468

=(2 百+7 十+3)+(4 百+6 十+8)

=(2 百+4 百)+(7 十+6 十)+(3+8)   (加法的交换性与结合性)

=(2 百+4 百)+(1 百+3 十)+(1 十+1) (两个一位数加法的法则)

=(2 百+4 百+1 百)+(3 十+1 十)+1   (加法的交换性与结合性)

=7 百+4 十+1   (两个一位数加法的法则)

=741.

由此得出多位数加法的法则.为了便于相同记数单位的数分别相加,通常用竖式计算如下：

$$
\begin{array}{r}
2\ 7\ 3 \\
+\ 4\ 6\ 8 \\
\hline
7\ 4\ 1
\end{array}
$$

加法的运算性质，可以应用于速算；结合四舍五入法，还可应用于估算.

以上我们是根据自然数的基数意义，定义了自然数的加法，并且直观地得出一些相应的结论.下面我们从自然数的序数意义出发，定义自然数的加法，并据此推导一系列相应的结论.

定义 2.5（自然数加法的序数定义）　自然数的加法是指这样的映射，即当 $a,b\in\mathbf{N}$ 时，有一个自然数 $c=a+b$ 和它们对应，且具有以下三个性质：

(1) 对任意的 $a\in\mathbf{N}$，有 $a+0=a$；

(2) 对任意的 $a\in\mathbf{N}$，有 $a+1=a'$；

(3) 对任意的 $a,b\in\mathbf{N}$，有 $a+b'=(a+b)'$.

其中 a 与 b 叫加数，$c=a+b$ 叫 a 与 b 的和，读作"c 等于 a 加 b".

根据自然数加法的序数定义，对于"求比已知量多几的另一个量"的问题，就是加法问题.

自然数加法的序数定义具有较强的理论意义.以这一定义，可以导出自然数加法的一系列性质.

根据自然数加法的基数定义，我们可求出 $2+3=5$.根据自然数加法的序数定义，我们可证明 $2+3=5$.

例 2.5　证明 $2+3=5$.

证明：由定义 2.5 的(2)知

$$2+1=2'=3.$$

由定义 2.5 的(2)(3)有

$$2+2=2+1'=(2+1)'=3'=4.$$

再由定义 2.5 的(2)(3)得

$$2+3=(2+2)'=4'=5.$$

1.2　自然数加法的性质

定理 2.6　任意两个自然数的和存在且唯一.

证明：任设 $a,b\in\mathbf{N}$.

当 $b=0$ 时，由定义 2.5 的(1)，$a+0=a$.显然 a 存在且唯一.

当 $b=1$ 时，由定义 2.5 的(2)，$a+1=a'$.根据公理 2.2，a' 存在且唯一.

假设对于某一自然数 b，$a+b$ 存在且唯一，则对 $b'=b+1$，由定义 2.5 的(3)得 $a+b'=(a+b)'$.而由于 $a+b$ 存在且唯一，则由公理 2.2 知，$(a+b)'$ 存在且唯一.

到此，命题获证.

定理 2.7 对任意的 $a \in \mathbf{N}$，有 $0 + a = a$.

证明： 当 $a = 0$ 时，则由定义 2.5 的 (1) 知 $0 + 0 = 0$，即 $0 + a = a$.

当 $a = 1$ 时，则由定义 2.5 的 (2) 有 $0 + 1 = 0' = 1$，即 $0 + a = a$.

假设对任意的 $a \in \mathbf{N}$，有 $0 + a = a$，则对 $a' = a + 1$，根据定义 2.5 的 (3)，$0 + a' = (0 + a)' = a'$.

综上所述，对任意的自然数 a，均有 $0 + a = a$.

定理 2.8 加法满足结合律，即 $(a + b) + c = a + (b + c)$.

证明： 若 $c = 0$，则由定义 2.5 的 (1)，$(a + b) + c = (a + b) + 0 = a + b$；$a + (b + c) = a + (b + 0) = a + b$，即得 $(a + b) + c = a + (b + c)$.

若 $c = 1$，则由定义 2.5 的 (2) 有 $(a + b) + c = (a + b) + 1 = (a + b)' = a + b' = a + (b + 1)$.

假设对某一自然数 c，有 $(a + b) + c = a + (b + c)$. 则对 $c' = c + 1$，由定义 2.5 的 (3) 有 $(a + b) + c' = [(a + b) + c]' = [a + (b + c)]' = a + (b + c)' = a + (b + c')$.

综上所述，总有 $(a + b) + c = a + (b + c)$.

定理 2.9 加法满足交换律，即 $a + b = b + a$.

证明： 当 $b = 0$ 时，根据定义 2.5 的 (1) 有，$a + b = a + 0 = a$；而由定理 2.7，$b + a = 0 + a = a$，即得 $a + b = b + a$.

当 $b = 1$ 时：

先证明对任意的自然数 a，有 $a + 1 = 1 + a$.

若 $a = 1$，则 $1 + 1 = 1 + 1$，交换律显然成立.

假设对某一自然数 a，有 $a + 1 = 1 + a$. 则对 $a' = a + 1$，因 $a' + 1 = (a + 1) + 1 = (1 + a) + 1 = 1 + (1 + a) = 1 + (a + 1) = 1 + a'$. 故有 $a' + 1 = 1 + a'$.

于是对任意自然数 a，有 $a + 1 = 1 + a$.

设对某一些自然数 b，有 $a + b = b + a$. 则对 $b' = b + 1$，由定义 2.5 的 (3) 有 $a + b' = (a + b)' = (b + a)' = b + a' = b + (a + 1) = (b + 1) + a = b' + a$.

即 $a + b' = b' + a$.

综上所述，对任意 $a, b \in \mathbf{N}$，都有 $a + b = b + a$.

定理 2.10 若 $a, b \in \mathbf{N}$，$a \neq 0$，则 $a + b \neq b$.

证明： 当 $b = 0$ 时，则根据定理 2.7 和定理 2.9，有 $a + b = a + 0 = a$. 而已知 $a \neq 0$，故 $a + 0 \neq 0$. 这说明当 $b = 0$ 时，有 $a + b \neq b$.

假设对某一 $b \in \mathbf{N}$，有 $a + b \neq b$.

则对于 b'，由定理 2.2 有 $(a + b)' \neq b'$. 而由定义 2.5，$(a + b)' = a + b'$，从而有 $a + b' \neq b'$.

综上所述，对任意 $a, b \in \mathbf{N}$，$a \neq 0$，都有 $a + b \neq b$.

定理 2.11 若 $a \neq b$，则 $a + c \neq b + c$.

证明： 因 $a \neq b$，当 $c = 0$ 时，由定理 2.7，显然有 $a + c \neq b + c$.

由定理 2.2 有 $a'\neq b'$，即 $a+1\neq b+1$. 这说明当 $c=1$ 时，命题真.

假设对某一 c，有 $a+c\neq b+c$. 我们证明对 $c'=c+1$，也有 $a+c'\neq b+c'$.

事实上，因 $a+c\neq b+c$，故由定理 2.2 得 $(a+c)'\neq(b+c)'$，由定义 2.5 得 $a+c'\neq b+c'$.

综上所述，对任意 $c\in\mathbf{N}$, $a\neq b$，则 $a+c\neq b+c$.

2　自然数的大小比较

定义 2.6　对任意的 $a,b\in\mathbf{N}$，若有正整数 k，使 $a=b+k$，则称 a 大于 b，记作 $a>b$；或称 b 小于 a，记作 $b<a$.

记号 $a\geqslant b$，意为 $a=b$ 或 $a>b$；$a\leqslant b$，意为 $a<b$ 或 $a=b$.

定理 2.12　若 $a>b,b>c$，则 $a>c$.

证明：因 $a>b,b>c$，则由定义 2.6，有正整数 k,l，使 $a=b+k,b=c+l$，从而 $a=c+(l+k)$，即 $a>c$.

这说明"$>$"关系具有传递性. 同理可得，"$<$"关系也具有传递性.

但显然，"$>$""$<$"关系不具有自反性，也不具有对称性.

定理 2.13　对任意的 $a,b\in\mathbf{N}$，关系 $a>b,a=b,a<b$ 有且只有一种成立.

证明：先证 $a>b,a=b,a<b$ 三种关系至多只有一种成立.

假设 $a>b,a=b$ 同时成立，则一方面由 $a>b$，根据定义 2.6 有正整数 k，使 $a=b+k$；另一方面由于 $a=b$，则得 $b=b+k$，这与定理 2.10 相矛盾.

同理可证 $a<b,a=b$ 也不能同时成立.

假设 $a>b,a<b$ 同时成立，则由定义 2.6，有正整数 k,l，使 $a=b+k,b=a+l$，从而 $a=a+(a+l)$. 这又与定理 2.10 矛盾.

再证明 $a>b,a=b,a<b$ 三种关系有一种成立.

当 a,b 中至少有一个是 0 时：

此时不妨假设 $b=0$，则当 $a=0$ 时，$a=b$；当 $a\neq 0$ 时，则有 $a=b+a$，即 $a>b$. 说明结论成立. 同时，我们也证明了 0 是最小的自然数.

当 a,b 全不为 0 时：

若 $b=1$，在 $a=1$ 时，则 $a=1=b$；在 $a\neq 1$ 时，则依定理 2.4，有一 $k\in\mathbf{N}(k\neq 0)$，使 $a=k'=k+1=1+k=b+k$，根据定义 2.6，$a>b$. 说明结论成立. 同时，我们也证明了，除 0 外，1 是最小的自然数.

假设对某一 b，结论成立，我们证明对于 $b'=b+1$，结论也成立.

如果 $a>b$，则有 $k\in\mathbf{N}(k\neq 0)$，使 $a=b+k$. 当 $k=1$ 时，得 $a=b+1=b'$；当 $k\neq 1$ 时，由定理 2.4，必有正整数 l，使 $k=l'=l+1$，从而 $a=b+k=b+l+1=b'+l$，则 $a>b'$.

如果 $a=b$，则 $b'=b+1=a+1$，即 $b'>a$，亦即 $a<b'$.

如果 $a<b$，则有正整数 k，使 $a+k=b$，由公理 2.2'，$(a+k)'=b'$. 由定义 2.5 得 $a+k'=b'$，亦即 $a<b'$.

这说明结论对于 b' 成立.

综上所述,定理得证.

定理 2.14 对于任意的 $a,b,c\in\mathbf{N}$,若 $a\geqslant b$,则 $a+c\geqslant b+c$;反之亦然.

证明:先证明定理的前半部分.

若 $a>b$,则由定义 2.6,有正整数 k,使 $a=b+k$,于是 $a+c=b+k+c=(b+c)+k$,即 $a+c>b+c$.

若 $a=b$,则由和的唯一性知,$a+c=b+c$.

至此,定理前半部分获证.

再证明定理的后半部分.即要证明:对于任意的 $a,b,c\in\mathbf{N}$,若 $a+c\geqslant b+c$,则 $a\geqslant b$.

用反证法.若不然,则 $a<b$,即 $b>a$,则由前面所证,必有 $b+c>a+c$,即 $a+c<b+c$,这与 $a+c\geqslant b+c$ 矛盾.

综上所述,结论成立.

定理 2.15 若 $a>b,c>d$,则 $a+c>b+d$.

证明:因 $a>b,c>d$,由定义 2.6,存在正整数 k,l,使 $a=b+k,c=d+l$.于是 $a+c=(b+k)+(d+l)=(b+d)+(k+l)$,由定义 2.6 即知,$a+c>b+d$.

在定理 2.13 的证明中,我们得到在 0 不是自然数的时候,1 是最小的自然数;当 0 作为自然数后,0 是最小的自然数.那么,是否对任意的自然数所构成的集合,它必定会有最小数呢? 以下定理给出了肯定的回答.

定理 2.16 若 $\varnothing\neq M\subseteq\mathbf{N}$,则 M 必有最小数.

证明:若 $0\in M$,则显然 0 是 M 中的最小数.

若 $0\notin M$,此时假设 M 中有 k 个不同的自然数.

当 $k=1$ 时,M 中只有一个自然数,那么这个自然数便是 M 中的最小数.

当 $k=2$ 时,M 中只有两个不同的自然数,根据定理 2.13,两个不同数必有一个是较小的,那这个较小数,便是 M 中的最小数.

假设对某一 k,命题真.则以下证明对 $k+1$,命题亦真.

事实上,只要将 M 中 $k+1$ 个数,分为两组:一组 k 个,一组 1 个.由假设,前一组 k 个数中必有一个最小的.然后将这个最小数与另一组的那个数进行比较,由定理 2.13,即可知命题真.

综上所述,命题获证.

这个定理是说,集合 M 是有下界的.

定义 2.7 设 M 是一自然数集合,若存在一自然数 k,小于 M 中的所有其他数,则称 M 是有下界的.

同理,我们可以定义自然数集合 M 的上界.

定义 2.8 设 M 是一自然数集合,若存在一自然数 k,大于 M 中的所有其他数,则称 M 是有上界的.

定理 2.17 设 $\varnothing\neq M\subset\mathbf{N}$,$M$ 有上界,则 M 必有最大数.

证明：设 A 是大于 M 中所有数的一切自然数构成的集合，因 M 有上界，故 $A \neq \varnothing$. 由定理 2.16，A 必有最小数. 这个最小数不会是 0，若不然，则 $M = \varnothing$，这与已知条件 $M \neq \varnothing$ 矛盾. 于是可设 A 中的最小数为 $a' = a + 1$，从而有 $a \in M$.

事实上，若 $a \notin M$，则或 $a \in A$，或 $a \notin A$.

当 $a \in A$ 时，则由于 $a < a'$，这与 a' 是 A 中的最小数矛盾.

当 $a \notin A$ 时，则必有 $m \in M$，使 $a < m$. 若不然，即对任意 $m \in M$，都有 $a \geqslant m$ 的话，则当 $a = m$ 时，因 $m \in M$，故 $a \in M$. 这与 $a \notin M$ 矛盾. 当 $a > m$ 时，则由 a 的性质知，$a \in A$. 这又与 $a \notin A$ 矛盾. 从而，如果 $a \notin M$，$a \notin A$，则必有 $m \in M$，使 $a < m$，于是 $a + 1 \leqslant m$，即 $a' \leqslant m$. 这与 A 的性质矛盾. 故 $a \in M$.

下面证明 a 是 M 中的最大数.

如果 a 不是 M 中的最大数，则有 $m \in M$，使 $a < m$，从而得 $a + 1 \leqslant m$，即 $a' \leqslant m$. 这与 m，a' 的属性相矛盾.

综上所述，命题得证.

读者可考虑用定理 2.16 的证明方法试证本定理.

3　自然数的减法

3.1　自然数减法的定义

由于加法运算表示为求两个集合的并集的基数，那么很自然地我们会考虑，从一个集合中去掉一些元素后，求所得集合元素的基数问题.

定义 2.9（自然数减法的基数定义）　设集合 A，B 满足 $B \subseteq A$，且基数分别为 a，b，那么差集 $C = A/B$ 的基数叫作 a 与 b 的差，求差的运算就叫作减法，记作

$$a - b = c,$$

读作"a 减 b 等于 c".

其中 a 叫被减数，b 叫减数，c 叫作 a 与 b 的差，符号"$-$"叫作减号.

这一定义，揭示了减法的实际含义，即减法就是在总体中去掉一个部分后，求另一个部分是多少的运算. 因此，对于在总量中去掉一个部分量，求另一个部分量，就用减法算.

例 2.6　一个兴趣小组共有 9 个同学，男同学有 4 个，女同学有几个？

分析：这属于"已知两个量的总和与其中一个量，求另一个量"的问题，即"已知两个加数的和与其中一个加数，求另一个加数"的问题.

数量关系可用图 2.4 表示.

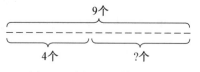

图 2.4　例 2.6 的数量关系

例2.7 计划种树15棵,已经种了8棵,还要种几棵?

分析:这属于"求一个量减少后的结果"的问题.

其数量关系与上例相同.

读者可自己画出表示数量关系的线段图.

减法的这一定义,还告诉我们计算减法的一个方法,即可以根据"去掉"的方法,求出两个自然数的差.

这一定义的派生意义表示的是求一个量比另一个量多(或少)多少.

根据以上关于自然数减法的基数定义,显然减法与加法具有明显的紧密关系,因此,我们可以从另一个角度来定义减法.

定义2.10 已知两个自然数a,b,求一个自然数c,使c与b的和等于a的运算叫作自然数的减法,记作

$$a-b=c.$$

这一定义告诉我们,如果$c+b=a$,那么$a-b=c$.也就是说,这一定义揭示了加减法之间的如下关系:减法是加法的逆运算.通俗地说,减法就是已知和与一个加数,求另一个加数的运算.

根据这一定义,我们可用"做减法,想加法"的方法来求出两个数的差.

由以上定义可知:已知两个量的和及其中一个量,求另一个量,就用减法算;求一个量减少后的结果,也用减法算.

显然,定义2.10把定义2.9的派生意义"表示的是求一个量比另一个量多(或少)多少"也包括其中了,因此,具有更广泛的意义.

为了使减法定义2.10更能体现减法是加法的逆运算,还可以将它改写成如下的表述形式.

定义2.11 若对任意$b\in \mathbf{N}$,有$x\in \mathbf{N}$,使$a=b+x$,则称x为a与b的差,记作

$$x=a-b.$$

求两个自然数差的运算,称为自然数的减法.

由这一定义可知:"已知两个量,求相差量"就用减法算;"求比已知量少的另一个量"也用减法算.

例2.8 小红有11本课外书,小明有6本课外书,小红比小明多几本课外书(或小明比小红少几本课外书)?

分析:这属于"已知两个量,求相差量"的问题.

通过分析可知,小红的书本数可以分成两部分:一部分是与小明的书本数同样多的部分,另一部分是比小明多的部分.数量关系可归结为:已知两个数的和与一个加数,求另一个加数.

数量关系如图2.5所示.

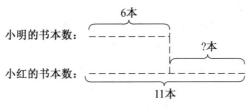

图2.5　例2.8的数量关系

例2.9　小红有11本课外书,小明有的课外书比小红的少5本,小明有几本课外书?

分析:这属于"求比已知量少的另一个量"的问题,可以归结为"已知两个量,求相差量"的问题.

读者可自己画出表示数量关系的线段图.

显然,在自然数集中减法运算不是总是可以实施的,因为当被减数小于减数时,差就不存在.这说明自然数集对减法运算是不封闭的.

但是,如果两个自然数的差存在,那么差是唯一的.就是以下要讨论的减法性质的定理2.18.

由定义2.11可知,加减法中各部分具有以下关系:

在减法算式 $x=a-b$ 中,由 $a=b+x$ 知,被减数=减数+差(或被减数=差+减数),且由于在 $a=b+x$ 中 b 和 x 的位置是平等的,从而可得 $b=a-x$,即减数=被减数-差;而在加法算式 $a=b+x$ 中,从 $x=a-b$ 和 $b=a-x$ 可知,一个加数=和-另一个加数.

加减法中各部分具有的以上关系,可用于加减法的验算.

从加减法的定义和加减法中各部分的关系,可以得知:"求两个量的总和"与"已知两个量的总和与其中的一个量,求另一个量"属于同一种数量关系;"求一个量减少后的结果"与"已知减少的量和剩余量求原有量"是同一种数量关系;"已知两个量,求相差的量"、"求比已知量少的另一个量"与"求比已知量多的另一个量"属于同一种数量关系.

3.2　自然数减法的性质

定理2.18　若 $a \geqslant b$,则差 $a-b$ 在 **N** 中存在且唯一.

证明:若 $a=b$,则因 $a=b+0$,故 $a-b=0$,差存在;0显然唯一.

若 $a>b$,则有 $x \in \mathbf{N}(x \neq 0)$,使 $a=b+x$,故 $a-b=x$,差存在.下面证明差是唯一的.若不然,有 $y \in \mathbf{N}(y \neq 0)$,使 $a-b=y$,即 $a=b+y$ 且 $x \neq y$,则将导致矛盾.

事实上,由 $x \neq y$,知 $x>y$ 或 $x<y$.则由定义2.6知,有 $c \in \mathbf{N}(c \neq 0)$,使 $x=y+c$,即 $x-y=c$.于是 $a=b+x=b+y+c=a+c$.即 $a-a=c$,而 $a-a=0$.这与 $c \neq 0$ 矛盾.

同理可证,若 $x<y$,也将导致矛盾.

综上所述,差 $a-b$ 在 $\mathbf{N}$ 中存在且唯一.

在以下有关差的问题的讨论中,我们都假定差是存在的.

根据减法定义 2.10,可得以下两个推论:

推论 2.2 对于任意的 $a,b \in \mathbf{N}$,有 $(a-b)+b=a$.

证明:设 $a-b=c$,即 $a=b+c$.于是左边 $=c+b=b+c=a=$ 右边.

推论 2.3 对于任意的 $a,b \in \mathbf{N}$,有 $(a+b)-b=a$.

证明:因 $(a+b)=a+b$,故 $(a+b)-b=a$.

定理 2.19 对于任意的 $a,b \in \mathbf{N}$,$b \neq 0$,有 $a-b<a$.

证明:设 $a-b=c$,则 $a=b+c$.由于 $b \neq 0$,故由定义 2.6 知,$a>c=a-b$.即 $a-b<a$.

定理 2.20 当且仅当 $a+d=b+c$ 时,有 $a-b=c-d$.

证明:先证条件的充分性.

因
$$a+d=(a-b)+b+d=(a-b)+(b+d),$$
$$b+c=c+b=(c-d)+d+b=(c-d)+(b+d),$$

又由 $a+d=b+c$ 得
$$(a-b)+(b+d)=(c-d)+(b+d).$$

由定理 2.14 知
$$a-b=c-d.$$

再证条件的必要性.

由 $a-b=c-d$ 得
$$a+d=(a-b)+b+d=(c-d)+b+d=b+(c-d)+d=b+c.$$

定理 2.21 若 $b \geqslant c$,则 $a-b \leqslant a-c$;反之亦然.

证明:假设 $a-b>a-c$,则由定理 2.14 有 $(a-b)+(b+c)>(a+c)+(b+c)$,从而得 $a+c>a+b$,于是有 $c>b$,这与已知 $b \geqslant c$ 矛盾.

定理的后半部分,同样可用反证法证得,有兴趣的读者可作为练习.

定理 2.22 $a-(b+c)=a-b-c$.

证明:因 $(a-b-c)+(b+c)$
$$=(a-b-c)+b+c$$
$$=\{[(a-b)-c]+c\}+b$$
$$=(a-b)+b$$
$$=a,$$

故
$$a-(b+c)=a-b-c.$$

定理 2.23 $a-(b-c)=a+c-b$ 或 $a-(b-c)=a-b+c$.

读者可作为练习自行证明.

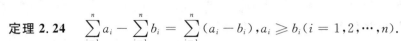

定理 2.24　$\sum_{i=1}^{n} a_i - \sum_{i=1}^{n} b_i = \sum_{i=1}^{n} (a_i - b_i), a_i \geqslant b_i (i = 1, 2, \cdots, n).$

证明：根据加法的结合律与交换律，有

$$\sum_{i=1}^{n} (a_i - b_i) + \sum_{i=1}^{n} b_i$$

$$= \sum_{i=1}^{n} \left[(a_i - b_i) + b_i \right]$$

$$= \sum_{i=1}^{n} a_i,$$

故

$$\sum_{i=1}^{n} a_i - \sum_{i=1}^{n} b_i = \sum_{i=1}^{n} (a_i - b_i).$$

3.3　自然数减法的法则

（1）一位数减法

对于一位数或两位数减去一位数而差是一位数的减法，可以根据减法的定义，利用加法表计算. 例如：

8−5，可根据 3+5=8，得到 8−5=3；

15−7，可根据 8+7=15，得到 15−7=8.

而对于其他一位数减法，则可利用拆开被减数的方法，转化为以上类型的减法，然后再得出最终的差. 例如：

36−9，先把 36 拆成 20+16，再用以上方法求得 16−9=7，然后计算 20+7=27，即得 36−9=27.

（2）多位数减法

计算多位数减法的理论依据的是定理 2.23，是把多位数减法转化为一位数减法来计算的.

例 2.10　计算 4573−2764.

解：4573−2764

　　=(4 千+5 百+7 十+3)−(2 千+7 百+6 十+4)

　　=(3 千+15 百+6 十+13)−(2 千+7 百+6 十+4)

　　=(3 千−2 千)+(15 百−7 百)+(6 十−6 十)+(13−4)

　　=1 千+8 百+0 十+9

　　=1809.

把以上法则写成竖式就是：

$$
\begin{array}{r}
4\ 5\ 7\ 3 \\
-\ 2\ 7\ 6\ 4 \\
\hline
1\ 8\ 0\ 9
\end{array}
$$

4 已知数的变化引起和与差的变化

以下各式中的字母表示自然数,且减法在自然数集中均可实施.请读者用汉语表述以下各式的含义.

4.1 和的变化

定理 2.25 若 $a+b=c$,则有 $(a+m)+b=c+m$ 或 $(a-m)+b=c-m$.

证明: 因 $(a+m)+b=a+(m+b)$
$$=a+(b+m)$$
$$=(a+b)+m,$$

而 $a+b=c$,

故 $(a+m)+b=c+m$.

$(a-m)+b=c-m$ 请读者自证.

定理 2.26 若 $a+b=c$,则 $(a+m)+(b-m)=c$.

这一结论可由以上结论直接导出.

4.2 差的变化

定理 2.27 若 $a-b=c$,则 $(a+m)-b=c+m$ 或 $(a-m)-b=c-m$.

证明由读者完成.

定理 2.28 若 $a-b=c$,则 $a-(b+m)=c-m$ 或 $a-(b-m)=c+m$.

证明由读者完成.

定理 2.29 若 $a-b=c$,则 $(a+m)-(b+m)=c$ 或 $(a-m)-(b-m)=c$.

本结论可由以上两式导出.

习 题 三

1. 根据自己的理解,说一说加法的定义.在小学数学教材中,通常是说"把两个数合并成一个数的运算,叫作加法",同本书的加法定义有什么联系?

2. 试比较加法的两个定义各自的优点.

3. 试比较减法的三个定义各自的优点.

4. 用加法的序数定义证明 $3+5=8$.

5. 证明:

(1) 若 $a+b=c$,则 $(a-m)+b=c-m$;

(2) 若 $a-b=c$,则 $(a+m)-b=c+m$ 或 $(a-m)-b=c-m$;

(3) 若 $a-b=c$,则 $a-(b+m)=c-m$ 或 $a-(b-m)=c+m$;

(4) 若 $a-b=c$,则 $(a+m)-(b+m)=c$ 或 $(a-m)-(b-m)=c$.

6. 计算 $14-6$,可有以下四种算法,试一一说明它们的理论依据.

(1) 从 14 起往回数六个数:14,13,12,11,10,9,下一个数是 8,就是所要求的差；

(2) 先 14 里减去 4 得 10，再从 10 里减去 2 得 8，即为所要求的差；

(3) 先 10 里减去 6 得 4，再加上 4 得 8，即为所要求的差；

(4) 因为 $6+8=14$，所以 $14-6=8$，同样可得所要求的差.

7. 求下列各式中的 x，并说明根据.

(1) $x-45=64$；

(2) $32+x=57$；

(3) $67-x=35$.

8. 简要说明简单加减应用题与加减式题的区别是什么，解答简单加减应用题的关键是什么.

9. 根据你的理解，简要说明整数加减简单应用题的结构和解题思路.

10. 试分析下列简单应用题的数量关系，说明如何把题中的数量关系与加减运算的意义联系起来.

(1) 商店运来 20 筐扁豆，比运来黄瓜多 8 筐，运来黄瓜有多少筐？

(2) 商店运来 20 筐扁豆，运来黄瓜 12 筐，黄瓜比扁豆少几筐？

11. 用下面给出的两个已知条件，编成加、减法简单应用题各一道.

(1) 5 棵梨树；　　　　　　　(2) 15 棵桃树.

第三节　自然数的乘除法

1　自然数的乘法

1.1　自然数乘法的定义

定义 2.12(自然数乘法的基数定义) $b(b>1,b\in \mathbf{N})$ 个相同加数 a 的和 c 叫作 a 与 b 的积. 用式子表示为：

$$c=\overbrace{a+a+\cdots+a}^{b个}.$$

求两个数的积的运算叫乘法，记作

$$a\times b=c \ \text{或} \ a\cdot b=c.$$

读作"a 乘 b 等于 c". 数 a 和 b 叫乘数，也称为积 c 的因数（简称因数），符号"$\times$"或"$\cdot$"叫乘号，对于两个字母 a 与 b 相乘或一个数与一个字母相乘，中间的乘号可以省略.

这一定义告诉我们，乘法其实就是加法的一种简便运算. 如要计算 2×3，根据定义则得：$2\times 3=2+2+2=6$.

在以上定义中，显然要求因数 $b\geqslant 2$. 但因数是 1 和 0 的情况也时常产生，因此必须对乘法定义作如下补充：

（1）当 $b=1$ 时，规定 $a \times 1=a$；

（2）当 $b=0$ 时，规定 $a \times 0=0$.

请读者根据第一章预备知识中关于运算的定义来理解乘法运算.

由以上自然数乘法的定义，可知自然数集对于乘法运算是封闭的，并且积是唯一的.因为一方面，乘法是由加法来定义的，而对于加法，和是存在且唯一的，因此，积也存在且唯一；另一方面，因为乘法运算是自然数集合中的一个代数运算，所以在自然数集合中，积存在且唯一.

根据这一定义，已知一个单位量，求几个相同的单位量的总和，就用乘法算.

例 2.11 一包书有 16 本，5 包书共有几本？

分析：这就是属于"已知一个单位数量，求几个相同的单位数量的和"的问题.

数量关系如图 2.6 所示.

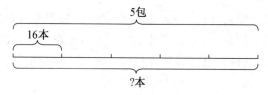

图 2.6 例 2.11 的数量关系

例 2.12 苹果有 15 只，橘子是苹果的 3 倍，橘子有几只？

分析：根据"倍"的概念，求一个数的几倍是多少，仍然可以归结为：求若干个相同数量的和.

数量关系可用图 2.7 表示.

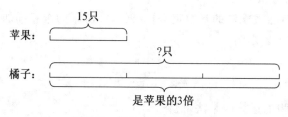

图 2.7 例 2.12 的数量关系

定义 2.13（自然数乘法的序数定义） 自然数乘法是指这样的对应：即当 $a,b \in \mathbf{N}$ 时，有一个自然数 $c=a \cdot b$ 与它们对应，且满足以下两条性质：

（1）$a \cdot 0=0$；

（2）$a \cdot b'=a \cdot b+a$.

其中式子的读法、含义与各部分的名称与定义 2.12 相同.

由定义 2.13 可以证明 $2 \times 3=6$.

例 2.13 证明 $2 \times 3 = 6$.

证明： 由定义 2.12 知：

$$2 \times 1 = 2 \times 0' = 2 \times 0 + 2 = 2;$$
$$2 \times 2 = 2 \times 1' = 2 \times 1 + 2 = 2 + 2 = 4;$$
$$2 \times 3 = 2 \times 2' = 2 \times 2 + 2 = 4 + 2 = 6.$$

显然, 定义 2.13 与 2.12 本质上是相同的.

对于连续几个数相乘, 其运算顺序是从左到右, 依次演算.

1.2　自然数乘法的性质

根据自然数乘法的定义 2.13, 也能证明自然数积存在唯一性.

定理 2.30 自然数的积存在且唯一.

证明： 任设 $a, b \in \mathbf{N}$.

当 $b = 0$ 时, 由乘法定义 2.13 的 (1), $a \cdot 0 = 0$, 即积存在且唯一.

假设对某一自然数 b, $a \cdot b$ 存在且唯一. 则对 b', 由定义 2.13 的 (2), $a \cdot b' = a \cdot b + a$. 则根据假设 $a \cdot b$ 的存在唯一性与和的存在唯一性, 可知 $a \cdot b' = a \cdot b + a$ 存在且唯一.

综上所述, 定理得证.

定理 2.31 若 $ab = 0$, 则 $a = 0$ 或 $b = 0$; 反之亦然.

证明： 定理的后半部分由定义 2.12 即可得, 而前半部分使用反证法, 再由定义 2.12, 也可知是显然的.

定理 2.32 乘法满足交换律, 即有 $ab = ba$.

证明： 根据定义 2.12, 当 $a > 1, b > 1$ 时, 那么 a 可以表示为:

$$a = \overbrace{1 + 1 + \cdots + 1}^{a \uparrow},$$

ab 则可表示为:

$$b \uparrow \left\{ \begin{array}{l} a = 1 + 1 + \cdots + 1 \\ a = 1 + 1 + \cdots + 1 \\ \quad\quad\quad \vdots \\ a = 1 + 1 + \cdots + 1 \end{array} \right.$$
$$ab = \underbrace{b + b + \cdots + b}_{a \uparrow}$$

再由积的定义, 有
$$\underbrace{b + b + \cdots + b}_{a \uparrow} = ba.$$

所以有
$$ab = ba.$$

再根据补充定义, 可得

若 a 与 b 至少有一个等于 1 时:

当 $a=1,b>1$ 时,$1 \times b=b,b \times 1=b$,即有 $ab=ba$;

当 $b=1,a>1$ 时,$a \times 1=a,1 \times a=a$,即有 $ab=ba$;

当 $a=b=1$ 时,$ab=1,ba=1$,即有 $ab=ba$.

若 a 与 b 至少有一个等于 0 时:

$ab=0,ba=0$,也有 $ab=ba$.

综上所述,对于任何自然数 a,b,均有 $ab=ba$.

根据定义 2.13,也能证明 $ab=ba$.读者可自行证明之.

定理 2.33 乘法满足分配律,即有 $(a+b)c=ac+bc$ 或 $c(a+b)=ca+cb$.

证明: 只证明第一式,第二式由读者自行证之.

根据定义 2.13,

若 $c=0$,显然有 $(a+b)c=0=ac+bc$.

假设对某一自然数 c,有 $(a+b)c=ac+bc$.

则对 c',由定义 2.13、乘法交换律和结合律,就有

$$(a+b)c'=(a+b)c+(a+b)=ac+bc+a+b$$
$$=(ac+a)+(bc+b)=ac'+bc'.$$

综上所述,对任意的 $c \in \mathbf{N}$,均有 $(a+b)c=ac+bc$.

读者可依据定义 2.12 证之.

乘法分配律可以推广到以下情形.

定理 2.34 若 $a_i,b_i \in \mathbf{N}$,则有 $(\sum_{i=1}^{n} a_i)(\sum_{j=1}^{m} b_j)=\sum_{i=1}^{n} \sum_{j=1}^{m} a_i b_j (i,j \geqslant 1,i,j \in \mathbf{N})$.

特别地,当 $m=1$ 时,有 $(a_1+a_2+\cdots+a_n)b=a_1 b+a_2 b+\cdots+a_n b$.

证明由读者完成.

定理 2.35 $(a-b)c=ac-bc$ 或 $c(a-b)=ca-cb$.

证明由读者完成.

定理 2.36 乘法满足结合律,即有 $(ab)c=a(bc)$.

证明: 根据定义 2.13,

当 $c=0$ 时,则显然有 $(ab)c=(ab) \times 0=0,a(bc)=a(b \times 0)=a \times 0=0$,即有

$$(ab)c=a(bc).$$

假设对某一自然数 c 有 $\qquad (ab)c=a(bc).$

则对 c' 有 $\qquad (ab)c'=(ab)c+ab.$

又根据乘法分配律有

$$a(bc')=a(bc+b)=a(bc)+ab.$$

于是得 $\qquad (ab)c'=a(bc').$

从而有 $\qquad (ab)c=a(bc).$

综上所述,对任何自然数都有
$$(ab)c=a(bc).$$

读者也可依据定义 2.12 证之.

乘法交换律和结合律可以推广到多个数相乘的情形,即多个数相乘,具有交换性和结合性.

使用乘法交换律、结合律、分配律等,有时可使乘法运算更简便.

定理 2.37 设 $a,b,c\in\mathbf{N},a\geqslant b$,则 $ac\geqslant bc$;反之,若 $ac\geqslant bc,c\in\mathbf{N},c\neq 0$,则有 $a\geqslant b$.

证明: 这里只证明定理的前半部分,后半部分的证明留给读者.

若 $c=0$,则由乘法定义知,$ac=0=bc$.

若 $c\neq 0$,则当 $a>b$ 时,由定义 2.6,存在正整数 k,使 $a=b+k$. 从而 $ac=(b+k)c=bc+kc$,由于 kc 是正整数,故由定义 2.6 知 $ac>bc$.

当 $a=b$ 时,显然有 $ac=bc$.

综上所述,若 $a\geqslant b$,则 $ac\geqslant bc$.

定理 2.38 设 $a,b,c,d\in\mathbf{N},a\geqslant b,c\geqslant d$,则 $ac\geqslant bd$.

证明: 因 $a\geqslant b,c\in\mathbf{N}$,由定理 2.36 有 $ac\geqslant bc$;同理,由 $c\geqslant d,b\in\mathbf{N}$ 得 $bc\geqslant bd$;再由定理 2.12,得 $ac\geqslant bd$.

定理 2.39 若 a 是个 n 位数,b 是个 m 位数,则 ab 之积是 $(n+m)$ 或 $(n+m-1)$ 位数.

证明: 因 a 是 n 位数,故可设 $10^{n-1}\leqslant a\leqslant 10^n$,从而得 $10^{n-1}\cdot b\leqslant ab\leqslant 10^n\cdot b$.

又因 b 是 m 位数,所以 $10^{n-1}\cdot b$ 是 $(n+m-1)$ 位数,$10^n\cdot b$ 是 $(n+m)$ 位数.

于是 ab 之积是 $(n+m)$ 或 $(n+m-1)$ 位数.

那么如何判断 ab 之积是 $(n+m)$ 位数,还是 $(n+m-1)$ 位数呢? 方法如下:

(1) 如果两个因数的最高位上的积等于或大于 10,或虽然最高位积小于 10,但加上进位上来的数后就大于或等于 10,那么它们的积的位数就等于两因数位数的和;

(2) 如果两个因数的最高位上的数的积小于 10,且加上进位上来的数仍然小于 10,那么它们的积的位数就比两因数的位数和少 1.

乘法运算的这些性质,可用于速算和估算.

1.3 自然数乘法的法则

(1) 表内乘法

两个一位数相乘的积,可根据乘法定义转化为加法计算. 通常把两个一位数相乘编成乘法口诀或乘法表,要求学生能够背诵,达到脱口而出的程度.

(2) 多位数乘法

① 乘数中一个至少是两位数,另一个是一位数的乘法. 可利用乘法的运算性质转化为表内乘法.

例 2.14 计算 456×7.

解：456×7

$=(4 \text{百}+5 \text{十}+6) \times 7$ （数的组成）

$=4 \text{百} \times 7+5 \text{十} \times 7+6 \times 7$ （乘法分配律的推广）

$=(2 \text{千}+8 \text{百})+(3 \text{百}+5 \text{十})+(4 \text{十}+2)$ （乘法口诀、加法结合律的推广）

$=3 \text{千}+1 \text{百}+9 \text{十}+2$ （加法结合律的推广）

$=3192.$

② 两个乘数都是多位数,而其中至少有一个乘数是一个最后面带有若干个 0 的数.这可根据数的组成(位值原则)和乘法结合律进行计算.

例 2.15 计算 256×300.

解：256×300

$=256 \times(3 \times 100)$ （乘法结合律）

$=256 \times 3 \times 100$ （乘法结合律）

$=768 \times 100$ （乘法法则(2)的①）

$=768 \text{百}$ （数的组成）

$=76800.$ （数的组成）

③ 两个一般的多位数相乘.根据乘法分配律的推广,转化为以上类型的乘法,然后使用相应的法则计算.

例 2.16 计算 324×251.

解：324×251

$=324 \times(200+50+1)$ （数的组成）

$=324 \times 200+324 \times 50+324 \times 1$ （乘法分配律的推广）

$=64800+16200+324$ （乘法法则(2)的①、②）

$=81324.$ （加法法则）

2 自然数的除法

2.1 自然数除法的定义

定义 2.14 设 $a,b \in \mathbf{N}, b \neq 0$,若有 $q \in \mathbf{N}$,使 $a=bq$,则称 q 为 a 与 b 的商,求商的运算叫除法,记作

$$q=a \div b.$$

读作"q 等于 a 除以 b(或 b 除 a)".a 叫被除数,b 叫除数,符号"÷"叫除号.此时又称 a 能被 b 整除,或说 b 能整除 a.记作 $b|a$.此时,还称 a 为 b 的倍数,b 为 a 的约数(或因数、因子).小于 a 的因数称为 a 的真因数.

以上定义方法显然是用乘法定义除法的,这种定义方法与减法定义 2.10 的表现手法是相同的,它表明除法是乘法的逆运算.

在以上定义中,要求除数不能为 0.这是因为若除数 $b=0$,则会出现以下情况:

(1) 当 $a\neq0$ 时,则因 0 乘任何数都得 0,都不可能等于 a,说明 $a\div0$ 商不存在;

(2) 当 $a=0$ 时,则因任何数乘 0 都得 0,说明商可以是任何数,这表明商不确定.

综上所述,规定 0 不能做除数.

一方面,由于除法是乘法的逆运算,而乘法是求几个相同加数的和;另一方面,减法是加法的逆运算.根据以上关系,就可以得到除法与减法的关系.

设 $a\div b=q$,则 $a=bq$.

而 $bq=\underbrace{b+b+\cdots+b}_{q\uparrow}$,

即得 $a-\underbrace{b-b-\cdots-b}_{q\uparrow}=0$.

这说明求商,也可以通过连减法来做.把被除数作为被减数,除数作为相同的减数,连减到差为 0 的次数就是所要求的商.

在自然数范围内,除法运算不是总可以施行的.如不存在自然数,使得它可以成为 $3\div2$ 的商.这说明自然数集 **N** 对除法运算不封闭.这是因为,除法运算不是自然数集合的一个代数运算,只是它的部分代数运算的缘故.但如果商存在的话,即作为部分代数运算来说,则商是唯一的(这一结论的证明将在第三章整数性质初步中给出).这就是有余数的除法.

定义 2.15 设 $a,b\in\mathbf{N},b\neq0$,要求 $q,r\in\mathbf{N},0\leqslant r<b$,使得 $a=bq+r$,这样的运算称为有余数的除法.

记作 $a\div b=q$(余 r)或 $a\div b=q\cdots r$.读作"a 除以 b 等于 q 余 r".这里 a,b 还是称为被除数、除数,q 称为不完全商,r 为余数.此时又称 a 不能被 b 整除,或 b 不能整除 a,记作 $b\nmid a$.也称 a 不是 b 的倍数,b 不是 a 的约数.

如果用 2 作除数,则一个整数要么能被 2 整除,要么不能,不会有第三种情形发生.当一个整数能被 2 整除时,我们称它为偶数,否则称它为奇数.

我们可以把 b 能整除 a 的情况看作是余数 $r=0$,即看作是有余数除法的特殊情况,这样就把除法的两种不同情形统一起来了.

在以下定理中,若无特殊说明,总假定除法运算在自然数集中是可以实施的.

根据除法是乘法的逆运算,那么对于"把总量平均分成若干份,求单位量"、"求总量里包含几个单位量"、"求一个量是另一个量的几倍"与"已知一个量和它是另一个量的几倍,求另一个量"的问题,都用除法算.

例 2.17 有书 5 包共 80 本,平均每包有书几本?

分析:这是把一个数量平均分成若干等份,求每份是多少.就是已知两个因数的积和其中一个因数,求另一个因数.

数量关系如图 2.8 所示.

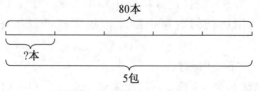

图 2.8　例 2.17 的数量关系

例 2.18　一包书 16 本,80 本书要包几包?

分析:这是把一个数量按同样的数量分份,求可以分成多少份.也是已知两个因数的积和其中的一个因数,求另一个因数.

读者可自己画出表示数量关系的线段图.

例 2.19　橘子 45 只,苹果 15 只,橘子是苹果的几倍?

分析:显然这道题的一个已知条件和问题与例 2.12 相反,因此本题的数量关系也可归结为:已知两个因数的积与其中的一个因数,求另一个因数.

读者可自己画出表示数量关系的线段图.

例 2.20　橘子 45 只,是苹果的 3 倍,苹果有几只?

分析:这也是一道与例 2.12 的一个已知条件和问题相反的题,因此数量关系也可归结为:已知两个因数的积与其中的一个因数,求另一个因数.如图 2.9 所示.

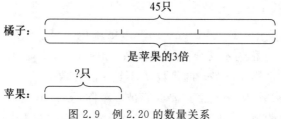

图 2.9　例 2.20 的数量关系

显然,"已知一个单位量,求几个相同单位量的总和"的问题与"把总量平均分成若干份,求单位量"是同一种数量关系;而"求等于已知量的几倍的另一个量"与"求总量里包含几个单位量"是同一种数量关系.也可以这样看,"已知一个单位量,求几个相同单位量的总和"与"求等于已知量的几倍的另一个量"是同一种数量关系,即归结为"求若干个相同数量的和";而"把总量平均分成若干份,求单位量"与"求等于已知量的几倍的另一个量"是同一种数量关系,即归结为"已知两个因数的积和其中一个因数,求另一个因数".

2.2　自然数除法的性质

定理 2.40　若 $a \div b = q$,则 q 是唯一的.

证明:假设 $a \div b$ 可以得到两个商 q 和 p,且 $q \neq p$,则由除法的定义 2.14,有 $a = bq$ 和 $a = bp$,从而得 $bq - bp = 0$.由定理 2.35 得 $bq - bp = b(q - p) = 0$.由 $b \neq 0$

和定理 2.31,必有 $q-p=0$,即 $q=p$,这与假设相矛盾.于是定理得证.

根据除法的定义,显然可得定理 2.41 和定理 2.42.

定理 2.41 $(a \div b) \cdot b = a$.

证明:设 $a \div b = q$,则 $a = bq$.于是 $(a \div b) \cdot b = qb = bq = a$.

定理 2.42 $(a \cdot b) \div b = a$.

证明由读者完成.

定理 2.43 $(a \cdot b) \div c = (a \div c) \cdot b = a \cdot (b \div c)$.

证明由读者完成.

定理 2.44 $a \div (b \cdot c) = a \div b \div c$.

证明由读者完成.

定理 2.45 $a \div (b \div c) = (a \cdot c) \div b = (a \div b) \cdot c$.

证明由读者完成.

定理 2.46 $(a + b) \div c = (a \div c) + (b \div c)$.

证明:根据定理 2.33 和定理 2.41,可得

$$[(a \div c) + (b \div c)] \cdot c = (a \div c) \cdot c + (b \div c) \cdot c = a + b,$$

于是由定义 2.14,显然有

$$(a + b) \div c = (a \div c) + (b \div c).$$

这一结论可以推广到若干个自然数的和除以一个自然数的情形,即有

$$(a_1 + a_2 + \cdots + a_n) \div b = a_1 \div b + a_2 \div b + \cdots + a_n \div b.$$

证明由读者完成.

定理 2.47 $a \div b = c \div d$ 的充要条件是 $a \cdot d = b \cdot c$.

证明:先证条件的充分性.

由定理 2.41,$a \cdot d = (a \div b) \cdot b \cdot d$,

$$b \cdot c = b \cdot (c \div d) \cdot d = (c \div d) \cdot b \cdot d,$$

而已知 $a \cdot d = b \cdot c$,故 $a \div b = c \div d$.

再证条件的必要性.

事实上,由于充分性证明中,步步可逆,故必要性自明.

定理 2.48 $(a \div b) \cdot (c \div d) = (a \cdot c) \div (b \cdot d)$.

证明由读者完成.

定理 2.49 $(a \div b) \div (c \div d) = (a \cdot d) \div (b \cdot c)$.

证明由读者完成.

2.3 自然数除法的法则

(1) 表内除法

根据做除法想乘法的方法,对于被除数和除数都是一位数或者被除数是两位

数除数是一位数而商是一位数的除法,可以用乘法口诀直接求商.这样的除法通常叫表内除法.表内除法最后要求学生达到脱口而出的水平.

（2）多位数除法

多位数除法的根据是定理2.46及其推广性质,转化为表内除法进行计算的.

例 2. 21   计算 $584 \div 4$.

解: $584 \div 4 = (5 百 + 8 十 + 4) \div 4$
$= (4 百 + 18 十 + 4) \div 4$
$= (4 百 + 16 十 + 24) \div 4$
$= 1 百 + 4 十 + 6$
$= 146.$

通常用如下的竖式来计算:

$$
\begin{array}{r}
1\ 4\ 6 \\
4\ \overline{)\ 5\ 8\ 4} \\
4 \\
\hline
1\ 8 \\
1\ 6 \\
\hline
2\ 4 \\
2\ 4 \\
\hline
0
\end{array}
$$

竖式的书写顺序,一般是先写被除数,如 584;再写表示除号的 $\diagup$;最后写除数,如 4.这样就与横式的写法顺序保持一致了.

例 2. 22   计算 $9361 \div 23$.

解: $9361 \div 23$
$= (9 千 + 3 百 + 6 十 + 1) \div 23$
$= (93 百 + 6 十 + 1) \div 23$
$= (92 百 + 16 十 + 1) \div 23$
$= (92 百 + 161) \div 23$
$= 4 百 + 7$
$= 407.$

这就得到了多位数除法的法则.写成竖式就是:

$$
\begin{array}{r}
4\ 0\ 7 \\
23\ \overline{)\ 9\ 3\ 6\ 1} \\
9\ 2 \\
\hline
1\ 6\ 1 \\
1\ 6\ 1 \\
\hline
0
\end{array}
$$

（3）商的位数

由于除法是乘法的逆运算，根据确定积的位数的定理 2.39 可知，两个数的商的位数，等于被除数与除数的位数的差，或者比这个差多 1.

商的位数究竟是多少，可以这样判断：若被除数 a 是个 n 位数，除数 b 是个 m 位数，如果被除数 a 的前 m 位数小于 b，那么商的位数就等于这两个数的位数之差 $n-m$；否则就比这个差多 1，即为 $n-m+1$.

2.4　乘除法间的关系

（1）乘除法中各部分间的关系

根据除法的定义，乘除法算式中各部分具有以下关系：

① 在乘法中，一个因数等于积除以另一个因数；

② 在除法中，被除数等于除数乘以商，除数等于被除数除以商.

以上关系可以应用于对乘法和除法的验算.

（2）已知数的变化引起积与商的变化

定理 2.50　若 $a\times b=c$，则 $(a\times n)\times b=c\times n$ 或 $(a\div n)\times b=c\div n$.

证明：根据乘法的交换律和结合律，显然有

$$(a\times n)\times b=a\times n\times b=a\times b\times n=c\times n.$$

读者可以证明另一种情况.

定理 2.51　若 $a\times b=c$，则 $(a\times n)\times(b\div n)=c$.

证明留给读者.

定理 2.52　若 $a\div b=q$，则 $(a\times n)\div b=q\times n$ 或 $(a\div n)\div b=q\div n$.

证明：根据定理 2.43，显然可得

$$(a\times n)\div b=(a\div b)\times n=q\times n.$$

另一种情况的证明留给读者.

定理 2.53　若 $a\div b=q$，则 $a\div(b\times n)=q\div n$ 或 $a\div(b\div n)=q\times n$.

证明由读者完成.

定理 2.54　若 $a\div b=q$，则 $(a\times n)\div(b\times n)=q$ 或 $(a\div n)\div(b\div n)=q$.

证明由读者完成.

习题四

1. 在乘法的基数定义中，对"b 个相同加数"中的 b 为什么要限定是"大于 1 的整数"？其补充定义有哪些内容？在 $0\times5=0$ 和 $5\times0=0$ 中，哪个计算的根据是乘法的补充定义？

2. 了解一下小学数学教材中是怎样表述整数乘法的意义的.

3. 0 是任何自然数的倍数，任何自然数都是 0 的约数. 这一命题正确吗？为

什么?

4. 根据乘法的序数定义,证明 $3 \times 3 = 9$.

5. 计算 32×18 时,有以下四种算法,试说明每种算法的理论根据,并比较一下哪种算法最简便.

(1) $32 \times 9 + 32 \times 9$;　　　　　　　　(2) $(32 \times 9) \times 2$;

(3) $32 \times 10 + 32 \times 8$;　　　　　　　(4) $32 \times 20 - 32 \times 2$.

6. 计算 213×23 时,先从第二个因数的最高位乘起行不行?试列出展开式加以说明,再写出用竖式计算的方法.

7. 不做乘法运算,指出下列积各是几位.

(1) 23×147;　　　　　　　　　　　(2) 288×65;

(3) 1706×998;　　　　　　　　　(4) 39456×3409.

8. 根据自己的理解,说说为什么不能用 0 做除数.

9. 按下面的图示,说一说加、减、乘、除四种运算间的关系.

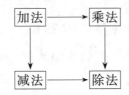

10. 说明做下列除法运算时应该怎样试商.

(1) $648 \div 24$;　　　　　　　　　　　(2) $1092 \div 26$.

11. 不做除法运算,指出下面除法的商各是几位.

(1) $4624 \div 17$;　　　　　　　　　　(2) $3567 \div 41$;

(2) $4719 \div 39$;　　　　　　　　　　(4) $57643 \div 59$.

12. 证明以下各题.

(1) 根据定义 2.13,证明 $ab = ba$;

(2) 定理 2.35　$(a-b)c = ac - bc$ 或 $c(a-b) = ca - cb$;

(3) 定理 2.42　$(a \cdot b) \div b = a$;

(4) 定理 2.48　$(a \div b) \cdot (c \div d) = (a \cdot c) \div (b \cdot d)$;

(5) 定理 2.49　$(a \div b) \div (c \div d) = (a \cdot d) \div (b \cdot c)$;

(6) 定理 2.50　若 $a \times b = c$,则 $(a \times n) \times (b \div n) = c$;

(7) 定理 2.53　若 $a \div b = q$,则 $a \div (b \times n) = q \div n$ 或 $a \div (b \div n) = q \times n$;

(8) 定理 2.54　若 $a \div b = q$,则 $(a \times n) \div (b \times n) = q$ 或 $(a \div n) \div (b \div n) = q$.

13. 简要说明简单乘除应用题与乘除式题的区别.解答简单乘除应用题的关键是什么?

14. 根据你的理解,简要说明整数乘除简单应用题的结构和解题思路.

15. 试分析下列简单应用题的数量关系,说明如何把题中的数量关系与乘除

运算的意义联系起来.

（1）小红家养了 18 只母鸡，3 只公鸡，小红家的母鸡是公鸡的几倍？

（2）小红家养了 18 只母鸡，母鸡的只数恰好是公鸡的 6 倍，小红家养了多少只公鸡？

16. 用下面给出的两个已知条件，编成乘、除法简单应用题各一道.

（1）5 棵梨树；　　　　　　　（2）15 棵桃树.

第四节　自然数的四则混合运算

1　运算顺序

加、减、乘、除四种运算，统称为四则运算. 一个式题里，如果含有加、减、乘、除四种运算中任意两种或两种以上的运算，这个式题就称为四则混合运算式题.

加、减、乘、除四则运算分成两级，加法和减法称为第一级运算，乘法和除法称为第二级运算. 对四则混合运算的顺序作如下规定.

1.1　没有括号的算式

在没有括号的算式里，运算顺序又分以下两种情况.

（1）如果一个算式里只含有一级运算，即只有加、减法或乘、除法，则从左到右依次计算.

之所以作这样的规定，是因为符合人们的思维实际，具有现实的意义，且还方便运算. 看如下这一实际问题：操场上原有 20 个同学在锻炼，后来走了 7 个，一会儿又来了 8 个，现在操场上有几个同学在锻炼？列成算式显然是 20－7＋8. 按从左到右依次运算，符合我们"先考虑从 20 个同学中去掉 7 个，然后再加上 8 个"的思维习惯，就是先算减，再算加. 另外，也可这样考虑：原有 20 个同学，又来 8 个同学，再走 7 个同学，即 20＋8－7. 两种思维的结果是相同的. 从这一实际例子可看出，在只有一级运算时，规定从左到右依次运算是符合我们的思维方式和习惯的，并且不影响最后的结果.

读者可以举例理解只有乘除运算的例子.

（2）如果一个算式里含有两级运算，即既有第一级运算又有第二级运算，则先算第二级运算，再算第一级运算，就是"先乘除，后加减".

同理，在同时含有两级运算时，作"先乘除，后加减"的规定，也同样有其现实背景，符合我们的思维方式和习惯.

看下面的实际例子：操场上原有 20 个同学在锻炼，后来因事抽调走 2 个组，每组 5 个同学，现在操场上锻炼的还有几个同学？列成算式是 20－5×2. 我们的思维就是，要求后来操场上还有几个同学在锻炼，就要先求出抽调走的同学人数，然后再求出剩余人数.因此,规定"先乘除,后加减"符合我们的思维方式和习惯.当然,也可这样考虑,抽走 5 个同学,再抽走 5 个同学,则有 20－5－5.显然两者的结果相同.这说明从数学本身来看,先算乘,再算减,也是合理的.

1.2 有括号的算式

在含有括号的算式里,运算顺序是先算括号里面的,再算括号外面的.

先看一个实例:操场上原有 20 个同学在锻炼,因事走了 4 个同学,后来又走了 5 个同学,现在操场上还有几个同学在锻炼?

在解答这一问题时,可以用逐次相减的方法,从 20 个中依次减去 4 和 5,列成算式是 20－4－5;还可这样想,先算出两次一共走掉几个同学,然后从 20 个同学中一次减掉.这就是说,先要算 4＋5,然后从 20 中减去 4＋5.为了在算式中体现 4＋5 要先算这一思想,就要在算式中作出先算 4＋5 的表示,于是就使用了括号,即列成算式是 20－(4＋5).

这一例子告诉我们,使用括号是为了改变运算顺序的需要,因此,括号只是一种改变运算顺序的符号.通常使用的括号有三种:"( )"(称为小括号或圆括号),"[ ]"(称为中括号或方括号)和"{ }"(称为大括号或花括号).使用括号时,算式中最先计算的部分要使用小括号,其次用中括号,最后用大括号.

在计算含有括号的算式时,如果一个算式里含有几种括号,应该按照小括号、中括号、大括号的顺序逐层计算.每一括号里的运算也要按"没有括号的算式"里规定的顺序进行计算,再把所得的结果和这一层括号外的部分进行计算.

2 估算

对事物的数量或计算的结果作出粗略的推断或预测的过程称为估算.

估算可用于生活中一些不要求取得精确计算结果的场合,也可用于对大数目的数据进行统计之前的大致推断,或在较复杂的计算之前对结果进行预测,以及计算之后对结果的合理性进行考查,避免和纠正计算中可能出现的错误.

例如,某学校有 20 个班,每个班有 40 多个学生.经估算可知该校学生人数大约在 800 至 1000 人之间.

又如,325×194,经估算可知这道乘法题的结果应在 60000 左右.如果计算的结果是 53050 或 6305 等,就说明计算中可能出现了错误.

估算的方法很多,有的比较灵活,下面介绍几种.

2.1 根据已知数据的最高位数字和最低位数字估算

例 2.23 估算 1547＋4084－2369.

解: 由于题中三个数最高位上数的计算结果是 3,最低位上数的计算结果是 2,所以此题计算的结果大约在 3000 左右,且末位数字一定是 2.

例 2.24　估算 3094×507.

解：由于题中两个数的最高位数的积是：3 千×5 百＝30 百×5 百＝150 万，最低数位之积是：4×7＝28,所以原式的结果是略大于 150 万的七位数,且末位数字一定是 8.

2.2　根据已知数据的部分高位数字估算

例 2.25　估算 3543＋446＋55.

解：由于题中各数百位上的和约是 10,千位上的数的和是 3,所以原式的结果大约是 4000.

例 2.26　估算 3458×23.

解：由于题中各数的最高位数的积(3 千×2 十)是 6 万,又由于第一个因数的第二位与第二个因数最高位数的积(4 百×2 十)约等于 1 万,所以计算结果大约是 7 万.

2.3　利用四舍五入法进行估算

对于一些较复杂的乘法或除法,可以先把各个已知数四舍五入,变为近似的整万、整千、整百或整十数,就可以口算出结果的粗略值.

例 2.27　估算 8732×639.

解：由于题中各数四舍五入化成近似数后,分别为 9 千和 6 百,两者的积为 540 万,所以计算结果大约是 540 万.

例 2.28　估算 48327÷623.

解：把被除数四舍五入近似化为 480 百,除数四舍五入化为 6 百,480 百÷6 百＝80,所以计算结果大约是 80.

2.4　利用基本口算进行估算

在日常的计算中,除了必须熟记加法表和乘法口诀之外,记住一些特殊的数的计算结果,对于估算也是十分有益的.例如,25×4＝100,125×8＝1000,125×4＝500,15×4＝60,18×5＝90 等.利用这些基本口算也可以进行估算.

例 2.29　估算 1247×812.

解：由于题中两个数分别接近于 1250 和 800,所以可以利用基本口算 125×8＝1000,估算出计算的结果在 1000000 左右.

例 2.30　估算 5229÷249.

解：由于两个数分别接近于 5000 和 250,所以可以利用基本口算 50÷25＝2,估算出计算的结果大约等于 20.

由以上的例子可以看出,估算与验算是不同的,验算是在计算之后对结果的准确性作出精确的复核,估算只是对运算的结果作出粗略的估计.然而,估算仍然是一种重要的策略和方法,它的作用正在日益受到人们的重视.这是因为,随着电子计算机和计算器的普及,需要把估算作为一种辅助的计算手段;另外,由于估算中使用的策略和技巧,需要进行估算的人对所用的数学知识有一定深度的理解和掌握,包括数的概念,位值原则,加、减、乘与除之间的关系等,学习和运用估算有助于对数学的理解和应用.例如,什么时候需要估算,怎样估算,估算的近似程度如何等.所以,近来有很多国家在中小学数学课程中都引入了估算.

3 简便计算

人们在大量的实际计算中总结出来一些简便的计算方法,通常称简便计算.应用简便计算可以在保证准确的基础上提高计算速度.简便计算的方法很多,其中多数是应用运算性质,即把一些复杂的计算变成能用口算得出的计算来进行.实际计算时,又要根据具体情况,灵活运用,选择合理的方法.这样,既可以提高计算速度,又可以培养分析问题和解决问题的能力.下面介绍几种常用的简便计算方法.

3.1 改变运算顺序

应用运算性质改变运算的顺序,可以使某些运算简便.例如:

(1) $78+45+35+22$
$$=(78+22)+(45+35)$$
$$=100+80$$
$$=180;$$

(2) $723-(420-277)$
$$=723+277-420$$
$$=1000-420$$
$$=580;$$

(3) $125\times21\times8$
$$=125\times8\times21$$
$$=1000\times21$$
$$=21000;$$

(4) $5600\div(25\times7)$
$$=5600\div7\div25$$
$$=800\div25$$
$$=32.$$

3.2 把已知数凑成整十、整百、整千……的数

应用和、差、积、商的变化规律,把已知数转化为整十、整百、整千……的数,可以使某些运算简便.例如:

(1) $18000\div125$
$$=18000\div(1000\div8)$$
$$=18000\div1000\times8$$

$=18 \times 8$

$=144$；

（2） 560×125

$=560 \times (1000 \div 8)$

$=560 \times 1000 \div 8$

$=560000 \div 8$

$=70000$；

（3） $573-99$

$=(573+1)-(99+1)$

$=574-100$

$=474$；

（4） $50+54+53+49+55+48$

$=50 \times 6+4+3-1+5-2$

$=309.$

3.3 应用数的分解方法

有些题目，可以把已知数适当进行分解，使之便于口算，然后应用基本口算和某些运算性质，使运算简便.例如：

（1） 45×14

$=45 \times (2 \times 7)$

$=45 \times 2 \times 7$

$=90 \times 7$

$=630$；

（2） 125×42

$=125 \times (40+2)$

$=125 \times 8 \times 5+125 \times 2$

$=5000+250$

$=5250$；

（3） 56×99

$=56 \times (100-1)$

$=5600-56$

$=5544$；

（4） 36427×11

$=36427 \times (10+1)$

$=364270+36427$

$=400697.$

有些题目的速算方法不止一种，要根据已知数的具体特点灵活运用.例如，

25×28.

解法一：$25 \times 28 = 5 \times 5 \times 28 = 5 \times 140 = 700$；

解法二：$25 \times 28 = (25 \times 4) \times (28 \div 4) = 100 \times 7 = 700$；

解法三：$25 \times 28 = 25 \times (20 + 8) = 25 \times 20 + 25 \times 8 = 500 + 200 = 700$；

解法四：$25 \times 28 = 25 \times 4 \times 7 = 100 \times 7 = 700$；

解法五：$25 \times 28 = 25 \times (30 - 2) = 750 - 50 = 700$．

又如，$99 + 99 \times 99$．

解法一：$99 + 99 \times 99 = 99 \times (1 + 99) = 99 \times 100 = 9900$；

解法二：$99 + 99 \times 99 = 99 + (100 - 1) \times 99 = 99 + 99 \times 100 - 99 = 9900$．

 习题五

1. 按下列要求各编出一道混合运算式题.

(1) 含有第一、二两级运算的四步式题，得数是 0；

(2) 含有第一、二两级运算的四步式题，用到小括号，得数是 10；

(3) 含有第一、二两级运算的四步式题，用到小括号和中括号，得数是 8.

2. 对下列各题的计算结果，先估算，再计算.

(1) $600 - 499 + 105 - 149$；

(2) $2860 - 1943 + 4585 + 557$；

(3) 4357×318；

(4) 8846×516；

(5) 1249×798；

(6) $228603 \div 421$.

3. 简便计算.

(1) $5283 - (283 - 198)$；

(2) $75000 \div 125 \div 15$；

(3) 864×25；

(4) $637 - 297$；

(5) $101 + 103 + 98 + 99 + 105 + 96 + 102$；

(6) $1326 \div 39$；

(7) $33 \times 24 \times 125$；

(8) 105×48；

(9) 105×112；

(10) $(64 \times 75 \times 81) \div (32 \times 25 \times 27)$.

第五节　自然数四则应用题

1　自然数四则应用题的一般概念

1.1　四则应用题的含义

根据日常生活和生产中的实际问题,用文字或语言叙述出一些已知数量和未知数量以及它们之间的关系,只用四则运算求出未知数量的题目,叫作四则应用题.以下简称应用题.

式题不仅给出了已知数,而且标明了四则运算的方法和顺序;应用题则不同,给了已知数,但没有标明四则运算的方法和运算顺序.因此,解答应用题,不仅要掌握四则运算的技能,还要掌握四则运算的应用以及解答应用题的思路和步骤.本节研究的应用题,解答时都是在自然数四则运算的范围内进行的,因此叫自然数四则应用题,也称整数四则应用题.

1.2　应用题的组成与分类

每个应用题都由已知条件和所求问题两部分组成.

按波利亚把问题分为已知数、未知数和条件三个部分的说法,应用题就可以看成是由三个部分组成,即已知数量、未知数量和条件.已知数量即应用题中所给的数量,未知数量即应用题问题中所要求的数量,而条件则是应用题中已知数量和未知数量之间关系的表述.

（1）当已知条件是必要和充分时,应用题的问题有唯一确定的答案.

（2）当已知条件不充分时,应用题的问题没有确定的答案.

例如：一条船上,有牛 15 头、羊 55 头,问船长年龄有多大?

显然在本题中,已知条件不是所求问题的充要条件.

（3）当应用题所求问题需要的条件过剩时,如果这些已知条件不矛盾,那么应用题的问题可能有确定的答案;如果已知条件有矛盾,那么就得不出答案.

例如：一个由 3 人组成的探险队,4 小时行进了 8 千米,平均每人每小时行进多少米?

对于这道题,3 人这一条件是多余的,但与题中的其他条件不矛盾,因此还是有确定的答案.

而以下问题就因为条件矛盾,而得不出答案.

上底 2 米,下底 6 米,一腰是 3 米,另一腰是 4 米的直角梯形的面积是多少?

此题由于条件矛盾,因此没有答案.

对于以上三种应用题,其中第一种称为封闭题,第二、三种称为开放题,即条件充要答案唯一确定的应用题称为封闭式应用题;而条件不充分或不必要,或答案不唯一甚至没有答案的应用题,称为开放式应用题.

按运算步骤来分,应用题可分为简单应用题和复合应用题两类.用一步运算来解答的应用题,叫作简单应用题;用两步及以上运算来解答的应用题,叫作复合应用题.

2 解答应用题的一般步骤

解答应用题,一般分为以下四个步骤:

(1) 理解题意:理解应用题的内容,弄清应用题的已知条件和要解答的问题;

(2) 分析:分析已知条件和所要求的问题之间的数量关系,找出解题途径;

(3) 解答:拟订解答计划,列出算式,并算出结果;

(4) 验算:检验解答过程是否合理,结果是否正确,与题目的条件是否相符,最后写出答案.

有些应用题的解答方法不是唯一的,因此在解答之后,还可以讨论有无其他解法,如有,哪种解法比较简便.

简单应用题只要根据四则运算的意义确定数量关系,然后选择运算方法即可.这我们在自然数四则运算的意义中已经作了讨论,此处不再赘述.但以上解题四步曲同样适合简单应用题.下面我们举例着重讨论的是复合应用题的解题步骤.

例 2.31 小明和父母一起去云峰山采集标本并计划参观一个景点,采集标本时间要 3 天,在云峰山庄一天食宿费是 160 元,参观一个景点要多住 1 天,且参观的门票大人 50 元,小孩免费,问共需交费多少元?

(1) 理解题意:这可以采用把应用题的已知条件和所求问题简要地摘录下来的方法.

采集标本住 3 天,参观景点再住 1 天,每天食宿费 160 元 | 共需交费

参观景点小孩免费,大人每张门票 50 元,2 个大人 | 多少元?

(2) 分析:要求出总共花费多少元,只要分别求出食宿费用和门票费用,然后两项相加即可.要求出食宿费用,由于每天的食宿费已知(160 元),因此只要求出总的食宿天数,用乘法即可算出;而要求出门票费用,只要知道需要几张门票,每张门票费用已知(50 元),也可用乘法算出.

(3) 解答:

分步列式:

① 共要住几天? $3+1=4$(天)

② 食宿费用要多少元? $160 \times 4 = 640$(元)

③ 门票要多少元? $50 \times 2 = 100$(元)

④ 总共需交费多少元? $640 + 100 = 740$(元)

列综合算式:

$$160 \times (3+1) + 50 \times 2$$
$$= 160 \times 4 + 100$$
$$= 640 + 100$$
$$= 740(元)$$

答：共需交费 740 元.

（4）验算：可以采用把求得的结果作为已知条件，按照题中的数量关系，检查得数是否与其他已知条件相符.

$$740 - 50 \times 2 = 640(元)$$
$$640 \div (3+1) = 160(元).$$

需要说明的是，在实际解答应用题的过程中，如无特别要求，并不需要将以上步骤都写下来. 一般只列出正确算式，求出结果并写出答案即可.

3 复合应用题的解题思路

解答应用题的关键，是要正确地分析数量关系，从而找出解题途径. 这就要求掌握应用题的解题思路. 解答应用题的思路有多种，概括起来有一般的解题思路和特殊的解题思路两种.

3.1 一般的解题思路

从例 2.31 不难明白，一个复合应用题实际上是由若干个简单应用题组合而成的. 用算术法解复合应用题的实质，就是把复合应用题转化为若干个简单应用题. 而这一思考过程，从思维方法上来说，一般可归结为综合法和分析法两种.

（1）综合法：综合一般是指在思维过程中把对象的各部分联合成一个整体. 综合法是数学思维的基本方法之一. 它是由已知条件引导到未知，即由条件到结论的推理.

采用综合法的解题思路，是从已知条件出发，根据数量关系，先选择两个已知数量，提出可以解的问题；然后把所求出的数量作为新的已知条件，与其他的已知搭配，再提出可以解的问题；这样逐步推导，直到求出应用题所要求的解为止. 在推导过程中，把应用题的已知条件组合成可以依次解答的几个简单应用题.

例 2.32 一个服装厂计划做上衣 1500 件. 前 3 天每天做 150 件，以后提高工作效率，每天做 175 件. 完成计划共需多少天？

用综合法解题思路如下：

已经做了 3 天，每天做 150 件，由此可以求出已经做的件数.

已知要做 1500 件和已经做的件数，可以求出还要做的件数.

已知还要做的件数和以后每天做 175 件，可以求出还要做的天数.

已知已经做了 3 天和还要做的天数,可以求出完成计划共需要的天数.

上述思路可以用图 2.10 表示.

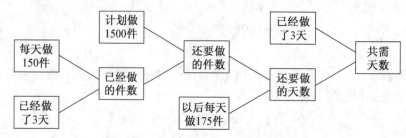

图 2.10 例 2.32 用综合法的解题思路

(2) 分析法:分析一般是指在思维过程中把整体分解为几个组成部分.显然分析法与综合法在思维程序上互为相反.它是由未知追溯到已知,即由结论回到条件的推理方法.分析法也是数学思维的基本方法之一.

分析法的解题思路,是从应用题的问题入手,根据数量关系,找出解这个问题所需要的条件;然后把其中的一个(或两个)未知条件作为要解的问题,再找出解这一个(或两个)问题所需要的条件;这样逐步逆推,直到所找的条件在应用题里都是已知的为止.在逆推的过程中,把复合应用题分解成了可以依次解答的几个简单应用题.

例 2.32 用分析法解题思路如下:

要求共需多少天,需要知道先做的天数(3 天)和还要做的天数(未知).

要求还要做的天数,需要知道还要做的件数(未知)和以后每天做的件数(175 件).

要求还要做的件数,需要知道计划做的件数(1500 件)和已经做的件数(未知).

要求已经做的件数,需要知道已经做的天数(3 天)和每天做的件数(150 件).

上述思路可以用图 2.11 表示.

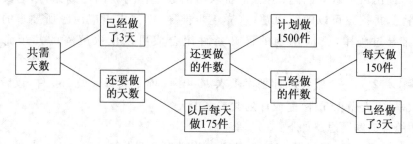

图 2.11 例 2.32 用分析法的解题思路

比较图 2.10 和图 2.11,不难看出综合法与分析法的解题思路恰好相反.事实上,综合法和分析法作为数学思维的两种基本方法,在运用它们解答应用题时,它们并非彼此孤立的,而是相互联系、协同运用的.用分析法思考时,要随时注意应用题的已知条件,考虑哪些已知数量搭配在一起,可以解所求的问题.这说明分析中也有综合.用综合法思考时,要随时注意应用题的问题,考虑为了解决所提问题,需要哪些已知数量.这就是说,综合中也有分析.实践表明,在解答某些比较复杂的应用题时,综合使用两种方法更为方便.

例 2.33 希望小学五年级有学生 92 人,在一次农业劳动中,男生人数的一半和 8 名女生去摘扁豆,又派 12 名女生去摘黄瓜,剩下的学生平整土地.已知平整土地的男生和女生人数相等.平整土地的男生、女生各有多少人?

这道题的数量关系比较复杂,为了分析方便,可以摘录出题中的已知条件和问题,画出线段图来帮助思考(见图 2.12).

图 2.12　例 2.33 的数量关系

下面用分析法和综合法结合起来进行思考.

要求出平整土地的男、女生各有多少人,因为已知平整土地的男、女生人数相等,只要求出其中的男生有多少人即可(分析).

要求出平整土地的男生有多少人,就要知道全部男生有多少人以及做其他劳动的男生有多少人(分析).

已知男生人数的一半去摘扁豆,剩下的都去平整土地,可知全部男生的人数是平整土地的男生人数的 2 倍(综合).

已知平整土地的男、女生人数相等,可知平整土地的女生人数也是全部男生人数的一半,那么平整土地的女生与男生人数的和就是平整土地的男生人数的 3 倍(既有分析也有综合).

从总人数(92)中去掉摘扁豆和摘黄瓜的女生人数(8+12),就是平整土地的女生与男生人数的总和(综合).

至此,这道题如何解答就已经清楚了(请读者自己解答出来).

3.2　特殊的解题思路

有些应用题具有特殊的数量关系,如果按照前面介绍的一般的解题思路,不容易找到解答的方法,往往需要采用一些特殊的解题思路来寻求解答方案.这些具有特殊数量关系的应用题,除了小学教材中出现的所谓归一问题和相遇问题以外,还有很多.下面举例介绍几种常用的特殊解题思路.

（1）替换法：有些应用题,题中给出两个未知量的关系,要求这两个未知量.思考的时候,可以根据所给的条件,用一个未知量去代替另一个未知量,从而找到解答方法.

例 2.34 两天计划植树 1000 株,第二天植的是第一天植的 2 倍还多100 株.第一天与第二天各植树多少株?

分析：数量关系如图 2.13 所示.

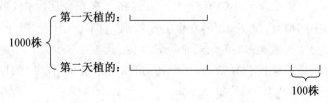

1000株 {

第一天植的：

第二天植的：

100株

图 2.13 例 2.34 的数量关系

解题思路如下：

根据已知条件,从图 2.13 中可看出,如果用第一天植的树代替第二天植的树,那么第二天植的树就相当于 2 个第一天植的树再加 100 株.从总株数中减去 100 株,就相当于(2+1)个第一天植的树,从而可求出第一天植树的株数.然后再根据已知条件求出第二天植树的株数.

读者自己作出解答.

例 2.35 用两台水泵抽水,小水泵抽 6 小时,大水泵抽 8 小时,一共抽水 312 立方米.小水泵 5 小时的抽水量等于大水泵 2 小时的抽水量.大、小水泵每小时各抽水多少立方米?

解题思路如下：

根据已知条件,如果把大水泵替换为小水泵,就容易求出小水泵每小时的抽水量.

已知大水泵 2 小时的抽水量等于小水泵 5 小时的抽水量,那么大水泵 8 小时的抽水量就等于小水泵 5×(8÷2)小时的抽水量.由此可以求出大水泵 8 小时和小水泵 6 小时的总抽水量,相当于小水泵多少小时的抽水量.

已知总抽水量是 312 立方米,从而可以求出小水泵每小时的抽水量.

读者自己作出解答.

（2）假设法：有些应用题要求两个或两个以上的未知数量,思考的时候,可以先假设要求的两个或几个未知数量相等,或者先假定要求的一个未知数量是题中的某一已知数量;然后按照题中的已知条件推算,所得的结果常常与题中对应的已知数量不符;最后再加以适当调整,即可找到正确答案.

例 2.36 小明、小英和小红三人共读课外书 940 页.已知小明比小英多读 30 页,小英比小红多读 20 页.三人各读多少页?

分析：可以先画出图 2.14 所示的数量关系帮助分析.

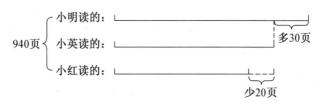

图 2.14　例 2.36 的数量关系

解题思路如下：

已知小明比小英多读 30 页，假设小明与小英读的页数一样多，那么小明就要比实际少读 30 页，于是三人总的读书页数就减少 30 页，变成（940－30）页.

又知小英比小红多读 20 页，假设小红与小英读的页数同样多，那么小红就比实际读的页数多读 20 页，于是三人读的总页数就比实际多读 20 页，变成（940－30＋20）页.

经过这样的调整，三人读的书的总页数为（940－30＋20）页，其恰好是小英读的书的页数的 3 倍，从而可求出小英读的书的页数，再根据已知条件求出小明和小红分别读的书的页数.

读者自己作出解答.

例 2.37　买来 4 角邮票和 8 角邮票共 100 张，总值 68 元.买来 4 角邮票、8 角邮票各多少张？

解题思路如下：

假设买来的 100 张邮票都是 8 角的，那么总值应该是（8×100）角，这样就比原来的邮票增加了（8×100－680）角，这是因为把 4 角邮票算成了 8 角邮票，每张多算了（8－4）角.根据总值所增加的钱数和每张 4 角邮票多算的钱数，可以求出买 4 角邮票的张数.

读者自己作出解答.

问题：本题还有其他解法吗？

（3）比较法：有些应用题，可通过比较已知条件，研究对应的数量差的变化情况，找到解题的途径.

例 2.38　一个植树小组计划植树若干棵.如果每人植 5 棵，还剩 14 棵；如果每人植 7 棵，就超额完成 4 棵.这个植树小组有多少人，共要植树多少棵？

解题思路如下：

摘录条件：每人植 5 棵　　剩 14 棵

　　　　　每人植 7 棵　　多 4 棵

比较两次分配情况，可以看出，由于第二次比第一次每人多植树（7－5）棵，一共多植（14＋4）棵.根据两次每人植树的棵数差和所植树的总棵数的差，可求出植树小组的人数,然后求出计划植树的棵数.

读者自己作出解答.

例 2.39　买 5 张凳子和 3 把椅子共付出 85 元,买 2 张凳子和 3 把椅子共付出 61 元.凳子和椅子的单价各是多少?

解题思路如下:

摘录条件:　5 张凳子　　　3 把椅子　　　共 85 元

　　　　　　2 张凳子　　　3 把椅子　　　共 61 元

比较两次购买的情况,可以看出,由于第二次比第一次少买(5-2)张凳子,少付出(85-61)元.由此可求出凳子的单价,然后再求椅子的单价.

讨论:如果把上题的第一个条件改成"买 5 张凳子和 4 把椅子共付出 100 元",该怎样思考和解答?

(4) 逆推法:有些应用题是说明一个未知的数量,经过一系列的变化之后,所得的结果是多少,求出这个未知量.这样的题目可以用逆推的方法找出解题思路.解答时可以从已知的最后结果出发,根据题中所说的变化,向相反的方向运用逆运算来计算,即原题中说是加了的,逆推时就用减;原题中说是减了的,逆推时就用加.这样直至推出要求的未知数为止.这样的应用题在算术中称为还原问题.

例 2.40　粮库内存有大米若干包,第一次运出库存的一半多 20 包,第二次运出剩下的一半多 40 包,第三次运出 140 包,粮库里还存 50 包.求粮库里原有大米多少包?

解题思路如下:

这题可采用逆推的解题思路.从最后运粮的包数和剩粮的包数算起,一步一步求出粮库内原有大米的包数.由于第三次运出 140 包,还剩 50 包,可知第三次运出之前,粮库里存有大米(50+140)包.由于第二次运出余下的一半多 40 包,剩下的就是第三次运出之前的 190 包,也就是说(190+40)包相当于第一次余下的一半.这就可以求出第一次余下的包数,即 230×2=460(包).由于第一次运出库存的一半多 20 包,那么 460+20=480(包)就是原有大米的一半.从而原有大米的包数即可求出.

(5) 图表法:有些应用题,可以用画图、表的方法找出数量间的关系,从而求出问题的答案.

例 2.41　一个班有 45 个小学生,都借了课外书.统计借课外书的情况是:全班借语文课外书的共有 39 人,借数学课外书的共有 32 人.语文、数学两种课外书都借的有多少人?

解题思路如下:

可以借助韦恩图(或文氏图)来分析已知条件间的关系,见图 2.15.

根据题意,设

$A=\{$借语文课外书的人$\}$,

$B=\{$借数学课外书的人$\}$,

$C=\{$只借语文课外书的人$\}$,

$D=\{$只借数学课外书的人$\}$,

$E=\{$语文、数学课外书都借的人$\}$.

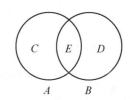

图 2.15 例 2.41 的韦恩图

已知 A 的基数是 39(C,E 的基数之和),B 的基数是 32(D,E 的基数之和),$A\cup B$ 的基数是 45.要求的是 $A\cap B$ 的基数.

由图可看出,A 与 B 的基数之和是 71,等于 C 的基数加 D 的基数再加 2 个 E 的基数.C,D,E 的基数之和是 45,从而可得 E 的基数是 $71-45=26$,即语文、数学两种课外书都借的人有 26 人.

例 2.42 李明、王英、张涛和周源四人爱好音乐、美术、劳动力技术和信息技术课各一门,现知:

① 李明、王英不爱好美术、信息技术;

② 张涛不爱好美术、劳动技术,周源不爱好音乐、信息技术;

③ 若李明不爱好音乐,则周源不爱好劳动技术.

问他们每人各爱好什么课程?

解题思路如下:

从已知条件中似乎一下难以理出头绪,但如果画张表格,把已知条件在表格中反映出来,则问题清楚,答案即现.表中用 0 表示不爱好,1 表示爱好.见表 2.2.

表 2.2 例 2.42 的关系

项目	音乐	美术	劳动技术	信息技术
李明	0	0	1	0
王英	1	0	0	0
张涛	0	0	0	1
周源	0	1	0	0

由于每人都爱好一门,故显然李明爱好劳动技术,王英爱好音乐,张涛爱好信息技术,周源爱好美术.

以上介绍了常见的几种特殊的解题思路,实际上不止这几种.应用题的数量关系是多种多样的,解答时要具体问题具体分析.即使是同一道应用题,有时也不止一种解题思路.因此对解题思路要灵活掌握.

需要说明的是,由于使用列方程解应用题,常会对解应用题带来简便.因此,现行小学数学教材对用算术法解应用题要求较前有较大的降低.

习题六

1. 一个服装厂计划做 720 套衣服,前 5 天每天做 81 套,剩下的要求 3 天做完,平均每天要做几套?(写出综合法解题思路)

2. 某农场要播种小麦 108 公顷,原计划用两台播种机,每台每天播种 6 公顷.播种时,又增加一台同样的播种机,这样可以比原计划提前几天完成?(写出分析法解题思路)

3. 东光发电厂运来一批煤,每天烧 4500 千克,可以烧 28 天.如果每天节约 300 千克,这些煤可以烧几天?(用两种方法解答)

4. 一艘轮船发生漏水事故,立即安装两台抽水机向外抽水,当时已漏进水 600 桶.一台抽水机每分钟抽水 20 桶,另一台抽水机每分钟抽水 16 桶,50 分钟把水抽完.抽水期间每分钟漏进水多少桶?

5. 用 3 千克黄豆可以做出 120 千克豆腐,照这样计算做 600 千克豆腐,需要黄豆多少千克?(用两种方法解答)

6. 甲乙两人同时从 A 地出发去 B 地,甲每小时行 4 千米,乙每小时行 5 千米,这样,甲就比乙晚到 2 小时.A,B 两地间的路程有多少千米?

7. 甲水池有水 2600 立方米,乙水池有水 1200 立方米.如果甲水池的水以每分钟 23 立方米的速度流入乙水池,那么多少分钟后,乙水池中的水是甲水池的 4 倍?

8. 今有鸡兔同笼,共有 35 个头、94 只脚.问鸡和兔各有几只?(取自《孙子算经》)

9. 有 46 名学生去划船,一共乘坐 10 条船.其中大船坐 6 人,小船坐 4 人.问大、小船各几条?

10. 某科学考察组进行科学考察,要越过一座山.上午 8 时上山,每小时行 3 千米.到达山顶休息 1 小时.下山时每小时比上山多行 2 千米,下午 2 时到达山底.全程共行了 19 千米.上、下山的路程各是多少千米?

11. 六年级一班共有学生 45 人,参加文艺活动小组的有 27 人,参加数学活动小组的有 21 人,这两个小组都参加的有 3 人.这两个小组都没参加的有几人?

12. 一块正方形玻璃,一边截去 15 厘米,相邻的一边再截去 10 厘米,剩下的长方形玻璃比原来的正方形玻璃面积少 1725 平方厘米.原来的正方形玻璃的边长是多少厘米?

第三章 整数性质初步

　　整数性质初步主要内容包括数的整除性、质数和分解质因数、最大公约数和最小公倍数、简单不定方程、同余初步等知识,这些内容基本上属于初等数论范畴. 数论是数学的一个分支学科,它的内容十分丰富:作为数学的一个分支,它既古老又年轻,根深叶茂,硕果累累;作为数学的一个重要分支,有许多深奥的也有许多至今还尚未解决的问题. 研究初等数论,只要使用初等代数知识即可. 初等数论以质数作为最基本也是最核心的概念,最主要的工具包括整数的整除性和同余,围绕质数展开相应问题的研究. 在这种研究中,我们可以知道,虽然名为初等数论,但实际上有时的研究并不初等;而研究现代数论,则更是需要高深的数学基础知识和基本理论.

第一节 整数的整除性

　　我们知道对于整数 $a,b(b\neq0)$,所谓 $b\,|\,a$,是指存在整数 q,使 $a=bq$. 本节讨论数的整除性质. 研究数的整除性问题,是建立在除法的基础上的,而 0 不作除数,因此为了研究方便,人们形成如下共识:在数论中讨论问题时,一般不考虑 0;而在集合论中讨论问题时,一般把 0 列入其中.

1 数的整除性定理

　　定理 3.1　若 $a\,|\,b,b\,|\,c$,则 $a\,|\,c$.

　　证明: 因 $a\,|\,b$,则有整数 p,使 $b=ap$.

　　又 $b\,|\,c$,则有整数 q,使 $c=bq$.

　　于是有 $c=a(pq)$,即 $a\,|\,c$.

　　定理 3.2　若 $a\,|\,b,a\,|\,c$,则 $a\,|\,(b\pm c)$.

　　证明: 因 $a\,|\,b,a\,|\,c$,则有整数 p,q,使 $b=ap,c=aq$. 从而 $b+c=a(p+q)$,即 $a\,|\,(b+c)$.

　　同理可证 $a\,|\,(b-c)$.

　　以上结论可以推广到 n 个整数的和或差的情形.

　　定理 3.3　若 $a\,|\,b$,则 $a\,|\,(b\pm c)$ 的充要条件是 $a\,|\,c$.

　　证明: 条件的充分性即定理 3.2.

下面证明条件的必要性:

因 $a|b,a|(b\pm c)$,则由定理 3.2 有 $a|[(b+c)-b]$,即 $a|c$.

定理 3.4 若 $a|b_1$,则 $a|b_1b_2\cdots b_n$.

证明由读者完成.

2 有余数的除法的性质

在第二章里,我们定义了有余数的除法,并指出在有余数的除法里,若不完全商存在,则是唯一的;进一步地,余数也是存在且是唯一的.这就是以下的定理 3.5.

定理 3.5 设 $a,b\in\mathbf{N},b\neq0,a>b$,若 $b\nmid a$,则有且只有一对 $q,r\in\mathbf{N}$,使 $a=bq+r(r<b)$ 成立.

证明:由于 $a>b$,故差 $a-b$ 存在.

由等式 $a=b\times1+a-b$ 知,满足等式 $a=bq+r$ 的 q 与 r 是存在的.

根据定理 2.16 在满足等式 $a=bq+r$ 的所有自然数 r 的集合 M 中必定有最小数 r,且 $r<b$.若不然,有 $r\geqslant b$,则当 $r=b$ 时,有 $a=b(q+1)$,这与 b 不能整除 a 矛盾;若 $r>b$,则有 $q_1,r_1\in\mathbf{N}$,使 $r=bq_1+r_1,r_1<r$.于是有 $a=b(q+q_1)+r_1$,即 $r_1\in M$.这与 r 是 M 中的最小数矛盾.

再证满足等式 $a=bq+r$ 的 q 与 r 是唯一的.

事实上,若有 q_1 与 r_1 满足等式 $a=bq_1+r_1(r_1<b)$,且 $q_1\neq q,r_1\neq r$,不妨令 $r>r_1$,则由 $a=bq+r$ 可得,$bq+r=bq_1+r_1$.于是有 $r-r_1=b(q-q_1)$.则可得 $r>r-r_1\geqslant b$.这与 $r<b$ 矛盾.同理也不能有 $r<r_1$.因此只有 $r=r_1$.

再由 $bq+r=bq_1+r_1$,显然就可得 $bq=bq_1$,从而 $q=q_1$.

综上所述,命题得证.

这一定理告诉我们:在自然数集合中,只要除数不为 0,那么有余数的除法总是可以实施的,并且不完全商和余数是唯一的.

定理 3.6 自然数集合满足阿基米德(Archimedes)命题:任设 $a,b\in\mathbf{N},b\neq0$,则必有 $n\in\mathbf{N}$,使 $nb>a$.

证明:当 $a=0$ 时,则只要令 $n=1$ 即可.

当 $a\neq0$ 时,

若 $b>a$,则只要令 $n=1$ 即可.

若 $b=a$,则只要令 $n=2$ 即可.

若 $b<a$,则当 $b|a$ 时,有 $q\in\mathbf{N}$,使 $a=bq$,只要令 $n=q+1$,即有 $nb>qb=a$;当 $b\nmid a$ 时,则由定理 3.5,有 $q,r\in\mathbf{N}$,使 $a=bq+r(r<b)$.从而有 $bq+r<bq+b=b(q+1)$.令 $n=q+1$,可得 $nb>a$.这就证明了当 $b<a$ 时,也有 $nb>a$.

综上所述,定理得证.

定理 3.7 若 $a\div b=q\cdots r$,则 $(a\times n)\div(b\times n)=q\cdots r\times n$ 或 $(a\div n)\div(b\div n)=q\cdots r\div n$.

证明： 因 $a \div b = q \cdots r$，故由定理 3.5 得 $a = bq + r (r < b)$.

于是由乘法分配律和结合律有

$$a \times n = (b \times q + r) \times n = b \times q \times n + rn = (b \times n) \times q + r \times n.$$

且由 $r < b$，得 $rn < bn$.

再由定理 3.5，即得 $(a \times n) \div (b \times n) = q \cdots r \times n$.

定理的另一种情况的证明由读者完成.

定理 3.8 设 $a \div b = q \cdots r$，若 $d \mid a, d \mid b$，则 $d \mid r$.

证明： 由 $a \div b = q \cdots r$ 得 $a = bq + r$，即 $a - bq = r$.

而 $d \mid a, d \mid b$，由定理 3.2 和定理 3.4，则得 $d \mid (a - bq)$，即 $d \mid r$.

定理 3.9 设 $a \div b = q \cdots r$，若 $d \mid b, d \mid r$，则 $d \mid a$.

证明留给读者.

3 数的整除性特征

定理 3.10 求证：一个整数 a 能被 2 或 5 整除的充要条件是它的末一位数能被 2 或 5 整除.

证明： 设 $a = a_n 10^n + a_{n-1} 10^{n-1} + \cdots + a_1 10 + a_0$，则有 $a = 10(a_n 10^{n-1} + a_{n-1} 10^{n-2} + \cdots + a_1) + a_0$.

因 10 能被 2 或 5 整除，故由定理 3.4，$10(a_n 10^{n-1} + a_{n-1} 10^{n-2} + \cdots + a_1)$ 能被 2 或 5 整除. 再由定理 3.3，显然知 a 能被 2 或 5 整除的充要条件是 a_0 能被 2 或 5 整除. 而 a_0 即为 a 的末一位数.

请读者思考一个整数能被 4 或 25 整除的充要条件，然后猜想一个整数能被 8 或 125 整除的充要条件. 在此基础上，证明你的思考和猜想.

定理 3.11 求证：一个整数 a 能被 3 或 9 整除的充要条件是它的各数位上的数的和能被 3 或 9 整除.

证明： 设 $a = a_n 10^n + a_{n-1} 10^{n-1} + \cdots + a_1 10 + a_0$，

则有 $a = a_n (\underbrace{99\cdots9}_{n\text{个}} + 1) + a_{n-1} (\underbrace{99\cdots9}_{n-1\text{个}} + 1) + \cdots + a_1 (9 + 1) + a_0$

$= (a_n \underbrace{99\cdots9}_{n\text{个}} + a_{n-1} \underbrace{99\cdots9}_{n-1\text{个}} + \cdots + a_1 9) + (a_n + a_{n-1} + \cdots + a_1 + a_0)$

$= 9(a_n \underbrace{11\cdots1}_{n\text{个}} + a_{n-1} \underbrace{11\cdots1}_{n-1\text{个}} + \cdots + a_1 \cdot 1) + (a_n + a_{n-1} + \cdots + a_1 + a_0)$.

显然，9 能被 3 或 9 整除，则由定理 3.4，$9(a_n \underbrace{11\cdots1}_{n\text{个}} + a_{n-1} \underbrace{11\cdots1}_{n-1\text{个}} + \cdots + a_1 \cdot 1)$ 能被 3 或 9 整除. 再由定理 3.3，显然知 a 能被 3 或 9 整除的充要条件是 $(a_n + a_{n-1} + \cdots + a_1 + a_0)$ 能被 3 或 9 整除，即 a 的各数位上的数的和能被 3 或 9 整除.

定理 3.12 求证：一个整数 a 能被 7, 11 或 13 整除的充要条件是它的末三位数与末三位以前的数字所组成的数的差(或反过来)能被 7,11 或 13 整除.

证明: 设 $a = a_n 10^n + a_{n-1} 10^{n-1} + \cdots + a_3 10^3 + a_2 10^2 + a_1 10 + a_0$,令 $b = a_n 10^{n-3} + a_{n-1} 10^{n-4} + \cdots + a_4 10 + a_3$,$c = a_2 10^2 + a_1 10 + a_0$,则 $a = b \cdot 1000 + c = b \cdot 1001 + (c - b)$.

当 $b \leqslant c$ 时,$a = 1001b + (c - b)$;当 $b > c$ 时,$a = 1001b - (b - c)$.

因 1001 能被 7,11,13 整除,故 1001b 能被 7,11,13 整除.从而由定理 3.3 知,a 能被 7,11 或 13 整除的充要条件是 $c - b$ 或 $b - c$ 能被 7,11 或 13 整除.

例 3.1 判断 1005928 能不能被 7,11,13 整除.

解: 因 1005928 的末三位数 $V = 928$,末三位以前的数字所组成的数 $U = 1005$,则 $U - V = 1005 - 928 = 77$.

而 $7 \mid 77$,$11 \mid 77$,$13 \nmid 77$,故 $7 \mid 1005928$,$11 \mid 1005928$,$13 \nmid 1005928$.

 习题七

1. 判断题.

(1) 若 $a \mid (b + c)$,则 $a \mid b$,$a \mid c$;

(2) 若 $a \mid bc$,$a \nmid c$,则 $a \mid b$.

2. 选择题.

(1) 设三位数 $\overline{2a3}$ 加上 326,得另一三位数 $\overline{5b9}$.若 $\overline{5b9}$ 能被 9 整除,则 $a + b$ 等于(   ).

A. 2   B. 4   C. 6   D. 8

(2) 小于 500,且能同时被 5 和 7 整除的正整数有(   ).

A. 99 个   B. 170 个   C. 35 个   D. 14 个

(3) 小于 500,且既不能被 5 又不能被 7 整除的正整数有(   ).

A. 170 个   B. 330 个   C. 343 个   D. 156 个

(4) 一块梯形田地的面积为 1400 平方米,高为 50 米,若两底的长度均为整数,且都可以被 8 整除,求两底.此问题的解有(   ).

A. 1 种   B. 2 种   C. 3 种   D. 多于 3 种

3. 证明以下各题.

(1) 若 $a \mid b_1$,则 $a \mid b_1 b_2 \cdots b_n$;

(2) 设 $a \div b = q \cdots r$,若 $d \mid b$,$d \mid r$,则 $d \mid a$;

(3) 若 $d \mid a$,$d \mid b$,$n, m \in \mathbf{N}$,则 $d \mid (an \pm bm)$;

(4) 若 $a \mid b$,$c \mid d$,则 $ac \mid bd$;

(5) 若 $a \div b = q \cdots r$,则 $(a \div n) \div (b \div n) = q \cdots r \div n$;

(6) 任一个奇数的平方减去 1 都能被 8 整除;

(7) 任何两个奇数的平方差都能被 8 整除;

(8) 任意给定 12 个不同的正整数,则其中必有两个数的和或差是 20 的倍数.

4. 41 位数 $\underbrace{55\cdots5}_{20\text{个}}\square\underbrace{99\cdots9}_{20\text{个}}$ 能被 7 整除,中间方格内是什么数字?

5. 求证:

(1) 两个整数的和、差、积中至少有一个能被 3 整除;

(2) 一个整数能被 4 或 25 整除的充分必要条件是它的末两位数字所表示的数能被 4 或 25 整除;

(3) 一个三位数减去其各位数字之和能被 9 整除.

6. 在下列方框中填上适当的数字.

(1) $6 \mid 3\square4\square8$;

(2) $15 \mid \square407\square$;

(3) $14 \mid 11\square$.

7. 不做除法,判断下列各数能否被 7,11,13 整除.

(1) 290708;

(2) 4325321;

(3) 259867432.

8. 小明编了一道应用题:"把 158 本簿子分给学生,每个学生恰好得到 5 本,有几个学生?"这道题有没有错误? 为什么?

9. 三个数分别是 827,938,049,再写一个比 995 大的三位数,使这四个数的平均数是一个整数.

10. 设 $n=2011^{2011+a}+2012^{2012+b}$,其中 a,b 是自然数,且 $0 \leqslant a \leqslant 2, 1 \leqslant b \leqslant 3$,问是否存在这样的 a,b,使得 n 能被 5 整除? 如果不存在这样的自然数 a,b,说明理由;如果存在这样的自然数 a,b,请求出最小的 a,b.

第二节　质数和分解质因数

1　质数的定义

一个大于 1 的自然数,它的约数的个数有两种情况:一种是除 1 和它本身以外没有其他的约数,如 2,3,5,等等;另一种是除 1 和它本身以外,还有其他的约数,如 4,6,9,等等.前一种数被称为质数,后一种数被称为合数.在研究整数的性质时,质数具有特别重要的地位.

定义 3.1　一个大于 1 的自然数,若除 1 和它本身以外没有别的约数,则称它为质数(或素数);反之,称它为合数.

0 和 1 既不是质数,也不是合数.

2 质数的判定

根据质数的定义,我们可用试除的方法来判断一个数是不是质数,即用除 1 和这个数本身以外的而又小于该数的其他数去除它,看能不能整除该数,如果没有一个这样的数能整除该数,那么它就是质数;否则即为合数.但当一个数比较大时,这个工作量是很大的,为此,需要寻找更为简便的方法.

定理 3.13 大于 1 的自然数 a 除 1 以外的最小正约数 q 一定是质数,并且当且仅当 a 是合数时,$q \leqslant \sqrt{a}$.

证明:假设 q 是合数,则 q 有正约数 p,即 $p \mid q$,且 $1 < p < q$.因 q 是 a 的约数,即 $q \mid a$.从而 $p \mid a$.这与 q 是 a 的最小正约数相矛盾.所以 q 是质数.

当 a 是合数时,则有整数 $b > 1$,使 $a = bq$.若不然,则 a 是质数.由上所证知,q 是 a 的除 1 以外的最小正约数,故 $q \leqslant b$.于是 $q^2 \leqslant qb = a$,则 $q \leqslant \sqrt{a}$.

从而定理得证.

定理 3.14 大于 1 的自然数,至少有一个约数是质数.

证明:若 a 是质数,而 a 显然是自身的约数,定理得证.

若 a 是合数,则由合数的定义,a 就有一个或几个大于 1 而小于 a 的约数.不妨令 b 是这些约数中的最小者,则由定理 3.13 知,b 一定是质数.

综上所述,定理得证.

定理 3.15 设 a 是任一大于 1 的自然数,若所有不大于 $\sqrt{a}$ 的质数都不能整除 a,则 a 必是质数.

证明:假设 a 是合数,则由定理 3.14,必有质数 p_1,使 $a = p_1 k_1 (1 < k_1 < a)$.由已知 a 不能被不大于 $\sqrt{a}$ 的所有质数所整除,故 $p_1 > \sqrt{a}$.于是 $k_1 < \sqrt{a}$.若不然,则 $p_1 k_1 > a$.如果 k_1 是质数,则因 $k_1 \mid a$,这与已知 a 不能被不大于 $\sqrt{a}$ 的所有质数所整除矛盾.故 k_1 必是合数.再由定理 3.14,必有质数 p_2,使 $k_1 = p_2 k_2 (1 < p_2 < k_1)$.由 $k_1 < \sqrt{a}$,$p_2 < k_1$,有 $p_2 < \sqrt{a}$.再由 $a = p_1 p_2 k_2$,即知 $p_2 \mid a$.而这与已知 a 不能被不大于 $\sqrt{a}$ 的所有质数所整除相矛盾.这就证明了 a 是质数.

以上定理使试除法变得简单多了.具体方法就是:如要判定 a 是不是质数,只要用不大于 $\sqrt{a}$ 的所有质数去试除,如果不大于 $\sqrt{a}$ 的所有质数中无一能整除 a,则 a 就是一个质数.

这一方法的原理在后继的分解质因数中会得到体现.

由于许多质数常要用到,而每次使用时都要用试除法去判断,实在是够麻烦的.为此,我们可事先造好一个质数表,如把不小于某一个数的所有质数全列在一张表上,这样需要时就可查表了,而不必一一用试除法作判定,节约了时间.

设 a 是任一给定的正整数,我们可根据质数的定义和性质,造出不大于 a 的质数表.为叙述方便起见,不妨令 $a=50$,而这不影响我们对构造质数表方法的说明.

首先写下 $1,2,3,4,5,6,\cdots,49,50$. 因为 $\sqrt{50}<8$,所以我们在这个数列中,在划去 1 后,只要再逐一划去 $2,3,5,7$ 的倍数,最后留下的数即为不大于 50 的所有质数.

(1) 首先划去 1(在表 3.1 中用"——"表示),得 $2,3,4,5,6,\cdots,49,50$. 第一个数是 2,它是质数.

(2) 在保留 2 后,再划去 2 的倍数(在表 3.1 中用"／"表示),得 $2,3,5,7,\cdots,49$. 第二个数是 3,它是质数.

(3) 在保留 2,3 后,再划去 3 的倍数(在表 3.1 中用"＼"表示),得 $2,3,5,7,11,13,17,19,23,25,29,31,35,37,41,43,47,49$. 第三个数是 5,它是质数.

(4) 在保留 2,3,5 后,再划去 5 的倍数(在表 3.1 中用"✕"表示),得 $2,3,5,7,11,13,17,19,23,29,31,37,41,43,47,49$. 第四个数是 7,它是质数.

(5) 在保留 2,3,5,7 后,再划去 7 的倍数(在表 3.1 中用"╋"表示),得 $2,3,5,7,11,13,17,19,23,29,31,37,41,43,47$. 这就是 50 以内的全部质数.

用以上方法构造质数表,由古希腊的埃拉托斯特尼(Eratosthenes,公元前 276—前 195)首先采用,所以后人就称这样寻找质数的方法为埃拉托斯特尼筛法.因为它就像一个筛子一样,把非质数一一筛去,而留下质数(见表 3.1).

表 3.1　50 内的质数表

1	2	3	4	5	6	7	8	9	10
11	12	13	14	15	16	17	18	19	20
21	22	23	24	25	26	27	28	29	30
31	32	33	34	35	36	37	38	39	40
41	42	43	44	45	46	47	48	49	50

附录 1 中我们列出了 5000 以内的质数表.

定理 3.16　质数无限多.

证明:假设质数只有有限多个,不妨设有 n 个,分别用 $p_1,p_2,\cdots,p_n$ 表示.令 $N=p_1p_2\cdots p_n+1$,若 N 是质数,显然 N 与 $p_1,p_2,\cdots,p_n$ 中任一个都不相等,这就与只有 n 个质数的假设相矛盾;若 N 是合数,则由定理 3.14,N 必有一个质约数,显然这个质约数不会是 $p_1,p_2,\cdots,p_n$ 中任一个,因为用它们的任意一个去除 N 都余 1,这也与只有 n 个质数的假设相矛盾.

综上所述,定理得证.

顺便指出,这一证明由欧几里得(Euclid,公元前 330—前 275)所给出.

3 完全数与梅森数

3.1 完全数

关于质数,人们很早就进行了研究,如质数无限多的证明就是由欧几里得所给出的.再如关于完全数的研究,他给出了完全数公式,并加以了证明.

先看两个例子:6 的因数有 1,2,3 与 6,比 6 小的因数(又称真因数)是 1,2 与 3,而 6=1+2+3;再如 28 的因数有 1,2,4,7,14 与 28,比 28 小的因数是 1,2,4,7 与 14,而 28=1+2+4+7+14.6 与 28 有个共同的特征,那就是等于比它们小的所有自身的因数之和,这样的数就称为完全数.有趣的是 6=1+2+3,28=1+2+3+4+5+6+7.

定义 3.2 如果一个数能等于它的所有真因数之和,那么这个数就称为完全数.

这一定义是由欧几里得给出的.欧几里得通过研究,得出了关于完全数的公式,并给出了以下证明.

定理 3.17 如果 2^p-1 是个质数,则 $2^{p-1}\cdot(2^p-1)$ 是个完全数(p 是质数).

证明: 设 $S_p=1+2+2^2+\cdots+2^{p-1}=2^p-1$,且 $S_p=2^p-1$ 是质数,则

$$2^{p-1}S_p=S_p+2S_p+2^2S_p+\cdots+2^{p-2}S_p+S_p.$$

亦即

$$2^{p-1}S_p=S_p+2S_p+2^2S_p+\cdots+2^{p-2}S_p+1+2+2^2+\cdots+2^{p-1}.$$

上式右端各项均是左端的因数,同时又是所有真因数之和,并且除了这些因数外再无别的因数.

假如还有异于右端各项的因数,设为 x,则 $2^{p-1}S_p=xm$,其中 $m\in\mathbf{N}$.由于 S_p 是质数,故 $(x,S^p)=1$.而 2^{p-1} 只能被 $1,2,2^2,\cdots,2^{p-1}$ 所整除,因此当 x 不等于 1,$2,2^2,\cdots,2^{p-1}$ 时,那么 x 就不能整除 2^{p-1}.同理,$(m,S_n)=1$,从而必有 m 整除 2^{p-1}.令 $m=2^r$,则 $x=2^{p-r-1}$,于是 x 只能是 $S_p,2S_p,2^2S_p,\cdots,2^{p-1}S_p$ 中的一个,这就矛盾了.

所以 $2^{p-1}S_p=2^{p-1}\cdot(2^p-1)$ 是完全数.

欧几里得的这一证明,与他的质数无穷多的证明,一直流传至今.关于质数无穷多的证明、完全数的定义及其证明,还有勾股定理的证明,等等,都显得是那么完美无瑕.这些数学史上的珍品之作,都是欧几里得留给我们的宝贵遗产.

3.2 梅森数

欧几里得给出的完全数公式中有 2^p-1(p 是质数),这个数就称为梅森(Mersenne,1588—1648)数.

定义 3.3 形如 2^p-1(p 是质数)的数称为梅森数,如果这一梅森数是质数,则称为梅森质数.

1640 年 6 月,费马(Fermat,1601—1665)在给梅森的一封信中写道:"在艰深的数论研究中,我发现了三个非常重要的性质.我相信它们将成为今后解决质数问题的基础."这封信中就讨论了形如 2^p-1 的数(其中 p 为质数).

梅森在欧几里得、费马等人的有关研究的基础上对 2^p-1 做了大量的计算与验证工作,得出"对于 $p=2,3,5,7,13,17,19,31,67,127,257$ 时,2^p-1 是质数;而对于其他所有小于 257 的数时,2^p-1 是合数"的结论.前面的 7 个数(即 $p=2,3,5,7,13,17$ 与 19)属于被证实的部分,是他整理前人的工作得到的;而后面的 4 个数(即 31,67,127 和 257)属于被猜测的部分.后来有数学家指出当 $p=61,89,107$ 时,2^p-1 也是质数;而 $p=67$ 时,$2^{67}-1=193707721\times761838257287$ 是合数.

虽然梅森的断言不全正确,但他的工作极大地激发了人们研究 2^p-1 型质数的热情,使其摆脱作为"完美数"的附庸的地位.可以说,梅森的工作是质数研究的一个转折点和里程碑.为了纪念他,数学界就把这种数称为"梅森数".

梅森质数貌似简单,而研究难度却很大.它不仅需要高深的理论和纯熟的技巧,还需要进行艰巨的计算.即使属于"猜测"部分中最小的 $2^{31}-1=2147483647$,也具有 10 位数.可以想象,它的证明是十分艰巨的.正如梅森推测:"一个人,使用一般的验证方法,要检验一个 15 位或 20 位的数是否为质数,即使终生的时间也是不够的."

计算机为梅森质数的研究提供了强有力的工具.据报道,2005 年 12 月 15 日,中密苏里州立大学的库珀和布诺教授发现了第 43 个梅森质数——$2^{30402457}-1$.这是目前所知的最大质数.它是个 9152052 位数.如果用普通字符写下来,这个梅森质数有 4 万多米长.如果以 2000 个数字为一页的话,第 43 个梅森质数要大概 2140 多页才能显示完.这个新质数在 5 天内由法国的一名专家在一台超级计算机上独立核算验证.

质数是无穷多的,据此从头猜想,梅森质数也是无穷多的.

关于质数,有许多有趣的猜想.参见附录 2:有关质数的一些猜想.

4 分解质因数

定义 3.4 一个数的因数是质数,这个因数就称为这个数的质因数.把一个数表示成质因数的乘积的形式,称为把这个数分解质因数.若这个数是质数,则我们规定,这个质数就算是已分解质因数了.

定理 3.18 任何一个大于 1 的自然数 n 都可以分解质因数.

证明: 若 n 是质数,则按规定定理已证.

若 n 是合数,根据定理 3.14,n 至少有一个约数 p_1 是质数,即有 $n=p_1k_1$($1<k_1<n$).

如果 k_1 是质数,则定理得证.

如果 k_1 是合数,则由定理 3.14,k_1 至少有一个约数 p_2 是质数,即有 $k_1 = p_2 k_2$ ($1 < k_2 < k_1$).

从而 $n = p_1 p_2 k_2$.

如果 k_2 是质数,则定理得证.

如果 k_2 是合数,则同样由定理 3.14,k_2 至少有一个约数 p_3 是质数,即有 $k_2 = p_3 k_3 (1 < k_3 < k_2)$.

因此 $n = p_1 p_2 p_3 k_3$.

这样继续下去,一定可以得到 $N = p_1 p_2 \cdots p_n k_n$.

不仅 $p_1, p_2, \cdots, p_n$ 是质数,并且 k_n 也是质数. 因为 $k_1, k_2, \cdots$ 逐渐小下去,但又都是大于 1 的自然数,故这个过程是有限的,即 $k_1, k_2, \cdots$ 不可能永远是合数,最后必定有一个 k_n 是质数.

综上所述,定理得证.

定理 3.19 设 $a_1, a_2, \cdots, a_n \in \mathbf{N}(n > 1)$,$p$ 是质数,且 $p \mid a_1 a_2 \cdots a_n$,则存在 a_i ($1 \leqslant i \leqslant n$),使得 $p \mid a_i$.

证明: 假设 $p \nmid a_i (i = 1, 2, \cdots, n)$,由于 p 是质数,则说明任一 a_i 中都不含有质因数 p,从而 $a_1 a_2 \cdots a_n$ 中也不会含有质因数 p,这与 $p \mid a_1 a_2 \cdots a_n$ 矛盾. 从而假设不成立,故定理得证.

定理 3.20(算术基本定理) 一个大于 1 的自然数,如果不管其质因数的次序,那么分解质因数的结果是唯一的.

证明: 设 N 是一个大于 1 的自然数,假若把它分解成质数的两种形式,分别表示为:

$N = p_1 p_2 \cdots p_n (n \geqslant 2)$,($p_1, p_2, \cdots, p_n$ 是质数,其中可能有相等的)

$N = q_1 q_2 \cdots q_m (m \geqslant 2)$,($q_1, q_2, \cdots, q_m$ 是质数,其中可能有相等的)

那么 $p_1 p_2 \cdots p_n = q_1 q_2 \cdots q_m$.

由于 $p_1 \mid p_1 p_2 \cdots p_n$,因此 $p_1 \mid q_1 q_2 \cdots q_m$.

因为 p_1 是质数,由定理 3.19 知,$q_1 q_2 \cdots q_m$ 中至少有一个质因数能被 p_1 整除,不妨假设它是 q_1,就是 $p_1 \mid q_1$. 而 p_1, q_1 均为质数,所以 $p_1 = q_1$. 这样就得 $p_2 \cdots p_n = q_2 \cdots q_m$.

如上继续下去,就有 $p_2 = q_2, p_3 = q_3, \cdots$

如果 $n \neq m$,则可得 $N = q_{n+1} \cdots q_m$(当 $n < m$ 时)或 $p_{m+1} \cdots p_n = N$(当 $n > m$ 时).

但由于 $q_i (i = n+1, \cdots, n)$ 和 $p_j (j = m+1, \cdots, n)$ 是质数,从而不可能得到以上等式. 矛盾的产生,说明假设 $n \neq m$ 是错误的. 于是只有 $n = m$,也即 $p_n = q_m$.

这就证明了将 N 分解质因数的结果是唯一的.

而规定 1 既不是质数又不是合数,就保证了分解质因数的唯一性.

由定理 3.20 显然可以知道,如果把分解成的质因数的乘积中的这些质因数按照从小到大的顺序排列,并且相同的质数连乘都用幂的形式表示,那么把一个数分解质因数的结果可以唯一地写成下面的形式：

$$N = p_1^{\alpha_1} p_2^{\alpha_2} \cdots p_n^{\alpha_n}.$$

这就是推论 3.1.

推论 3.1 任一大于 1 的整数 N 都能够唯一地写成

$$N = p_1^{\alpha_1} p_2^{\alpha_2} \cdots p_n^{\alpha_n}, \alpha_i > 0, i = 1, 2, \cdots, n,$$

其中 $p_i < p_j (i < j)$.

$N = p_1^{\alpha_1} p_2^{\alpha_2} \cdots p_n^{\alpha_n}$ 称为 N 的标准分解式.

把一个数分解质因数的方法是试除法，即利用数的整除性特征，先用 N 的最小质因数 p_1 去除 N，得到商 q_1；再用 q_1 的最小质因数 p_2 去除 q_1，得到商 q_2；再用 q_2 的最小质因数 p_3 去除 q_2……一直除到所得的商 q_n 是质数时止. 把各次所得的除数 $p_1, p_2, \cdots, p_n$ 和最后的商 q_n 连乘起来，相同因数把它们用方幂的形式来表示，即得到 N 分解质因数的结果.

以上过程常用所谓的短除法来进行.

例 3.2 把 12705 分解质因数.

$$
\begin{array}{rl}
3 \quad p_1 \cdots & \overline{| 1\,2\,7\,0\,5} \\
5 \quad p_2 \cdots & \overline{| \ \ 4\,2\,3\,5} \quad \cdots q_1 \\
7 \quad p_3 \cdots & \overline{| \ \ \ \ \ 8\,4\,7} \quad \cdots q_2 \\
11 \quad p_4 \cdots & \overline{| \ \ \ \ \ 1\,2\,1} \quad \cdots q_3 \\
& \ \ \ \ \ \ \ \ \ \ 1\,1 \quad \cdots q_4
\end{array}
$$

$$12705 = 3 \times 5 \times 7 \times 11^2.$$

而对于容易看出所要分解的数是某些数的乘积，而这些数的质因数又比较容易由观察得到，则也可使用观察法直接分解.

例 3.3 把 21600 分解质因数.

解：
$$
\begin{aligned}
21600 &= 216 \times 100 \\
&= 9 \times 24 \times 100 \\
&= 3^3 \times 2^3 \times 2^2 \times 5^2 = 2^5 \times 3^3 \times 5^2.
\end{aligned}
$$

 习题八

1. 将 1 到 100 这一百个自然数按从小到大的顺序组合成一个多位数，即

$$123456789101112131415\cdots8990919293949596979899100.$$

现要从这个数中去掉一百个数字，使剩下的数为最大. 应如何做？

2. 设 $A = 1 \cdot 2 \cdot 3 \cdot 4 \cdot \cdots \cdot 9 \cdot 10 \cdot 11$，则 $A+2, A+3, \cdots, A+11$ 是连续的十个合数.

3. 试构造连续一百个合数.

4. 试证：若干个形式为 $4n+1$（n 是正整数）的数的乘积仍为 $4n+1$ 的形式.

5. 试证：形如 $4n-1$（n 是正整数）的质数是无限多的.

6. 试证：若 2^n+1（$n>1, n\in \mathbf{N}$）是质数，则 n 是 2 的方幂.

7. 找出 8128 的所有因数，并计算出这些因数的和. 其中质因数有哪些？

第三节　最大公约数和最小公倍数

1　最大公约数

1.1　最大公约数的概念

一个正整数的约数是有限的，最大的约数是它自身. 两个不同的正整数有可能有相同的约数，这种相同的约数被称为公约数.

定义 3.5　几个正整数公有的约数，称为它们的公约数. 公约数中的最大者称为它们的最大公约数. $a_1, a_2, \cdots, a_n (n \geqslant 2)$ 的最大公约数用符号 $(a_1, a_2, \cdots, a_n)$ 表示. 若 $(a_1, a_2, \cdots, a_n)=1$，则称 $a_1, a_2, \cdots, a_n$ 是互质数（或互素数），或称 $a_1, a_2, \cdots, a_n$ 是互质的.

例如，因 $(8,13)=1$，故 8,13 是互质数；又 $(8,13,20)=1$，故 8,13,20 互质.

要注意的是，互质数与质数没有必然联系，如 8 和 15 是互质数，但 8 和 15 都是合数.

从集合的意义上看，公约数即几个自然数约数集合的交集.

从运算的意义上看，求两个数的最大公约数实质上也是一种二元运算.

显然，若一个数是几个数的最大公约数的约数，则这个数是这几个数的公约数.

定理 3.21　若 p 是质数，a 是任意一正整数，则 $p \mid a$ 或 $(p,a)=1$.

证明：因 $(p,a) \mid p$，而 p 是质数，故 $(p,a)=1$ 或 $p \mid a$.

定义 3.6　若 $a_1, a_2, \cdots, a_n$ 中每两个数互质，即 $(a_i, a_j)=1 (i,j=1,2,\cdots,n$ 且 $i \neq j)$，则称 $a_1, a_2, \cdots, a_n$ 是两两互质的数（又称是两两互素的数），或称是两两互质的.

例如，5,13,16,21 是两两互质的.

1.2　最大公约数的求法

根据最大公约数的定义，我们可以用分解质因数的方法直接求出几个数的最大公约数.

定理 3.22　一个大于 1 的整数 b 整除另一个正整数 a 的充要条件是：b 的每一个质因数都是 a 的质因数；并且 b 里任何一个相同质因数的个数都不超过 a 里该质因数的个数.

证明：先证条件的必要性.

因 $b|a$，即有整数 q，使 $a=bq$. 根据分解质因数的唯一性，a 与 bq 分解质因数的结果是相同的. 这就是说，b 的每一个质因数都包含于 a 中，且 b 中相同质因数的个数不超过 a 中该质因数的个数.

再证条件的充分性.

如果 b 中每一个质因数都是 a 的质因数，且 b 中任何一个相同质因数的个数，都不超过 a 中该质因数的个数，那么将 a 所含的质因数分成两组：一组是 b 的一切质因数；另一组是其余的质因数. 这表明 $b|a$，且 b 除 a 所得的商 q 等于第二组的质因数的积.

综上所述，定理得证.

由以上定理可知，如果 b 是 a 的约数，那么 b 是且只能是 a 的一部分或全部质因数的乘积. 因此，b 是几个数的公约数，那么 b 是且只能是这几个数的一部分或全部公有质因数的乘积. 这些公约数中最大的一个就是这几个数全部公有质因数的乘积.

这样得到利用分解质因数求几个数的最大公约数的方法：把这几个数分解质因数，再把几个数公有的一切质因数连乘起来.

为了简便，常用短除法的形式来求几个数的最大公约数.

例 3.4 求 $2700,7560$ 和 3960 的最大公约数.

解：由

2	2700	7560	3960
2	1350	3780	1980
3	675	1890	990
3	225	630	330
5	75	210	110
	15	42	22

故 $(2700,7560,3960)=2^2\times3^2\times5=180$.

定理 3.23 对于正整数 b 与 a，若 $b|a$，则 $(a,b)=b$.

证明由读者完成.

定理 3.24 对于正整数 a,b，若 $a\div b=q\cdots r,r\neq0$，则 $(a,b)=(b,r)$.

证明：设 t 是 a,b 的一个公约数，则有 $t|a,t|b$. 因 $a\div b=q\cdots r$，由定理 3.8，$t|r$. 这说明 a 与 b 的公约数 t 也是 b 与 r 的公约数. 同理，b 与 r 的公约数也是 a 与 b 的公约数. 由于 a 与 b 的公约数与 b 与 r 的公约数相一致，故最大公约数也相等. 这就证明了 $(a,b)=(b,r)$.

利用定理 3.23 和定理 3.24 可以得到如下的求两个数的最大公约数的方法——辗转相除法.

设 $a>b$，若 b 整除 a，则 $(a,b)=b$. 若 b 不能整除 a，则有余数 r_1，且 $(a,b)=(b,r_1)$. 如果 r_1 整除 b，$(b,r_1)=r_1$；如果 r_1 不能整除 b，则有余数 r_2，且 $(b,r_1)=$

(r_1,r_2). 依次下去,余数会逐渐减小,即有 $b>r_1>r_2>\cdots>r_n$,故必有一个 $r_n=0$,这时 $r_{n-1}\mid r_{n-2}$,即 $(r_{n-2},r_{n-1})=r_{n-1}$. 由此有 $(a,b)=(b,r_1)=(r_1,r_2)=\cdots=(r_{n-2},r_{n-1})=r_{n-1}$.

辗转相除法又称欧几里得算法.

例 3.5 求 $(319,377)$.

解: 由 $377\div319=1\cdots58$,

故 $(377,319)=(319,58)$.

由 $319\div58=5\cdots29$,

故 $(319,58)=(58,29)$.

由 $58\div29=2$,

故 $(58,29)=29$.

故 $(319,377)=29$.

这一过程可以用下面的简便形式表示出来.

由

	1	319	(b)	377	(a)	
		290		319		
由	2	29	(r_2)	58	(r_1)	5
				58		
				0	(r_3)	

故 $(319,377)=29$.

求三个或者三个以上的数的最大公约数,可以先求出其中两个数的最大公约数,再求所得的数与第三个数的最大公约数,一直继续到最后一个数,最后得到的最大公约数即为所求几个数的最大公约数.

定理 3.25 若 $(a,b)=d$,则 $k\mid d$ 的充要条件是 $k\mid a,k\mid b$.

证明: 先证条件的充分性.

将 a,b 做辗转相除法,则得

$$a=bq_1+r_1 \tag{1}$$
$$b=r_1q_2+r_2 \tag{2}$$
$$r_1=r_2q_3+r_3 \tag{3}$$
$$\vdots$$
$$r_{n-2}=r_{n-1}q_n+r_n \tag{n}$$
$$r_{n-1}=r_nq_{n+1}+r_{n+1} \tag{n+1}$$

因 $(a,b)=d$,故必有 $r_n=d,r_{n+1}=0$.

而 $k\mid a,k\mid b$,故由 (1) 知,$k\mid r_1$;由 $k\mid b,k\mid r_1$ 和 (2),知 $k\mid r_2$;依次类推,可得 $k\mid r_3,\cdots,k\mid r_n$,即 $k\mid d$.

再证条件的必要性.

因 $(a,b)=d$,即 $d\,|\,a$.又 $k\,|\,d$,故 $k\,|\,a,k\,|\,b$.

1.3　最大公约数的性质

定理 3.26　若 $(a,b)=d$,则 $\left(\dfrac{a}{d},\dfrac{b}{d}\right)=1$.

证明：若 $\left(\dfrac{a}{d},\dfrac{b}{d}\right)=k>1$,则有整数 p,q,使 $\dfrac{a}{d}=pk,\dfrac{b}{d}=qk$,即 $a=pdk,b=qdk$,即 dk 是 a,b 的公约数.而 $k>1$,即 $kd>d$,这与 $(a,b)=d$ 矛盾.从而必有 $\left(\dfrac{a}{d},\dfrac{b}{d}\right)=1$.

定理 3.27　若 $(a,b)=d,k$ 是正整数,则 $(ka,kb)=kd$.

证明：因 $(a,b)=d$,由定理 3.26 知,必有整数 p,q,使 $a=pd,b=qd$,且 $(p,q)=1$.于是 $ka=pkd,kb=qkd$.这说明 $(ka,kb)=kd$.

等式 $(ka,kb)=kd$ 可改写为 $(ka,kb)=k(a,b)$.

定理 3.28　$(a,bc)=1$ 的充要条件是 $(a,b)=1,(a,c)=1$.

证明：先证条件的充分性：

若 $(a,bc)=d>1$,则 $d\,|\,a,d\,|\,bc$,从而 $d\,|\,ba$.由 $(a,c)=1$,由定理 3.27 知 $(ba,bc)=b$.由于 $d\,|\,bc,d\,|\,ba$,根据定理 3.26,得 $d\,|\,b$.再由 $d\,|\,a$,得 a,b 有大于 1 的公约数 d,这和 $(a,b)=1$ 矛盾,故 $(a,bc)=1$.

再证条件的必要性：

若 $(a,b)=d>1$,则必有整数 p,q,使 $a=pd,b=qd$.于是由定理 3.27 可得 $(a,bc)=(pd,qdc)=d(p,qc)>1$,这和已知 $(a,bc)=1$ 矛盾.因此 $(a,b)=1$.同理可得 $(a,c)=1$.

推论 3.2　$(a,b_1b_2\cdots b_n)=1$ 的充要条件是 $(a,b_i)=1(i=1,2,\cdots,n)$.

定理 3.29　若 $(b,c)=1$,则 $c\,|\,ab$ 的充要条件是 $c\,|\,a$.

证明：先证条件的充分性.

因 $(b,c)=1$,而 $c\,|\,a$,故由定理 3.4,$c\,|\,ab$.

再证条件的必要性.

因 $(b,c)=1$,由定理 3.27 有 $(ab,ac)=a$.又 $c\,|\,ab,c\,|\,ac$,再由定理 3.25,$c\,|\,a$.

定理 3.30　若 $b\,|\,a,c\,|\,a,(b,c)=1$,则 $bc\,|\,a$.

证明：因 $(b,c)=1$,故由定理 3.27 有 $(ab,ac)=a$.由 $b\,|\,a,c\,|\,a$,则 $bc\,|\,ac,bc\,|\,ab$.再由定理 3.25,$bc\,|\,a$.

定理 3.30 显然可以作以下推广.

推论 3.3　若 $b_i\,|\,a(i=1,2,\cdots,n),(b_i,b_j)=1(i,j=1,2,\cdots,n$ 且 $i\neq j)$,则 $b_1b_2\cdots b_n\,|\,a$.

1.4　最大公约数的应用

例 3.6　某班学生自制教具,把长 144 厘米、宽 48 厘米、厚 32 厘米的长方体

木料,锯成尽可能大的同样大小的正方体木块,求正方体木块的棱长与锯成的块数(锯完之后原木料没有剩余).

分析:

已　知	欲　求
木料　长 144 厘米	锯成尽可能大的、同样大小
宽 48 厘米	的正方体木块的棱长与块数
厚 32 厘米	

由题意可知,所求正方体木块的棱长应能整除 144,48,32 这三个数,就是木料长、宽、厚的公约数.由于要求尽可能大的同样大小的正方体,所以正方体的棱长应是木料的长、宽、厚的最大公约数.

求得木料的长、宽、厚各锯成的份数后,就可以求出锯成的块数.

解: 正方体木块的棱长是 $(144,48,32)=16$(厘米),

木块的长锯成的份数是 $144\div16=9$,

木块的宽锯成的份数是 $48\div16=3$,

木块的厚锯成的份数是 $32\div16=2$,

锯成的正方体的块数是 $9\times3\times2=54$(块).

答: 正方体木块的棱长是 16 厘米,可以锯成 54 块.

2　最小公倍数

2.1　最小公倍数的概念

一个正整数的倍数是无限的,最小的倍数是它自身.两个不同的正整数有可能有相同的倍数,这种相同的倍数称为公倍数.

定义 3.7　几个正整数公有的倍数,称为它们的公倍数.公倍数中的最小者称为它们的最小公倍数. $a_1,a_2,\cdots,a_n$ 的最小公倍数用符号 $[a_1,a_2,\cdots,a_n]$ 表示.

如 6,12 都是 2 和 3 的公倍数,但 6 是 2 和 3 的最小公倍数,即 $[2,3]=6$.

从集合的意义上看,公倍数即几个自然数倍数集合的交集.

从运算的意义上看,求两个数的最小公倍数实质上也是一种二元运算.

2.2　最小公倍数的求法

要求几个数的最小公倍数,可以利用分解质因数的方法.

事实上,由于几个数的任何一个公倍数都能被这几个数所整除,因此根据定理 3.21,这几个数的公倍数应该含有它们中每一个数里的所有质因数,且每一个质因数的个数不能少于它们每一个数里所含该质因数的最多个数.

因此,要求几个数的最小公倍数,可先取出它们公有的一切质因数(不妨从小到大依次取出),再取出其中的几个数(可用依次去掉一个数的方法来检验)公有的质因数,然后把所取出的公有的质因数和每个数独有的质因数一道乘起来.

例 3.7　求 48,132 和 660 的最小公倍数.

解：因 $48=2^4\times3,132=2^2\times3\times11,660=2^2\times3\times5\times11$,故先取出 48,132 和 660 的公有质因数两个 2、一个 3;再取出 132 和 660 的公有质因数 11,那么就留下 48 和 660 各自独有的质因数两个 2、一个 5,于是 48,132 和 660 的最小公倍数即为 $2^2\times3\times11\times2^2\times5=2640$. 即 $[48,132,660]=2640$.

为书写简便,常用短除法来求几个数的最小公倍数.

2	48	132	660
2	24	66	330
3	12	33	165
11	4	11	55
	4	1	5

$$[48,132,660]=2\times2\times3\times11\times4\times5=2640$$

定理 3.31　对于正整数 a,b,有 $[a,b]=\dfrac{ab}{(a,b)}$.

证明：设 m 是 a 与 b 的任一公倍数,则 $a\mid m,b\mid m$,即有 $p,q\in\mathbf{N}$,使 $m=ap=bq$.
令 $(a,b)=d$,则有 $r,s\in\mathbf{N}$,使 $a=dr,b=ds$,由定理 3.26,$(r,s)=1$.

于是 $m=drp=dsq$,则 $rp=sq$,即 $s\mid rp$. 而 $(r,s)=1$,由定理 3.30,$s\mid p$. 令 $p=st$,则得 $m=ap=ast=\dfrac{ab}{d}t=\dfrac{ab}{(a,b)}t$.

显然,上式对于任一大于 0 的自然数 t,都是 a,b 的公倍数,这就是说 $m=\dfrac{ab}{(a,b)}t$ 表示了 a,b 的一切公倍数. 于是只要令 $t=1$,即得 a,b 的最小公倍数.

综上所述,$[a,b]=\dfrac{ab}{(a,b)}$.

这一结论给出了求最小公倍数的又一种方法.

以上结论也可改写为:$[a,b]\cdot(a,b)=ab$,或 $(a,b)=\dfrac{ab}{[a,b]}$. 这又得到了一种求最大公约数的方法.

以上定理有两个明显的特殊情形,即:

推论 3.4　若 $(a,b)=1$,则 $[a,b]=ab$.

推论 3.5　若 $b\mid a$,则 $[a,b]=a$.

2.3　最小公倍数的应用

例 3.8　一对啮合齿轮,一个有 21 个齿,另一个有 30 个齿,其中某一对指定的齿,从第一次相遇到第二次相遇,每个齿轮要转多少周?

分析：因为大小齿轮某一对指定的齿从第一次接触到下一次接触,两齿轮转过的齿数相同,所以转过的相同齿数既是大轮齿数的倍数,也是小轮齿数的倍数,即两轮齿数的最小公倍数. 求出两轮各转过的齿数后,就可求出两个齿轮各转多少周.

解：两齿轮某一对指定的齿从第一次接触到下一次接触，各转的齿数是
$[21,30]=210$（齿），

小齿轮转的周数是 $210\div21=10$（周），

大齿轮转的周数是 $210\div30=7$（周）.

答：小齿轮要转 10 周，大齿轮要转 7 周.

 习题九

1. 以下判断是否正确，为什么？

(1) 任意两个正整数的积一定是合数；

(2) 1 与任意自然数互质；

(3) 相邻的两个自然数互质；

(4) 一个质数和比它小的每一个正整数都是互质数.

2. 求证：

(1) 任何两个不同的质数必互质；

(2) 任何两个相邻的正整数必互质.

3. 用分解质因数法和辗转相除法求下列各组数的最大公约数.

(1) 49 和 91；

(2) 252 和 180.

4. 先求下列各组数的最大公约数，并在此基础上，求出它们的最小公倍数.

(1) 185 和 388；

(2) 112,124 和 420.

5. 若 $(a,b)=d$，d' 是 a,b 的任一公约数，试用辗转相除法证明 $d'|d$.

6. 求证：

(1) $(a,b^n)=1$（n 是正整数）的充分必要条件是 $(a,b)=1$；

(2) $(a_1 a_2 \cdots a_n, b_1 b_2 \cdots b_m)=1$ 的充分必要条件是 $(a_i, b_j)=1$（$i=1,2,\cdots,n$；$j=1,2,\cdots,m$）；

(3) $(a^n, b^m)=1$ 的充分必要条件是 $(a,b)=1$；

(4) a,b 的公约数与 (a,b) 的因数相同.

7. 求证：$(a^n, b^n)=(a,b)^n$，并且利用它求出 $(64,100)$.

8. 求证：

(1) $[a^n, b^n]=[a,b]^n$；

(2) 设 $[a,b]=m$，则 $m|n$ 的充分必要条件是 $a|n, b|n$.

9. 利用质因数分解证明：

(1) 若 $a^m|b^n$，m,n 为正整数，$m \geqslant n$，则 $a|b$；

(2) 若 $pq=a^2$，$(p,q)=1$，则有整数 m,n，使 $p=m^2, q=n^2$.

10. 36 块体积为 1 立方厘米的小正方体，可以拼成几种不同的长方体（要求棱

长不是 1 厘米)?

11. 找出 496 的所有小于它自身的因数,并把这些因素加起来,看看和是多少.

12. 设一个四位数是 $abcd$ (a,b,c,d 是 4 个数字,不是表示它们相乘),将这个四位数乘以 9,得到一个新的四位数 $dcba$,求出原来的四位数.

13. 求证:

(1) 设 a,q 是正整数,p 是质数,且 $pq=a^2$,则存在正整数 n,使 $q=pn^2$.

(2) 设 p 是大于 3 的质数,则 $6|(p^2-1)$.

14. 两数的和是 50,它们的最大公约数是 5,求这两个数.

15. 某年级学生人数不超过 200 人,在一次军训操练中,如果排成 8 人一行或 12 人一行,最后总是剩下 3 名同学.这个年级有多少学生?

16. 某城市一公共汽车站有三条线路通往不同的地方.第一条线路每隔 5 分钟发车一次,第二条线路每隔 6 分钟发车一次,第三条线路每隔 10 分钟发车一次.三条线路的汽车在同一时刻发车后,至少再过多少分钟在同一时间发车?

17. 梨 32 个,苹果 35 个,橘子 48 个,平均分给若干人,结果梨多出 2 个,苹果差 1 个,橘子刚好分完,问最多有几人?

18. 长方形砖长 42 厘米,宽 26 厘米,用这种砖铺成一块正方形地,至少需要几块砖?

19. 编题.

(1) 求最大公约数的应用题;

(2) 求最小公倍数的应用题.

第四节 简单不定方程

1 不定方程的概念

先看一个例子.

例 3.9 在一个工作小组,有若干个熟练工人和若干个小工.小组接到一项任务,完成该任务可得 1740 元薪酬.工资的分配方法是:每一熟练工人可得工资 210 元,而每个小工可得 150 元.问这个工作小组有熟练工人和小工各多少名?

很容易列出这个题目的方程.

设熟练工人和小工分别为 x 和 y 名,则由题意可得 $210x+150y=1740$.

以上方程两端同除以 30 后得:$7x+5y=58$.

除这一方程外,再也没有任何条件可列出第二个方程来.

两个未知数,一个方程,问题并不简单.从代数的角度来说,满足如下关系的 (x,y) 都是它的解:$y=\dfrac{58-7x}{5}$.

显然有无穷多组解.

但同样明显的是,问题并没有得到解决.因为,这无穷多组解中并非都是我们所需要的,或者说,并非都满足实际情况的.事实上,当 $x=0$ 或 $y=0$ 时,与之对应的另一个未知数的值是分数,而工人数显然是正整数,所以这种情况是不需要讨论的;而当 $x>8$ 时,y 的取值是负数,也不在考虑之列.这就是说,x 应是一个满足 $0<x\leqslant8$ 的正整数.那么满足条件的 x 究竟是多少,而相应的 y 又是什么值呢? 为了直观地看出我们所需要的解,不妨列出表 3.2.

表 3.2 例 3.9 的关系

x	0	1	2	3	4	5	6	7	8
$y=\dfrac{58-7x}{5}$	$\dfrac{58}{5}$	$\dfrac{51}{5}$	$\dfrac{44}{5}$	$\dfrac{37}{5}$	6	$\dfrac{23}{5}$	$\dfrac{16}{5}$	$\dfrac{9}{5}$	$\dfrac{2}{5}$

从表 3.2 中可以看出,当 $x=4$ 时,相应的 $y=6$.这是一组符合要求的解,并且也只有这一组解.也就是说,本题具有确定的答案:

熟练工人 4 名;

小工 6 名.

现实生活中,类似的例子有许多.下面再举几例.

语文书、数学书和科学书共 10 本,每样书各几本?

设语文、数学和科学书分别为 x,y 和 z 本,则由题意得:$x+y+z=10$.

语文书、数学书和科学书共 10 本,单价分别为 5,6 和 7 元,共付现金 60 元,每种书各多少本?

设语文、数学和科学书分别为 x,y 和 z 本,则由题意有

$$\begin{cases} x+y+z=10, \\ 5x+6y+7z=60. \end{cases}$$

像 $x+y+z=10$,$\begin{cases} x+y+z=10, \\ 5x+6y+7z=60, \end{cases}$ $ax^2+bxy+cy^2+dx+ey+f=0$ 等方程或方程组,它们的未知数个数都多于方程的个数,这类方程(或方程组)被称为不定方程.

定义 3.8 未知数的个数多于方程的个数的方程(或方程组)称为不定方程.

由于不定方程中未知数的个数多于方程的个数,因此,如果没有别的补充条件,不定方程往往有无穷多解:可以给一个或几个未知数以任意值,然后求出相应的其他未知数的值.这种具有无穷多解的不定方程在高等数学中对于研究曲线或曲面是非常有用的.

虽然不定方程有无穷多解,但正如我们前面的例子中所看到的那样,不定方程往往需要考虑的是它的整数解(对于实际问题甚至是正整数解).为此,本章中提到的不定方程的解仅是指它的整数解.

2　二元一次不定方程

2.1　二元一次不定方程有整数解的特征

二元一次不定方程的一般形式是 $ax+by=c$,其中 a,b,c 为整数,且 $ab\neq0$.

因所求的 x,y 可以是正整数或负整数,故这时只讨论 a,b 都是正整数的情形.

对于不定方程 $2x+3y=4$ 来说,由 $x=\dfrac{4-3y}{2}$ 可知,只要所取整数 y,能使 $4-3y$ 为偶数,就可保证 x 是整数.而要做到这一点是容易的,只要取 y 为偶数即可.因此可知,这一不定方程有整数解.

而对于不定方程 $2x+4y=3$ 来说,由 $x=\dfrac{3-4y}{2}$ 可知,不论 y 取何整数值,$3-4y$ 都为奇数,因此 $\dfrac{3-4y}{2}$ 都不可能是整数.这表明该不定方程没有整数解.

由以上两例可知,一个方程是否有整数解取决于未知数的系数 a,b 和常数项 c.分析这两个不定方程的系数、常数情况,不难发现以下事实:

不定方程 $2x+3y=4$ 有整数解,那是因为未知数的系数 2 和 3 的最大公约数是 1,而 1 能整除常数项 4,即 $(2,3)\mid4$;而不定方程 $2x+4y=3$ 的未知数系数 2 和 4 的最大公约数是 2,显然 2 不能整除常数项 3,即 $(2,4)\nmid3$,所以导致不定方程 $2x+4y=3$ 无解.

一般地,我们有以下定理.

定理 3.32　方程 $ax+by=c(a,b$ 为正整数)有整数解的充分必要条件是 $(a,b)\mid c$.

证明:先证明条件的必要性.

设方程 $ax+by=c$ 有整数解 (x_0,y_0),则 $ax_0+by_0=c$.

令 $(a,b)=d$,于是由定理 3.26 知,存在整数 q,p 且 $(q,p)=1$,使 $a=qd$,$b=pd$.

于是有 $d(qx_0+py_0)=c$,即 $d\mid c$,就是 $(a,b)\mid c$.

再证明条件的充分性.

不妨设 $(a,b)=1$,且 $a>b$.由辗转相除法可知,必有正整数 k,使 $r_k=1$.与余数 r_i 对应的不完全商记为 $q_i(i=1,2,\cdots,k)$.从而有

$$a=bq_1+r_1,即 r_1=a-bq_1;\tag{1}$$

$$b=r_1q_2+r_2,即 r_2=b-r_1q_2;\tag{2}$$

$$r_1=r_2q_3+r_3,即 r_3=r_1-r_2q_3;\tag{3}$$

$$\vdots$$

$$r_{k-4}=r_{k-3}q_{k-2}+r_{k-2},即 r_{k-2}=r_{k-4}-r_{k-3}q_{k-2}\tag{k-2}$$

$$r_{k-3}=r_{k-2}q_{k-1}+r_{k-1},即 r_{k-1}=r_{k-3}-r_{k-2}q_{k-1};\tag{k-1}$$

$r_{k-2} = r_{k-1}q_k + r_k$, 而 $r_k = 1$, 故有 $1 = r_{k-2} - r_{k-1}q_k$. (k)

将 $(k-1)$ 代入 (k), 得

$$1 = r_{k-2} - (r_{k-3} - r_{k-2}q_{k-1})q_k$$
$$= (1 + q_{k-1}q_k)r_{k-2} - q_k r_{k-3}.$$

令

$$A_1 = 1 + q_{k-1}q_k;$$
$$B_1 = -q_k,$$

则显然 A_1, B_1 是整数.

于是得 $1 = A_1 r_{k-2} + B_1 r_{k-3}$.

再将 $(k-2)$ 式代入上式, 并整理和合并同类项, 可得 $1 = A_2 r_{k-3} + B_2 r_{k-4}$.

同样, A_2, B_2 是整数.

我们将以上步骤重复 k 次, 即得关系式 $1 = aA + bB$. 其中 A, B 是整数.

上式两端同乘以 c, 即得 $c = acA + bcB$.

这就是说方程 $ax + by = c$ 有整数解: $\begin{cases} x = cA, \\ y = cB. \end{cases}$

读者可通过对 A_1, B_1 的构成分析, 不难发现它们只与 1 和不完全商有关. 由此可以想到, A, B 的构成也是一样的, 因为在用余数 k 次重复回代后, A, B 的表示式中除 1 和不完全商外, 就不再含有别的整数.

这就意味着, 在不定方程 $ax + by = c$ 有整数解的情况下, 我们可以用上面的方法求出它的一个解.

事实上, 在证明条件的充分性时, 我们运用的是构造法, 即证明的过程实际上就是求出不定方程 $ax + by = c$ 的解的过程.

例 3.10 判断方程 $24x + 15y = 39$ 有无整数解, 如果没有解说明原因; 如果有解求出它的一个解.

解: 由 $(24, 15) = 3$, 而 $3 \mid 39$,

故方程 $24x + 15y = 39$ 有整数解.

将方程两边同除以 3, 变形为 $8x + 5y = 13$.

由 $8 = 1 \times 5 + 3$,

$5 = 1 \times 3 + 2$,

$3 = 1 \times 2 + 1$.

故 $1 = 3 - 1 \times 2 = 3 - 1 \times (5 - 1 \times 3)$

$= (8 - 1 \times 5) - 1 \times [5 - 1 \times (8 - 1 \times 5)]$

$= 8 - 1 \times 5 - 1 \times 5 + 8 - 1 \times 5 = 8 \times 2 + 5 \times (-3).$

即 $1 = 8 \times 2 + 5 \times (-3).$

上式两边同乘以 13, 得

$$8 \times 26 + 5 \times (-39) = 13.$$

于是得原方程的一个整数解是 $\begin{cases} x_0 = 26, \\ y_0 = -39. \end{cases}$

例 3.11　求方程 $15x + 37y = 1$ 的一个整数解.

解：由 $37 = 2 \times 15 + 7$,

$15 = 2 \times 7 + 1$,

故 $1 = 15 - 2 \times 7 = 15 - 2 \times (37 - 2 \times 15)$

$= 15 - 2 \times 37 + 4 \times 15$

$= 15 \times 5 + 37 \times (-2)$.

于是得原方程的一个整数解是 $\begin{cases} x_0 = 5, \\ y_0 = -2. \end{cases}$

对于二元一次不定方程，在有整数解的前提下，使用辗转相除法，即可求得它的一个整数解. 但这一方法显然比较麻烦，因此，在方程系数不大的情况下，我们往往使用观察法来求得它的一个整数解.

对于方程 $15x + 37y = 1$，通过观察不难知道 $15 \times 5 + 37 \times (-2) = 1$，即 $\begin{cases} x_0 = 5, \\ y_0 = -2 \end{cases}$ 是它的一个解.

就方程 $8x + 5y = 13$ 而言，我们还可把辗转相除法与观察法结合起来，求得它的一个整数解. 事实上，对于方程 $8x + 5y = 1$，由观察法不难知道 $\begin{cases} x = 2, \\ y = -3 \end{cases}$ 是它的一个解，即有 $8 \times 2 + 5 \times (-3) = 1$，从而 $8 \times (2 \times 13) + 5 \times (-3 \times 13) = 13$，即 $8 \times 26 + 5 \times (-39) = 13$. 于是即知 $\begin{cases} x = 26, \\ y = -39 \end{cases}$ 是它的一个整数解.

2.2　二元一次不定方程的求解

由解析几何和高等代数知道，一次方程就是线性方程. 当常数项为 0 时，它就成为齐次方程. 高等代数知识还告诉我们，研究线性不定方程 $ax + by = c$ 要从研究与它对应的齐次方程 $ax + by = 0$ 开始. 方程 $ax + by = c$ 的一般解等于它的特殊解与相应的齐次 $ax + by = 0$ 的一般解之和. 这就是定理 3.33.

定理 3.33　设不定方程 $ax + by = c (a > 0, b > 0)$ 有一个整数解 x_0, y_0，则它的全部整数解可以表示成 $\begin{cases} x = x_0 + bt, \\ y = y_0 - at. \end{cases}$ 其中 t 为任意整数.

由定理 3.32 知，方程 $ax + by = c$ 有整数解的充分必要条件是 $(a, b) \mid c$.

不设一般性，可设 $(a, b) = 1$.

证明：先证明 $\begin{cases} x = x_0 + bt, \\ y = y_0 - at \end{cases}$ 是方程 $ax + by = c$ 的解.

因 x_0, y_0 是 $ax + by = c$ 的解，故有 $ax_0 + by_0 = c$.

把 $x = x_0 + bt$, $y = y_0 - at$ 代入方程 $ax + by = c$, 得 $a(x_0 + bt) + b(y_0 - at) = c$, 即 $ax_0 + by_0 = c$.

这就证明了 $\begin{cases} x = x_0 + bt, \\ y = y_0 - at \end{cases}$ 是方程 $ax + by = c$ 的解.

再证明方程 $ax + by = c$ 的任意解都具有 $\begin{cases} x = x_0 + bt, \\ y = y_0 - at \end{cases}$ 的形式.

设 x_1, y_1 是方程 $ax + by = c$ 的任意一个整数解, 则有

$$ax_1 + by_1 = c.$$

而 x_0, y_0 又是方程 $ax + by = c$ 的整数解, 即有

$$ax_0 + by_0 = c.$$

于是得

$$a(x_1 - x_0) + b(y_1 - y_0) = 0.$$

即

$$a(x_1 - x_0) = -b(y_1 - y_0).$$

由于 $(a, b) = 1$, 由定理 3.29 知 $b \mid (x_1 - x_0)$, 故 $x_1 - x_0 = bt$ (t 为整数), 即

$$x_1 = x_0 + bt.$$

将其代入 $a(x_1 - x_0) = -b(y_1 - y_0)$, 得

$$y_1 = y_0 - at.$$

这就是说方程 $ax + by = c$ 的任意一个解都具有 $\begin{cases} x = x_0 + bt, \\ y = y_0 - at \end{cases}$ 的形式.

$\begin{cases} x = x_0 + bt, \\ y = y_0 - at \end{cases}$ 称为方程 $ax + by = c$ 的通解公式.

方程 $ax + by = c$ 的通解也可以表示为 $\begin{cases} x = x_0 - bt, \\ y = y_0 + at. \end{cases}$

显然 $\begin{cases} x = x_0 - bt, \\ y = y_0 + at \end{cases}$ 与 $\begin{cases} x = x_0 + bt, \\ y = y_0 - at \end{cases}$ 是一致的.

根据这一定理, 求二元一次不定方程的全部整数解, 关键是要先求出它的一个特解. 而对于简单的方程特解可由观察法直接求得, 对于较复杂的方程的特解可用定理 3.33 的证明给出的方法求得.

例 3.12 求 $7x - 4y = 2$ 的全部整数解.

解: 由观察法易知

$$\begin{cases} x_0 = 2, \\ y_0 = 3 \end{cases}$$

是方程 $7x-4y=2$ 的一个特解.

于是它的全部整数解是

$$\begin{cases} x=2-4t, \\ y=3-7t. \end{cases} (t \text{ 为整数})$$

由于许多实际问题往往只需要求出不定方程的正整数解,那么只要在求出通解后,令 $x>0,y>0$,然后求出相应的 t 值即可.

例 3.13　有一个两位数,加上 54 后,十位数字和个位数字正好互换位置,求这个两位数.

解:设这个两位数十位、个位上的数字分别是 x,y,则由题意可得

$$10x+y+54=10y+x,$$

即

$$x-y=-6.$$

不难得到这个方程的通解为

$$\begin{cases} x=t-6, \\ y=t. \end{cases} (t \text{ 为整数})$$

根据题意,显然要求满足

$$\begin{cases} 0<t-6\leqslant 9, \\ 0<t\leqslant 9. \end{cases}$$

解得

$$6<t\leqslant 9.$$

由于 t 是整数,故得 $t=7,8,9$.

故原方程有三个解:

$$\begin{cases} x=1, \\ y=7; \end{cases} \begin{cases} x=2, \\ y=8; \end{cases} \begin{cases} x=3, \\ y=9. \end{cases}$$

答:这个三位数是 $17,28,39$.

3　多元一次不定方程

3.1　一次不定方程组

本节只讨论未知数的个数比方程的个数多 1 的一次不定方程组.解不定方程组和解方程组一样,消元法是基本的方法.通过消元,将不定方程组化成二元一次不定方程来解.

以下通过几个具体的例子,来说明多元一次不定方程的常见解法.

87

例3.14 求不定方程组 $\begin{cases} 5x+7y+2z=24, & (1) \\ 3x-y-4z=4 & (2) \end{cases}$ 的全部正整数解.

解：先消去 z.

(1)×2+(2)得

$$x+y=4. \qquad (3)$$

求出(3)的全部整数解为

$$\begin{cases} x=t, \\ y=4-t. \end{cases} \text{（} t \text{ 为整数）} \qquad (4)$$

将(4)代入(2)得

$$z=t-2.$$

故得原方程的解

$$\begin{cases} x=t, \\ y=4-t,\text{（} t \text{ 为整数）} \\ z=t-2. \end{cases} \qquad (5)$$

令

$$\begin{cases} x=t>0, \\ y=4-t>0, \\ z=t-2>0. \end{cases}$$

解这一不等式组得

$$2<t<4.$$

由于 t 为整数,故 $t=3$.

将 $t=3$ 代入(5),得原不定方程组的唯一正整数解:

$$\begin{cases} x=3, \\ y=1, \\ z=1. \end{cases}$$

例3.15 我国古代算书《孙子算经》上有这样一个问题:"今有物不知其数,三三数之剩二,五五数之剩三,七七数之剩二,问物几何?"

解：设物数为 N,则由题意可得

$$\begin{cases} 3a+2=N, & (1) \\ 5b+3=N,(N,a,b,c \text{ 均为正整数}) & (2) \\ 7c+2=N. & (3) \end{cases}$$

消去 N,得

$$\begin{cases} 3a-5b=1, \quad &(4) \\ 5b-7c=-1. \quad &(5) \end{cases}$$

再消去 b,得

$$3a-7c=0.$$

解得

$$\begin{cases} a=7t_1, \\ c=3t_1. \end{cases} \quad (t_1 \text{ 为整数}) \qquad (6)$$

将(6)式代入(4),(5)式,得

$$5b-21t_1=-1.$$

解得

$$\begin{cases} b=21t_2+4, \\ t_1=5t_2+1. \end{cases} \quad (t_2 \text{ 为整数}) \qquad (7)$$

再把(7)式代入(2),(6)式,得

$$N=105t_2+23, a=35t_2+7, c=15t_2+3.$$

这就是要求的物数的通解公式. 显然,当 $t_2=0$ 时, $N=23$ 是本题的最小正整数解.

例 3.16　我国古代"百鸡问题":鸡翁一,值钱五;母鸡一,值钱三;鸡雏三,值钱一.百钱买百鸡.问鸡翁母雏各几何?(载《张丘建算经》)

解:设鸡翁、鸡母、鸡雏各为 x,y,z 只,则由题意得

$$\begin{cases} x+y+z=100, \quad &(1) \\ 5x+3y+\dfrac{1}{3}z=100. \quad &(2) \end{cases}$$

消去 z,得

$$7x+4y=100.$$

解之得

$$\begin{cases} x=-100+4t, \\ y=200-7t. \end{cases} \quad (t \text{ 为整数})$$

代入(1),得 $z=3t$.

由于

$$\begin{cases} x=-100+4t>0, \\ y=200-7t>0, \\ z=3t>0, \end{cases}$$

解得

$$25 < t < 28\frac{4}{7}.$$

即 t 只能取 $26,27,28$ 这三个正整数,故本题只有三个解:

$$
\begin{cases} x=4, \\ y=18, \\ z=78; \end{cases}
\qquad
\begin{cases} x=8, \\ y=11, \\ z=81; \end{cases}
\qquad
\begin{cases} x=12, \\ y=4, \\ z=84. \end{cases}
$$

答:有三种买法.其一为:鸡翁 4,鸡母 18,鸡雏 78;其二为:鸡翁 8,鸡母 11,鸡雏 81;其三为:鸡翁 12,鸡母 4,鸡雏 84.

3.2 三元一次不定方程

三元一次不定方程的一般形式是 $ax+by+cz=d(abc\neq0)$.

从二元一次不定方程可以推知三元一次不定方程当 $(a,b,c)\nmid d$ 时,方程无整数解.

解三元一次不定方程,基本的思想是将三元一次不定方程转化为二元一次不定方程,具体的措施是通过设立中间参数来进行.下面举例说明这一思想在解三元一次不定方程时的应用.

例 3.17　求 $4x-9y+5z=8$ 的整数解.

解:令 $4x-9y=t,t$ 是整数,则有

$$t+5z=8.$$

解得 $4x-9y=t$ 的全部整数解为

$$
\begin{cases} x=-2t+9u, \\ y=-t+4u. \end{cases}
\quad (u \text{ 是整数})
$$

求得 $t+5z=8$ 的全部整数解为

$$
\begin{cases} t=3-5v, \\ z=1+v. \end{cases}
\quad (v \text{ 是整数})
$$

综合以上解答,可得原不定方程的解为

$$
\begin{cases} x=-6+10v+9u, \\ y=-3+5v+4u, \quad (u,v \text{ 为整数}) \\ z=1+v. \end{cases}
$$

对于三元一次不定方程,也常常要求出其正整数解.为此,可令其通解大于 0,但这往往需要解一个二元不等式组,这有一定的难度.下面介绍另一种求正整数解的方法.

例 3.18　求 $3x+2y+8z=40$ 的正整数解.

解:在 x,y,z 三个系数中,z 的系数最大,首先确定 z 的取值范围.因为所求的

x,y,z 要是正整数,故

$$1\leqslant z\leqslant\left[\frac{40-3-2}{8}\right]=4.$$

这里的 $\left[\dfrac{40-3-2}{8}\right]$ 表示取方括号中数的整数部分.

当 $z_1=1$ 时,$3x_1+2y_1=32$.

解这个二元一次不定方程,得

$$\begin{cases}x_1=32-2t_1,\\ y_1=-32+3t_1.\end{cases}(t_1\text{ 为整数})$$

当 $\dfrac{32}{3}<t_1<16$ 时,x_1,y_1 有正整数解.

取 $t_1=11,12,13,14,15$ 时,分别得以下五个正整数解:

$$\begin{cases}x_1=10,\\y_1=1;\end{cases}\begin{cases}x_1=8,\\y_1=4;\end{cases}\begin{cases}x_1=6,\\y_1=7;\end{cases}\begin{cases}x_1=4,\\y_1=10;\end{cases}\begin{cases}x_1=2,\\y_1=13.\end{cases}$$

当 $z_2=2$ 时,$3x_2+2y_2=24$.

同样可解得 $3x_2+2y_2=24$ 的以下三个正整数解:

$$\begin{cases}x_2=6,\\y_2=3;\end{cases}\begin{cases}x_2=4,\\y_2=6;\end{cases}\begin{cases}x_2=2,\\y_2=9.\end{cases}$$

当 $z_3=3$ 时,$3x_3+2y_3=16$.

同样可解得 $3x_3+2y_3=16$ 的两个正整数解:

$$\begin{cases}x_3=4,\\y_3=2;\end{cases}\begin{cases}x_3=2,\\y_3=5.\end{cases}$$

当 $z_4=4$ 时,$3x_4+2y_4=8$.

同样可解得 $3x_4+2y_4=8$ 有唯一正整数解:

$$\begin{cases}x_4=2,\\y_4=1.\end{cases}$$

于是可得,原不定方程共有以下十一个正整数解:

$$\begin{cases}x=10,\\y=1,\\z=1;\end{cases}\begin{cases}x=8,\\y=4,\\z=1;\end{cases}\begin{cases}x=6,\\y=7,\\z=1;\end{cases}\begin{cases}x=4,\\y=10,\\z=1;\end{cases}\begin{cases}x=2,\\y=13,\\z=1;\end{cases}\begin{cases}x=6,\\y=3,\\z=2;\end{cases}$$

$$\begin{cases}x=4,\\y=6,\\z=2;\end{cases}\begin{cases}x=2,\\y=9,\\z=2;\end{cases}\begin{cases}x=4,\\y=2,\\z=3;\end{cases}\begin{cases}x=2,\\y=5,\\z=3;\end{cases}\begin{cases}x=2,\\y=1,\\z=4.\end{cases}$$

3.3 其他不定方程解法举例

三元一次不定方程与二元一次不定方程比较,在求解的过程中多了一个可变参数,因而复杂一些.可以想象,随着元数或未知数次数的增加,要求不定方程的解是十分繁难的,并且还存在着广阔的未知领域.对于某些不是一次的不定方程,通过分析,可以求得它们的整数解,或判定没有整数解.

例 3.19 求不定方程 $xy=x^2+6$ 的所有整数解.

解:由 $xy=x^2+6$ 得,$x(x-y)=-6$.于是知 $x\mid(-6)$,从而 $x=\pm1,\pm2,\pm3,\pm6$.这样就可得 $xy=x^2+6$ 的所有整数解:

$$\begin{cases}x=1,\\y=7;\end{cases}\begin{cases}x=-1,\\y=-7;\end{cases}\begin{cases}x=2,\\y=5;\end{cases}\begin{cases}x=-2,\\y=-5;\end{cases}\begin{cases}x=3,\\y=5;\end{cases}\begin{cases}x=-3,\\y=-5;\end{cases}\begin{cases}x=6,\\y=7;\end{cases}\begin{cases}x=-6,\\y=-7.\end{cases}$$

例 3.20 是否有正整数 m,n 满足方程 $m^2+2010=n^2$?

解:将 $m^2+2010=n^2$ 化成

$$(n+m)(n-m)=2010.$$

当 m,n 为一奇一偶的正整数时,$n+m$ 与 $n-m$ 同为奇数;

当 m,n 同为奇或偶的正整数时,$n+m$ 与 $n-m$ 同为偶数.

除以上两种情况外,没有第三种情况了.

因为 2010 是偶数,故如有正整数 m,n 满足方程,则 $n+m$ 与 $n-m$ 必同为偶数,也就是 $(n+m)(n-m)$ 有因数 4.但 $2010=1005\times2$ 无因数 4,所以没有正整数满足方程 $m^2+2010=n^2$.

例 3.21 求 $x^2+y^2=z^2$ 的所有正整数解.

分析:$(3,4,5)$ 是这个不定方程的一个众所周知的解,且 $3,4,5$ 两两互质.显然,$(3n,4n,5n)$(n 为正整数)也是它的解.这启发我们,只要能求出 $x^2+y^2=z^2$ 的所有两两互质的正整数解 (x_0,y_0,z_0),那么由于 (nx_0,ny_0,nz_0) 也是它的解,从而我们就求出了全部正整数解.假设 (u,v,w) 是它的一个解,且 $(u,v,w)=m$,则有 $u=mx_0,v=my_0,w=mz_0$.于是由 $(mx_0)^2+(my_0)^2=(mz_0)^2$ 可得 $x_0^2+y_0^2=z_0^2$,而 $(x_0,y_0,z_0)=1$.

注意到,若 $(x_0,y_0,z_0)=1$,则 x_0,y_0,z_0 不可能全是偶数,也不可能有两个偶数,且也不可能三个数全为奇数,这一点是明显的.这就是说,从直角三角形的三边关系来说,只能是两直角边为奇数,斜边为偶数;或一直角边与斜边为奇数,另一直角边为偶数.除此之外,没有其他别的情况.但是,两直角边同为奇数是不可能的.事实上,若一直角边为 $2p+1$,另一直角边为 $2q+1$,则 $(2p+1)^2+(2q+1)^2=4(p^2+q^2+p+q)+2$,它能被 2 整除而不能被 4 整除.但任意偶数的平方能被 2 整除,任意奇数的平方不能被 2 整除.这说明两个奇数的平方和既非偶数的平方也非奇数的平方.

以上分析告诉我们,当直角三角形的三边两两互质时,三边的奇偶性配置只可能是这样的:一直角边为偶数,另一直角边和斜边为奇数.

根据以上分析,我们可以得到如下解法.

解:设 x 表示偶数直角边,y 表示奇数直角边,并令 $x=2u$,则有 $(2u)^2+y^2=z^2$,可得

$$4u^2=(z+y)(z-y).$$

因两奇数之和与差必为偶数,故可设

$$z+y=2v,\ z-y=2w.$$

由此可得

$$z=v+w,\ y=v-w.$$

这表明 $(v,w)=1$. 若不然,则可得 $(y,z)\neq1$,与 x,y,z 两两互质矛盾.
于是由 $4u^2=(z+y)(z-y),z+y=2v,z-y=2w$ 可得

$$4u^2=4vw,\ 即\ u^2=vw.$$

根据习题九第 $9(2)$ 题,v 和 w 为平方数,即可令 $v=a^2,w=b^2(a,b$ 为正整数,且 $a>b)$. 从而

$$z=v+w=a^2+b^2;$$
$$y=v-w=a^2-b^2.$$

所以

$$x^2=z^2-y^2=(a^2+b^2)^2-(a^2-b^2)^2=4a^2b^2.$$

即

$$x=2ab.$$

这样我们就得到了 $x^2+y^2=z^2$ 的两两互质的通解:

$$\begin{cases} x=2ab, \\ y=a^2-b^2, \\ z=a^2+b^2. \end{cases}$$

于是 $x^2+y^2=z^2$ 的全部正整数解为

$$\begin{cases} x=2abk, \\ y=(a^2-b^2)k, \\ z=(a^2+b^2)k. \end{cases}$$

其中 k,a,b 为正整数,$a>b$,$(a,b)=1$,a,b 具有不同的奇偶性.

习题十

1. 判断下列方程有无正整数解(无解说明理由,有解求出它的一个整数解).

(1) $16x-34y=7$;

(2) $54x+37y=1$;

(3) $3x+2y-5=6$;

(4) $90x-16=26y$.

2. 判断下列方程有无正整数解.

(1) $13x+15y=-8$;

(2) $6x=-7+9y$;

(3) $45x-8=13y$;

(4) $x^2-4y^2=1$.

3. 求下列方程的全部正整数解.

(1) $42x+34y-4=1$;

(2) $3x-y=8$;

(3) $1-7x=2y+1$;

(4) $73x+85y-7=0$.

4. 求下列方程的正整数解.

(1) $47x-97y=501$;

(2) $5x+20y=320$.

5. 求方程 $-8x+5y=200$ 小于 100 的正整数解.

6. 求方程 $23\times2^x+17\times3^y=2113$ 的正整数解.

7. 求适合方程 $3x+1=5y+4=7z+5$ 的全部正整数解.

8. 求 $\begin{cases} 5x+7y+2z=24, \\ 3x-y-4z=4 \end{cases}$ 的正整数解.

9. 求下列方程的正整数解.

(1) $7x+9y+2z=42$;

(2) $13x+6y+9z=83$.

10. 求下列不定方程整数解的通式.

(1) $6x-5y+3z=1$;

(2) $x+2y+11z=100$.

11. 求下列方程的正整数解.

(1) $2(x+y)=xy+7$;

(2) $x^2-y^2=36$;

（3）$x^2 - y^2 = xy$；

（4）$\dfrac{1}{x} + \dfrac{1}{y} = x + y$；

（5）$\dfrac{1}{x} - \dfrac{1}{y} = x - y$.

12. 某数被 7 除余 3，被 11 除余 4. 求符合条件的最小正整数.

13. 用载重 4 吨的大卡车和载重 2.5 吨的小货车运送货物. 现有货物总重量为 46 吨，要一次运完，且每辆汽车都要装足，那么大卡车和小货车各要几辆？

14. 我国古代问题："今有散钱不知其数，作七十七陌穿之，欠五十凑穿；若作七十八陌穿之，不多不少. 问钱数若干."（载《通原算法》）说明：这里的钱是圆形的铜制硬币，中有方孔，可一枚枚穿起来."作七十七陌穿之"，就是把七十七个穿成一串.

15. 取面值为 10 元、20 元和 50 元的纸币共 10 张，付钱 180 元，有几种不同的付钱方法？

16. 有两个正整数，和是 667，最小公倍数除以最大公约数所得的商是 120. 求这两个数.

17. 公元 4 世纪有个希腊数学家，在他所著的算术书中有一道这样的题：$x^2 - 60$ 为一完全平方数，求 x. 请你解答.

18. 我国古代问题："二数余一，五数余二，七数余三，九数余四，问本数."

19. 我国民间问题："一百个和尚分一百个馒头，青壮年和尚一人三个馒头，小和尚一人两个馒头，老和尚两人一个馒头，问老和尚、青壮年和尚和小和尚各多少个？"

20. 给定方程 $(x+a)(x+b) = 1$，其中 a 和 b 是不相等的整数，证明方程没有整数解.

第五节　同余初步

在日常生活中，有时我们需要注意的是某些整数被一个正整数除后所得的余数. 例如，2010 年的元旦是星期五，问 2011 年的元旦是星期几？因为 2010 年是平年，有 365 天，而 $365 = 7 \times 52 + 1$. 这里我们关心的是用 7 去除 365 后所得的余数. 这就是说，在生产生活实践中，我们常要关心的是同是几点钟或同是星期几等之类的问题，这类问题抽象为数学模型，那就是同余问题.

1　同余的概念和性质

1.1　同余的概念

同余这一概念及其符号表示是数学家高斯引入的，它在数学上有很广泛的应用.

定义 3.9　对于整数 a,b 及正整数 n，如果有

$$a = nq_1 + r_1 (0 \leqslant r_1 < n),$$
$$b = nq_2 + r_2 (0 \leqslant r_2 < n),$$

且 $r_1 = r_2$，则称 a,b 对于模 n 同余（或者说，对于模 n，a,b 同余），记作 $a \equiv b(\bmod\ n)$，此式称为同余式.

如 $19,37$ 除以 9，余数都是 1，即 $19 \equiv 37(\bmod\ 9)$.

推论 3.6　若 $a = nq + r(0 \leqslant r < n)$，则 $a \equiv r(\bmod\ n)$.

1.2　同余的性质

定理 3.34　a,b 对于模 n 同余的充要条件是：a 与 b 的差能被 n 整除.

证明：先证明条件的充分性.

设

$$a = nq_1 + r_1 (0 \leqslant r_1 < n),$$
$$b = nq_2 + r_2 (0 \leqslant r_2 < n),$$

则 $a - b = n(q_1 - q_2) + (r_1 - r_2)$.

因 $n \mid (a - b)$，故 $n \mid (r_1 - r_2)$.

而 $0 \leqslant r_1, r_2 < n$，则只有 $r_1 = r_2$.

即 $a \equiv b(\bmod\ n)$.

再证条件的必要性.

因 $a \equiv b(\bmod\ n)$，

则 $a = nq_1 + r, b = nq_2 + r, 0 \leqslant r < n$.

于是 $a - b = n(q_1 - q_2)$.

即 $n \mid (a - b)$.

综上所述，定理得证.

由此定理可知，若 n 不能整除 $a - b$，则 a,b 对于模 n 不同余，记作 $a \not\equiv b(\bmod\ n)$.

同余实际上反映的是两个数的一种关系 —— 对于同一个除数，它们的余数相同关系.

同余关系满足以下性质，即定理 3.35 至定理 3.39.

定理 3.35(同余性质 1)　$a \equiv a(\bmod\ n)$. 这就是自反性.

定理 3.36(同余性质 2)　若 $a \equiv b(\bmod\ n)$，则 $b \equiv a(\bmod\ n)$；反之亦然. 这就是对称性.

定理 3.37(同余性质 3)　若 $a \equiv b(\bmod\ n), b \equiv c(\bmod\ n)$，则 $a \equiv c(\bmod\ n)$. 这就是传递性.

定理 3.35 和定理 3.36 的证明很简单，留给读者.

下面证明定理 3.37.

证明：因 $a \equiv b \pmod n$，$b \equiv c \pmod n$，则由以上定理 $n \mid (a-b)$，$n \mid (b-c)$.

由定理 3.2　$n \mid [(a-b)+(b-c)]$，即 $n \mid (a-c)$.

由以上定理 $a \equiv c \pmod n$.

以上三条性质告诉我们，同余关系也是一种等价关系.

定理 3.38(同余性质 4)　若 $a \equiv b \pmod n$，$c \equiv d \pmod n$，则 $a+c \equiv b+d \pmod n$. 这说明同余具有可加性.

证明：因 $a \equiv b \pmod n$，$c \equiv d \pmod n$，则 $n \mid (a-b)$，$n \mid (c-d)$.

由定理 3.3　$n \mid [(a-b)+(c-d)]$，即 $n \mid [(a+c)-(b+d)]$. 也就是 $a+c \equiv b+d \pmod n$.

这一性质可以推广到多个同余式的情形.

推论 3.7　若 $a \equiv b \pmod n$，$c \equiv d \pmod n$，则 $a-c \equiv b-d \pmod n$.

证明由读者完成.

定理 3.39(同余性质 5)　若 $a \equiv b \pmod n$，$c \equiv d \pmod n$，则 $ac \equiv bd \pmod n$. 这说明同余具有可乘性.

证明：因 $a \equiv b \pmod n$，则 $n \mid (a-b)$. 从而 $n \mid (a-b)c$，即 $n \mid (ac-bc)$，也即 $ac \equiv bc \pmod n$. 同理 $bc \equiv bd \pmod n$. 因此，$ac \equiv bd \pmod n$.

显然，这一性质可以推广到多个同余式.

定理 3.40　$a \equiv r \pmod b$ 的充要条件是 $a+bn \equiv r \pmod b$，其中 a，n 是整数，b 是正整数.

证明：条件的充分性即推论 3.6.

下面证明条件的必要性.

因 n 是整数，故 $bn \equiv 0 \pmod b$.

又 $a \equiv r \pmod b$，由定理 3.38(同余性质 4) 有

$$a+bn \equiv r \pmod b.$$

细心的读者不难发现，同余的以上 5 条性质与相等的性质很相似，看来高斯使用"$\equiv$"这一符号表示同余，绝非偶然，它与相等的符号"$=$"的确很相似.

但要注意的是，同余式与等式毕竟是不同的，如在等式的两边同时除以一个不为 0 的数，等式仍然成立；但这一措施在同余式上使用却要慎重. 例如，对于同余式 $24 \equiv 14 \pmod 5$，显然是正确的. 因为用 5 分别去除 24 和 14，余数都是 4. 将这一同余式的两边同除以 2，得 $12 \equiv 7 \pmod 5$，显然这一同余式仍然成立. 因为 12 和 7 除以 5 的余数都是 2. 但对于同余式 $14 \equiv 10 \pmod 4$ 来说，就没有这么好的结果了. 因为虽然这一同余式是正确的，但它的两边同除以 2 后，变为 $7 \equiv 5 \pmod 4$，显然这是一个不正确的同余式. 因为用 4 分别去除 7 和 5，余数分别是 3 和 1，显然不同余了. 但如果将这一同余式的两边与模都除以 2，所得同余式 $7 \equiv 5 \pmod 2$

是成立的.

那么什么情况下,同余式的两边可以同时除以一个整数呢?

我们继续考查同余式 $24 \equiv 14 (\bmod 5)$ 和 $14 \equiv 10 (\bmod 4)$,由上述知道,在这两个同余式两边同除以 $(24,14) = (14,10) = 2$ 后,所得同余式 $12 \equiv 7 (\bmod 5)$ 仍然成立,而 $7 \equiv 5 (\bmod 4)$ 则不成立.原因是什么呢?考查同余式 $24 \equiv 14 (\bmod 5)$ 和 $14 \equiv 10 (\bmod 4)$,我们发现,对于同余式 $24 \equiv 14 (\bmod 5)$ 来说,$(24,5) = (14,5) = 1$,就是说,这一同余式的两边都与模互质;而对 $14 \equiv 10 (\bmod 4)$ 来说,则 $(14,4) = (10,4) = 2$,就是说,这一同余式的两边与模不互质,有大于 1 的公因子.但如果将同余式 $14 \equiv 10 (\bmod 4)$ 的两边与模都除以 2,所得同余式 $7 \equiv 5 (\bmod 2)$ 是成立的.

一般地,我们有以下定理.

定理 3.41 若 $ac \equiv bc (\bmod n)$,且 $(c,n) = d$,则 $a \equiv b (\bmod \frac{n}{d})$.

证明:因 $(c,n) = d$,由定理 3.26,存在 $(p,q) = 1$,使 $n = pd$,$c = qd$,于是有 $aqd \equiv bqd (\bmod pd)$.

把这一同余式用等式表示出来,即存在整数 k,使得

$$aqd - bqd = kpd,$$

从而有 $(a-b)q = kp$,

即 $p \mid q(a-b)$.

又 $(p \cdot q) = 1$,由定理 3.29,有 $p \mid (a-b)$.

再由定理 3.34 得 $a \equiv b (\bmod p)$,即 $a \equiv b (\bmod \frac{n}{d})$.

特别地:若 $ac \equiv bc (\bmod n)$,$(c,n) = 1$,则 $a \equiv b (\bmod n)$.

例 3.22 试求 50^{13} 被 7 除所得的余数.

解:由 $50 \equiv 1 (\bmod 7)$,

故 $50^{13} \equiv 1^{13} (\bmod 7)$.

即 $50^{13} \equiv 1 (\bmod 7)$.

所以 50^{13} 被 7 除所得的余数是 1.

例 3.23 如果 a,b 两数被 9 除所得的余数分别是 r_1, r_2,则 $ab \equiv r_1 r_2 (\bmod 9)$.

证明:设 $a \cdot b = c$,且 c 被 9 除所得的余数是 r_3.

因 $a \equiv r_1 (\bmod 9)$,$b \equiv r_2 (\bmod 9)$,

根据定理 3.39,有 $ab \equiv r_1 r_2 (\bmod 9)$.

而 $c \equiv r_3 (\bmod 9)$,$ab = c$,

由定理 3.36,$r_1 r_2 \equiv r_3 (\bmod 9)$.

利用这一规律可以检验乘除法运算的正确性.

因为如果 r_1r_2 与 r_3 对于模 9 不同余的话，那么 $ab \neq c$，说明计算错误；如果计算正确，则必有 $r_1r_2 \equiv r_3 \pmod 9$. 但要注意的是 $r_1r_2 \equiv r_3 \pmod 9$，并不一定就计算正确，因为 $r_1r_2 \equiv r_3 \pmod 9$ 只是 $ab = c$ 的必要条件.

根据这一性质，可以检验乘除法运算的正确性. 这种验算运算结果的方法通常称为弃九验算法（简称弃九法）.

例 3.24　验证 $102 \times 361 = 36822$ 的正确性.

解： 由 $102 \equiv 3 \pmod 9$，$361 \equiv 1 \pmod 9$，

而　$36822 \equiv 3 \pmod 9$，$3 \times 1 \equiv 3 \pmod 9$，

所以 $102 \times 361 = 36822$ 正确.

正如上述，由于 $r_1r_2 \equiv r_3 \pmod 9$ 只是 $ab = c$ 的必要条件，因此使用弃九法验算虽然速度快，但会有失效的可能性.

例 3.25　验证 $102 \times 361 = 36894$ 的正确性.

解： 由 $102 \equiv 3 \pmod 9$，$361 \equiv 1 \pmod 9$，

而　$36894 \equiv 3 \pmod 9$，$3 \times 1 \equiv 3 \pmod 9$，

故 $102 \times 361 = 36894$ 正确.

但 $102 \times 361 = 36894$ 显然错误，因为积的个位明显是 2，而不是 4. 这说明用弃九法验算失效. 其原因是 $36894 - 36822 = 72$，72 是 9 的倍数，所以弃九法失效.

能否把例 3.23 推广到一般的情形？即是否有"如果 a,b 两数被 n 除所得的余数分别是 r_1,r_2，则 $ab \equiv r_1r_2 \pmod n$". 请读者自己作出判断.

例 3.26　试求 9^{9^9} 的最末两位数字.

分析： 首先所谓 9^{9^9} 的最末两位数字是什么，即用 100 去除 9^{9^9} 的余数是什么；其次 9^{9^9} 是个很大的数，一时难以得到它除以 100 的余数.

由于 9^{9^9} 是 9^9 的幂，因此，我们只要求出 9^9 除以 100 所得的余数，题目即可获解. 不难知道：

9^2 的最末两个数字是 81；

9^3 的最末两个数字是 29；

9^4 的最末两个数字是 61；

9^5 的最末两个数字是 49；

9^6 的最末两个数字是 41；

9^7 的最末两个数字是 69；

9^8 的最末两个数字是 21；

9^9 的最末两个数字是 89.

9^9 的最末两个数字是 89 这一事实告诉我们，用 100 去除 9^9 所得的余数是 89，用同余式表示即

$$9^9 \equiv 89 \pmod{100}.$$

这一同余式,为解题奠定了一个良好的基础.因为 9^{9^9} 是 9^9 的方幂,所以我们就可以根据同余式的可乘性得到,$9^{9^9} \equiv 9^9 \pmod{100}$.

解:由 $9^9 \equiv 89 \pmod{100}$,

根据定理3.39(即同余性质5),$9^9 \cdot 9^9 \equiv 9^9 \pmod{100}$,即 $(9^9)^2 \equiv 9^9 \pmod{100}$.显然 9^{9^9} 是 9^9 的幂,因此我们只要反复应用定理3.39,必得 $9^{9^9} \equiv 9^9 \pmod{100}$.再根据定理3.37(即同余性质3),即得 $9^{9^9} \equiv 89 \pmod{100}$,亦即 9^{9^9} 的最末两个数字是89.

2　一次同余式

2.1　有关概念

对于同余式的研究,除了研究同余式中的数是已知的情况,还要研究同余式中含有未知数的情况.由于同余式与等式很相似,因此研究含有未知数的同余式可以像研究方程式那样去求出未知数的解.

以下就是同余式中含有未知数的几个例子.

$3x \equiv 1 \pmod 5$,$3x \equiv 1 \pmod 2$,$ax \equiv 3a \pmod a$,$2x + 3y \equiv 5 \pmod{21}$,$x^2 + 5x - 3 \equiv 0 \pmod 3$.

求出能满足同余式的未知数的所有值(或证明不可能找到能满足同余式的未知数的值),称为求同余式的解.能满足某一同余式中未知数的数值称为该同余式的解.与方程的解所不同的是,同余式的解是整数.

在同余式中,未知数的个数可能是一个、两个、三个 …… 未知数的次数也可能是一次、二次或其他方次.

套用对方程的说法,可以称 $3x \equiv 1 \pmod 5$,$3x \equiv 1 \pmod 2$,$ax \equiv 3a \pmod a$ 为一元一次同余式;称 $2x + 3y \equiv 5 \pmod{21}$ 为二元一次同余式;称 $x^2 + 5x - 3 \equiv 0 \pmod 3$ 为一元二次同余式,等等.

同样,方程有方程组,而同余也有同余式组.

根据同余的性质,我们对方程式所进行的变换,几乎全都可以搬用到同余上来.特别是可以将同余式中的各项改变正负号后从"$\equiv$"一边移到它的另一边,再利用移项、合并同类项等措施,可以把一个方程写成如下的右端为0的标准形式.

如同余式 $\qquad\qquad x^2 \equiv 1 - 2x \pmod 7$

可以化成 $\qquad\qquad x^2 + 2x - 1 \equiv 0 \pmod 7$.

而同余式 $\qquad\qquad 2x - 3y + 4 \equiv x - y + 1 \pmod 5$

可以化成 $\qquad\qquad x - 2y + 3 \equiv 0 \pmod 5$.

定义3.10　设 $f(x) = a_n x^n + a_{n-1} x^{n-1} + \cdots + a_1 x + a_0$,其中 $a_i(i = 1, 2, \cdots)$ 是整数;又设 m 是一正整数,则称

$$f(x) \equiv 0 (\text{mod } m) \tag{1}$$

为模为 m 的同余式. 若 $a_n \not\equiv 0 (\text{mod } m)$, 则 n 称为同余式(1)的次数.

本书只讨论一次同余式.

2.2 解一元一次同余式

定义 3.11 若 a 是使 $f(a) \equiv 0 (\text{mod } m)$ 成立的一个整数, 则 $x \equiv a (\text{mod } m)$ 称为同余式(1)的一个解. 这就是说, 今后我们把适合(1)式而对模 m 相互同余的一切整数都看作是(1)的同一个解.

例如, 对 $3x \equiv 1 (\text{mod } 5)$ 来说, 显然 $x = 2$ 是它的一个解, 而 $x = 7$ 也是它的一个解, $x = 12$ 也是它的一个解, 等等. 但 $2, 7, 12, \cdots$ 我们看作是 $3x \equiv 1 (\text{mod } 5)$ 的同一个解, 因而我们说 $x \equiv 2 (\text{mod } 5)$ 是 $3x \equiv 1 (\text{mod } 5)$ 的唯一解.

对 $2x \equiv 1 (\text{mod } 2)$ 来说, 则没有解, 因为任何一个偶数除以 2, 余数都不可能为 1.

再看 $ax \equiv 2a (\text{mod } a)$, 就有无穷多个解. 因为 x 取任何整数, a 取任何非零整数, 该同余式都成立(事实上, 以 a 去除 ax 和 $2a$, 余数都为 0, 即 ax 和 $2a$ 是同余的).

那么对于一元一次同余式, 怎样判断它是否有解, 又如何求出它的解?

我们知道, 只要除数不等于 0, 如果含有余数的除法, 那么除法总是可以实施的, 且总是有余数的(整除时, 余数为 0). 这就是说, 一元一次同余式总是有解的. 而根据同余式的性质, 就可求出一元一次同余式的解.

定理 3.42 一次同余式

$$ax + b \equiv 0 (\text{mod } m), a \not\equiv 0 (\text{mod } m) \tag{2}$$

有解的充分必要条件是 $(a, m) \mid b$.

若(2)有解, 则其解的个数(对于模 m)为 $d = (a, m)$.

证明: 由同余的定义, 易知(2)有解的充分必要条件是不定方程 $ax - my = b$ 有解. 从而由定理 3.32 知(2)有解的充分必要条件是 $(a, m) \mid b$.

因 $d = (a, m)$, 由定理 3.33 知适合(2)的一切整数解都可表为

$$x = m_1 t + x_0, m_1 = \frac{m}{d}, t = 0, \pm 1, \pm 2, \cdots$$

将它写成模为 m 的同余式就是

$$x \equiv x_0 + km_1 (\text{mod } m), k = 0, 1, 2, \cdots, d-1. \tag{3}$$

而 $x_0 + km_1, k = 0, 1, 2, \cdots, d-1$ 是对模 m 两两不同余的, 故(3)表示了(2)的 d 个解.

定理的证明告诉我们, 适合(2)的整数也是适合不定方程 $ax - my = b$ 的解中的 x 的值, 因此, 解同余式(2)也可以用解不定方程 $ax - my = b$ 的方法来解.

例 3.27 解同余式 $10x \equiv 6(\bmod 7)$.

解：由 $10x \equiv 6(\bmod 7)$ 得

$$5x \equiv 3(\bmod 7).$$

而

$$7x \equiv 7(\bmod 7),$$

故

$$2x \equiv 4(\bmod 7).$$

即

$$x \equiv 2(\bmod 7).$$

从而有

$$x = 2 + 7t(t = 0, \pm 1, \pm 2, \cdots).$$

当 $t = 0$ 时, $x \equiv 2(\bmod 7)$.

当 $t = \pm 1, \pm 2, \pm 3 \cdots$ 根据定理 3.33, 都可以化为 $x \equiv 2(\bmod 7)$. 因此, 原同余式有一个解 $x \equiv 2(\bmod 7)$.

由本例可知, 对于同余式 $ax \equiv b(\bmod m)$, 若 $(a, m) = 1$(或 $(b, m) = 1$), 则它有唯一解.

下面我们用解不定方程的方法来考虑本例的解法. 因 $10x \equiv 6(\bmod 7)$ 表示 $10x - 6$ 能被 7 整除, 也就是说有

$$10x - 6 = 7y(\text{其中 } y \text{ 是整数}), \text{即 } 10x - 7y = 6.$$

这一不定方程的通解是 $\begin{cases} x = 2 - 7t, \\ y = 2 - 10t. \end{cases}$ (t 是整数)

这意味着, 只要求出所有的 (x, y), 那么就求出了所有以 6 为模的同余数 $10x$ 和 $7y$. 于是同样有 $x \equiv 2(\bmod 7)$.

例 3.28 解一元一次同余式 $1075x \equiv 365(\bmod 490)$.

解：由 $(1075, 365, 490) = 5$,
于是原同余式即是

$$215x \equiv 73(\bmod 98).$$

又 $215x \equiv 2 \times 98x + 19x \equiv 19x(\bmod 98)$,
故原同余式即为

$$19x \equiv 73(\bmod 98).$$

由 $(19, 98) = 1$, 故 $19x \equiv 73(\bmod 98)$ 有解.
转化为解不定方程

$$19x - 98y = 73.$$

而 $98 = 19 \times 5 + 3, 19 = 6 \times 3 + 1,$

故 $1 = 19 - 6 \times 3 = 19 - 6 \times (98 - 19 \times 5) = 31 \times 19 - 6 \times 98.$

即 $73 = 19 \times (31 \times 73) - 98 \times (6 \times 73).$

于是　$x = 31 \times 73 = 2263.$

从而得　$19x \equiv 73 \pmod{98}$ 的一个解为

$$x \equiv 2263 \equiv 23 \times 98 + 9 \equiv 9 \pmod{98}.$$

由于 $490 = 98 \times 5$，所以得 $1075x \equiv 365 \pmod{490}$ 的 5 个解为

$$x \equiv 9 + k \cdot 98 \pmod{490}, k = 0,1,2,3,4.$$

即 $x \equiv 9 \pmod{490}, x \equiv 107 \pmod{490}, x \equiv 205 \pmod{490}, x \equiv 303 \pmod{490}, x \equiv 401 \pmod{490}.$

这一例子告诉我们，对于同余式

$$ax \equiv b \pmod{m},$$

若 $(a,b,m) = d$，则除以 d，可化为

$$a_1 x \equiv b_1 \pmod{m_1},$$

其中 $a_1 = \dfrac{a}{d}, b_1 = \dfrac{b}{d}, m_1 = \dfrac{m}{d}.$

假设 $a_1 x \equiv b_1 \pmod{m_1}$ 的解为

$$x \equiv c \pmod{m_1},$$

则 $ax \equiv b \pmod{m}$ 有 d 个解：

$$x \equiv c \pmod{m},$$

$$x \equiv c + m_1 \pmod{m},$$

$$x \equiv c + 2m_1 \pmod{m},$$

$$\vdots$$

$$x \equiv c + (d-1)m_1 \pmod{m}.$$

或者写成　$x \equiv c + k m_1 \pmod{m} (k = 0, 1, \cdots, d-1).$

2.3　解一元一次同余式组

由于任意一个一元一次同余式 $ax + b \equiv 0 \pmod{m}$ 都可以化成 $x \equiv c \pmod{m}$ 的形式，因此以下仅讨论形如

$$\begin{cases} x \equiv c_1 \pmod{m_1}, \\ x \equiv c_2 \pmod{m_2}, \\ x \equiv c_3 \pmod{m_3} \end{cases} \quad\quad (\text{I})$$

的同余式组的解法.

在讨论一般同余式组（Ⅰ）的解法之前,我们先看以下的具体例子.

例 3.29 我国古代算书《孙子算经》上有这样一个问题:

"今有物不知其数,三三数之剩二,五五数之剩三,七七数之剩二,问物几何?"这段话可翻译为:一个数除以 3 余 2,除以 5 余 3,除以 7 余 2,求适合这条件的最小数.这一问题我们在前一节中用不定方程的方法作了解答. 它也可用同余式来解决.

事实上《孙子算经》介绍了这类问题的解法.

首先,分别求出能被 5 和 7 整除而被 3 除余 1 的数(是 70),能被 3 和 7 整除而被 5 除余 1 的数(是 21),能被 3 和 5 整除而被 7 除余 1 的数(是 15).

然后,用 3,5,7 去除所要求数所得的余数,即 2,3,2,分别去乘这三个数,再相加. 即

$$70 \times 2 + 21 \times 3 + 15 \times 2 = 140 + 63 + 30 = 233.$$

最后从 233 中减去 3,5,7 的最小公倍数 105 的 2 倍,得 23. 这就是适合条件的最小数.

这类问题的解法原理在世界数学史上颇负盛名,中外数学家都称之为孙子定理或中国剩余定理.

以下就是具体的解题过程.

解:设所求的最小正整数为 x,则由题意得

$$\begin{cases} x \equiv 2 \pmod 3, \\ x \equiv 3 \pmod 5, \\ x \equiv 2 \pmod 7. \end{cases}$$

(1) $[5,7] = 35,$

$\quad 35 \equiv 2 \pmod 3.$

(2) $[3,7] = 21,$

$\quad 21 \equiv 1 \pmod 5.$

又 $\quad 3 \equiv 3 \pmod 5,$

由定理 3.40,

得 $\quad 63 \equiv 3 \pmod 5.$

(3) $[3,5] = 15,$

$\quad 15 \equiv 1 \pmod 7,$

又 $\quad 2 \equiv 2 \pmod 7,$

由定理 3.40,

得 $\quad 30 \equiv 2 \pmod 7.$

而 $35 + 63 + 30 = 128$,

由定理 3.40 可知

$$128 \equiv 2(\bmod\ 3),$$

$$128 \equiv 3(\bmod\ 5),$$

$$128 \equiv 2(\bmod\ 7).$$

故 128 符合问题所提的条件.

又 $[3,5,7] = 105$,

而 $128 \equiv 2(\bmod\ 3), 105 \equiv 0(\bmod\ 3)$,

据推论 3.7,

得 $128 - 105 \equiv 2 - 0(\bmod\ 3)$.

即 $23 \equiv 2(\bmod\ 3)$.

同理 $23 \equiv 3(\bmod\ 5), 23 \equiv 2(\bmod\ 7)$,

且 $23 < 128$,

所以适合条件的最小正整数是 23.

以上解法在《孙子算经》中可用表 3.3 表示.

表 3.3 例 3.29 的解法

除数	余数	最小公倍数	衍数	乘率	各总	答数	最小答数
3	2		5×7	2	$35 \times 2 \times 2$		
5	3	$3 \times 5 \times 7 = 105$	7×3	1	$21 \times 1 \times 3$	$140 + 63 + 30 = 233$	$233 - 2 \times 105 = 23$
7	2		3×5	1	$15 \times 1 \times 2$		

把上例的解法一般化,就是定理 3.43(中国剩余定理或孙子定理).

定理 3.43 设 m_1, m_2, m_3 是两两互质的正整数,令

$m = m_1 m_2 m_3 = M_1 m_1 = M_2 m_2 = M_3 m_3$,则同余式组(Ⅰ)的解是

$$x \equiv M'_1 M_1 c_1 + M'_2 M_2 c_2 + M'_3 M_3 c_3(\bmod\ m),$$

其中 $M'_i M_i \equiv 1(\bmod\ m_i)(i = 1, 2, 3)$.

证明: 因 $(m_1, m_2) = (m_2, m_3) = (m_1, m_3) = 1$,故由定理 3.28 知 $(m_1, M_1) = (m_2, M_2) = (m_3, M_3) = 1$.

由定理 3.42 即知,对 M_1,有 M'_1;对 M_2,有 M'_2;对 M_3,有 M'_3,使得

$$M'_1 M_1 \equiv 1(\bmod\ m_1), M'_2 M_2 \equiv 1(\bmod\ m_2), M'_3 M_3 \equiv 1(\bmod\ m_3).$$

而 $m = m_1 M_1 = m_2 M_2 = m_3 M_3$,则 $m_1 \mid M_2, m_1 \mid M_3; m_2 \mid M_1, m_2 \mid M_3;$

$m_3 \mid M_1, m_3 \mid M_2$. 于是

$$M'_1 M_1 c_1 + M'_2 M_2 c_2 + M'_3 M_3 c_3 \equiv M'_i M_i c_i \equiv c_i (\bmod m_i), i = 1, 2, 3$$

即为同余式组（Ⅰ）的解.

若 x_1, x_2 是适合同余式组（Ⅰ）的两个解，则

$$x_1 \equiv x_2 (\bmod m_i), i = 1, 2, 3.$$

又 $(m_1, m_2) = (m_2, m_3) = (m_1, m_3) = 1$，故 $x_1 \equiv x_2 (\bmod m)$. 这说明同余式组（Ⅰ）的解只有 $x \equiv M'_1 M_1 c_1 + M'_2 M_2 c_2 + M'_3 M_3 c_3 (\bmod m)$.

至此，定理得证.

根据定理 3.43，例 3.29 的解答过程可以改写如下：

因 $m = 3 \times 5 \times 7 = 105, M_1 = 5 \times 7 = 35, M_2 = 3 \times 7 = 21, M_3 = 3 \times 5 = 15$，则得 $35M'_1 \equiv 1(\bmod 3), 21M'_2 \equiv 1(\bmod 5), 15M'_3 \equiv 1(\bmod 7)$. 于是可得符合这三个同余式的最小正整数 M'_1, M'_2, M'_3 为

$$M'_1 = 2, M'_2 = 1, M'_3 = 1.$$

所以 $x \equiv 2 \times 35 \times 2 + 1 \times 21 \times 3 + 1 \times 15 \times 2 (\bmod 105)$

$$\equiv 233(\bmod 105) \equiv 23(\bmod 105).$$

例 3.30 解同余式组

$$\begin{cases} x \equiv c_1(\bmod 5), \\ x \equiv c_2(\bmod 6), \\ x \equiv c_3(\bmod 7), \\ x \equiv c_4(\bmod 11). \end{cases}$$

解：因 $5, 6, 7, 11$ 两两互质，故 $m = 5 \times 6 \times 7 \times 11 = 2310. M_1 = 6 \times 7 \times 11 = 462, M_2 = 5 \times 7 \times 11 = 385, M_3 = 5 \times 6 \times 11 = 330, M_4 = 5 \times 6 \times 7 = 210.$ 解同余式

$$462M'_1 \equiv 1(\bmod 5), 385M'_2 \equiv 1(\bmod 6),$$
$$330M'_3 \equiv 1(\bmod 7), 210M'_4 \equiv 1(\bmod 11).$$

得 $M'_1 = 3, M'_2 = 1, M'_3 = 1, M'_4 = 1.$

所以

$$x \equiv 3 \times 462c_1 + 385c_2 + 330c_3 + 210c_4 (\bmod 2310)$$

即为所求.

3 同余式应用举例

根据同余式的概念，凡可以归结为余数的问题，都可以考虑试用同余式来解决. 前面我们已经看到了几个相关的例子，下面再看几个应用同余式来解决的

例子.

在讨论数的整除性质时,我们讨论过能被 9,11 整除的数的特征,下面我们从同余的角度再来讨论能被 9,11 整除的数的特征.

例 3.31 证明能被 9 整除的数的特征是这个数的各个数位上的数字所表示的数之和能被 9 整除.

证明: 设这个数是由 $a,b,\cdots,x,y$ 这些数字所组成的一个 n 位数,即有数

$$ab\cdots xy.$$

请注意这不是表示 $a,b,\cdots,x,y$ 的积,它只是表示一个各个数位上的数字分别是 $a,b,\cdots,x,y$ 的一个 n 位数,就如同我们平时写一个数一样.这个数还可以表示成

$$a \cdot 10^n + b \cdot 10^{n-1} + \cdots + x \cdot 10 + y.$$

显然有 $y \equiv y \pmod 9, 10 \equiv 1 \pmod 9, \cdots, 10^{n-1} \equiv 1 \pmod 9, 10^n \equiv 1 \pmod 9$,因此,由定理 3.39 有

$$\left. \begin{array}{r} a \cdot 10^n \equiv a \\ b \cdot 10^{n-1} \equiv b \\ \vdots \\ x \cdot 10 \equiv x \\ y \equiv y \end{array} \right\} \pmod 9.$$

再由定理 3.38 即得

$$a \cdot 10^n + b \cdot 10^{n-1} + \cdots + x \cdot 10 + y \equiv (a + b + \cdots + x + y) \pmod 9.$$

这就证明了所要证明的结论.

例 3.32 把一个数所对应的数字自右至左每两位分成一组(当该数的位数是奇数时,最左边的一组只有一个数字),这个数能被 11 整除的数的特征是各组数字所表示的数的和能被 11 所整除.

证明: 同上例一样,设 $N = abc\cdots xyz$ 是一个由 $a,b,c,\cdots,x,y,z$ 这些数字所组成的数.然后我们自右至左将这个数每两位分成一组:

若 N 是个 $2n$ 位数,则自右至左每两位分组后得, $N = ab'cd'\cdots'wx'yz$,于是有 $N = ab \cdot 100^n + cd \cdot 100^{n-1} \cdots + wx \cdot 100 + yz$;

若 N 是个 $2n+1$ 位数,则自右至左每两位分组后得, $N = a'bc'\cdots'wx'yz$,于是有 $a \cdot 100^{n+1} + bc \cdot 100^n + \cdots + wx \cdot 100 + yz$.

而显然 $100 \equiv 1 \pmod{11}$,从而由定理 3.39,有 $100^n \equiv 1 \pmod{11}$.

当 N 是个 $2n$ 位数时,又有

$$\left.\begin{array}{l} ab \cdot 100^n \equiv ab \\ cd \cdot 100^{n-1} \equiv cd \\ \vdots \\ wx \cdot 100 \equiv wx \\ yz \equiv yz \end{array}\right\} (\bmod\ 11).$$

再由定理 3.38,得

$$ab \cdot 100^n + cd \cdot 100^{n-1} \cdots + wx \cdot 100 + yz \equiv (ab + cd + \cdots + wx + yz)(\bmod\ 11).$$

当 N 是个 $2n+1$ 位数时,同样有

$$\left.\begin{array}{l} a \cdot 10^{n+1} \equiv a \\ bc \cdot 10^n \equiv bc \\ \vdots \\ wx \cdot 100 \equiv wx \\ yz \equiv yz \end{array}\right\} (\bmod\ 11).$$

又由定理 3.38,得

$$a \cdot 100^{n+1} + bc \cdot 100^n + \cdots + wx \cdot 100 + yz$$
$$\equiv (a + bc + \cdots + wx + yz)(\bmod\ 11).$$

综上所述,命题得证.

在前面已经讨论了如何使用弃九法来验算乘、除法的正确性,根据以上例题,还可以更简单地使用弃九法验算.

例 3.33　检验 $3748 \times 6236 = 23372528$ 是否正确.

解:由 $3748 \equiv 3+7+4+8 \equiv 4(\bmod\ 9)$,

$$6236 \equiv 6+2+3+6 \equiv 8(\bmod\ 9),$$

$$23372528 \equiv 2+3+3+7+2+5+2+8 \equiv 5(\bmod\ 9),$$

又　$4 \times 8 \equiv 5(\bmod\ 9)$,

故 $3748 \times 6236 = 23372528$ 正确.

下面再看一个应用同余式组的例子.

例 3.34　韩信点兵:有兵一队,若列成五行纵队,则末行一人;成六行纵队,则末行五人;成七行纵队,则末行四人;成十一行纵队,则末行十人,求兵数.

解:设兵数为 x,则由题意可得

$$\begin{cases} x \equiv 1(\bmod\ 5), \\ x \equiv 5(\bmod\ 6), \\ x \equiv 4(\bmod\ 7), \\ x \equiv 10(\bmod\ 11). \end{cases}$$

对照例 3.30 知, $c_1 = 1, c_2 = 5, c_3 = 4, c_4 = 10$, 而 $m = 5 \times 6 \times 7 \times 11 = 2310$,

代入

$$x \equiv 3 \times 462 c_1 + 385 c_2 + 330 c_3 + 210 c_4 (\bmod\ 2310)$$

得　　　　$$x \equiv 3 \times 462 + 385 \times 5 + 330 \times 4 + 210 \times 10 (\bmod\ 2310)$$

$$\equiv 6731 (\bmod\ 2310) = 2111 (\bmod\ 2310).$$

答：兵数为 2111.

 习题十一

1. 2009 年的国庆节是星期四, 2010 年的国庆节是星期几？

2. 用同余式表示.

(1) 45, 94 被 7 除, 得到的余数都是 3；

(2) 一个数被 2 除余 1.

3. 甲数是乙数的 7 倍, 试证甲、乙两数对于模 6 同余.

4. 已知：$x_1 + x_2 = 5a + 8$, $x_1 \cdot x_2 = 20a + 16$. 求证：x_1, x_2 对于模 a(a 是正整数) 同余.

5. 解答下列各题.

(1) 求 13^{50} 被 3 除所得的余数；

(2) 求 45^{21} 被 11 除所得的余数；

(3) 求 2^{24} 被 61 除所得的余数；

(4) 求 3^{16} 被 19 除所得的余数.

6. 用弃九法验算下列计算是否正确.

(1) $16 \times 937 \times 1559 = 23373528$；

(2) $23372428 \div 6236 = 3748$.

7. 设 $a \equiv r_1 (\bmod\ 9), b \equiv r_2 (\bmod\ 9), c \equiv r_3 (\bmod\ 9)$, 举例说明, 虽有 $r_1 r_2 \equiv r_3 (\bmod\ 9)$, 但 $ab \neq c$.

8. 试举一个用弃九法验算失效的例子.

9. 若 a, b 两数被 n 除所得的余数分别是 r_1, r_2, 则 $ab \equiv r_1 r_2 (\bmod\ n)$.

10. 化简.

(1) $2 \times (a - 2b + 11) \equiv (116 - 3a) (\bmod\ 11)$；

(2) $5 \times (2m + 3) \equiv 2 \times (12n - m) (\bmod\ 9)$.

11. 解下列同余式.

(1) $4x \equiv 12 (\bmod\ 5)$；

(2) $30x \equiv 42 (\bmod\ 9)$.

12. 解下列同余式组.

(1) $\begin{cases} x \equiv 1 \pmod 2, \\ x \equiv 2 \pmod 3, \\ x \equiv 3 \pmod 5; \end{cases}$

(2) $\begin{cases} x \equiv 1 \pmod 7, \\ 3x \equiv 4 \pmod 5, \\ x \equiv 0 \pmod 9. \end{cases}$

13. 求证.

(1) 在 $ax \equiv b \pmod n$ 中,a, b 为正整数,$(a, b) = 1$,若有解,则只有一个解;

(2) 同余式组

$$\begin{cases} x \equiv c \pmod{n_1}, \\ x \equiv c \pmod{n_2}, \\ x \equiv c \pmod{n_3} \end{cases}$$

的解是 $x \equiv c \pmod n$,$n = [n_1, n_2, n_3]$.

14. 一个数除以 3 余 2,除以 5 余 2,除以 7 余 4,求适合这条件的最小数.

15. 求 7^{7^7} 的最后两位数字组成的数.

16. 新生入学分组开座谈会,每组 5 人多 1 人,每组 6 人多 2 人,每组 7 人多 3 人.新生至少有几人?

17. 用一辆卡车运货物,如果每次运 9 袋余 1 袋,每次运 8 袋余 3 袋,每次运 8 袋余 2 袋.这批货至少有几袋?

18. 今有牛五羊二,值金十两;牛二羊五,值金八两.问牛羊各值金几何?

19. 今有物不知其数,九九数之,八八数之 …… 三三数之,二二数之皆余一,问物几何?

20. 一队学生二二报数,三三报数,五五报数,七七报数,其末尾学生的报数分别是一、二、三、四,求学生人数.

第四章 分 数

　　分数是小学数学的又一重要内容,从自然数到分数,这是数概念的一次重大拓展.分数概念的产生,是人类对数认识的一个飞跃.分数产生于人类的社会实践和数学本身发展的需要.分数的许多内容可看作是自然数相关内容的推广,因此,相关部分内容的学习可与自然数相应内容的学习进行类比.

　　本章主要讨论分数的概念和性质、分数的四则运算、分数应用题等.

第一节　分数的概念和性质

1　分数的定义

1.1　分数的产生

　　分数的产生有两个途径:一是生产生活实践的需要,二是数学发展的需要.从生产生活实践上说,遇到的一个问题就是度量的需要.用一个作为标准的单位 A(度量单位),比如说米,去度量另一个量 B,如果量了 3 次有多,4 次不到,就是 B 含有 3 个 A 还多,但不足 4 个 A.这样我们既不能用自然数 3 也不能用自然数 4 表示这一度量结果,说明仅有自然数是不够的.这时就需要用更小的度量单位作标准,去再度量.但此时将会出现两种情况:

　　(1) 无论你将那个标准单位 A 怎么等分,都不能恰好量尽另一个量 B.这种情况称为两个量 A 和 B 不能公度.如我们已经知道,正方形的边长与其对角线就是不可公度的两个量,即我们无论把正方形的边长分几等份,用其中的 1 等份去量对角线,都不能恰好量尽.这样就产生了一种新的数,即无理数—— 无限不循环小数.如我们以正方形的边长为度量的标准单位去量其对角线,则量了 1 次有余,2 次不到;再将正方形的边长分 10 等份,用其中的 1 等份去量剩余部分,量得 4 次有余,5 次不到;再将这一小的度量标准 10 等份,用其中的 1 等份去度量刚度量剩余的部分,那么量得 1 次有余,2 次不到;又再将这更小的度量单位 10 等份,用其中 1 等份去量刚才度量剩余的部分,量得 4 次有余,5 次不到;依次下去,我们永远也量不尽正方形的对角线.把这一过程用符号表示出来,即正方形的对角线,其长为 1.41421⋯ 这是一个无限不循环小数.

　　(2) 把那个作为度量标准的量 A 分成若干等份,用其中的 1 等份去度量另一个

量 B,恰好量尽.这也需要有一种新的数来表示度量结果.如把标准单位 A 等分为 5 份,用其中的 1 份去量 B,量了 3 次,恰好量尽;如果没量尽,我们可以把标准单位 A 重新等分,比如等分成 4 份,再用其中的 1 份去量 B,量了 3 次,就恰好量尽了.这样也要引进一种新的数来表示这一度量结果.

1.2 分数的定义

由上述讨论的第二种情况可知,为了表示其度量结果,需要有用两个自然数表示的数,如 4 和 3,这个新的数写成 $\frac{3}{4}$.一般地,如果把标准单位分成 n 等份,量了 m 次恰好量尽,那么就用 $\frac{m}{n}$ 来表示度量结果.

定义 4.1 形如 $\frac{m}{n}$(n 为大于 1 的自然数,m 为非零自然数)的数称为分数.m 称为这个分数的分子,n 称为这个分数的分母,中间的横线称为分数线,$\frac{m}{n}$ 读作"n 分之 m".

在上面讨论的度量中,我们把那个度量的标准单位 A 作为单位"1",然后把单位"1"平均分成 n 份,这样的一份叫作 n 分之一,记作 $\frac{1}{n}$;再用 $\frac{1}{n}$ 作为新的度量单位去量 B,得到它有 m 个 $\frac{1}{n}$,就是 $\frac{m}{n}$,这个新的度量单位 $\frac{1}{n}$ 叫作分数单位(又称单位分数).如前述的 $\frac{3}{4}$,表示有 3 个 $\frac{1}{4}$,$\frac{1}{4}$ 就是一个分数单位.

根据以上讨论,我们可以这样来理解分数:分数 $\frac{m}{n}$ 表示把单位"1"平均分成 n 份,表示 m 个这样的一份的数.分母 n 表示把单位"1"等分的份数,分子 m 表示有这样的几份.这就是分数的实际含义.

我们还可以通过下例从另外的角度来理解分数的另一种实际含义.

例如,把 3 块同样大小的圆饼平均分给 4 个人,每人分不到一个圆饼,但是我们先可以把每块饼平均分成 4 份,其中每 1 份都是一块饼的 $\frac{1}{4}$.然后依次把每块饼平均分给 4 个人,这样每人每次都得到一块饼的 $\frac{1}{4}$,三次就分得 3 个 $\frac{1}{4}$,就是分得一块饼的 $\frac{3}{4}$.这就是说,分数 $\frac{3}{4}$ 是 $3 \div 4$ 的结果.因此,为了使除法运算总可以实施,也需要引进分数.这就说明了,数学自身的发展也需要引进新的数——分数.

这告诉我们这样一种新的关系:

分数 $\frac{m}{n}$ 还可以理解为,把 m 个单位分成 n 等份,表示这样一份的数.就是说,$\frac{m}{n}$ 可以表示为 m 除以 n 的结果,即分数与除法有以下关系:

$$m \div n = \frac{m}{n}.$$

其中,分子相当于除法中的被除数,分母相当于除数,分数线相当于除号,分数值相当于除法中的商.在除法中,除数不能是零;在分数中,分母也不能是零.但这并不是说,分数等同于除法,两者还是有区别的.分数是一个数,除法是一种运算.

从分数的产生考虑,定义分数 $\frac{m}{n}$ 中的 m 是非零自然数,n 是大于1的自然数.但由于这一定义有较大的限制性,而由于数学本身的需要,应该放宽限制,这样我们就有分数的以下定义.

定义 4.2 设 $a,b \in \mathbf{N}, a \neq 0$,使等式 $a \cdot c = b$ 成立的唯一的数 c 称为分数,记作 $c = \frac{b}{a}$.其中分数的读法与分数各部分的名称与定义4.1完全相同.

特别地,当 $a = 1$ 时,$\frac{b}{a} = \frac{b}{1} = b$;当 $b = 0$ 时,$\frac{b}{a} = \frac{0}{a} = 0$.这样,对于任何自然数 a,都可以表示成分母是1的分数,即 $a = \frac{a}{1}$ 的形式.这就是说,自然数可以看成是特殊的分数.

顺便指出,本章的英文字母 $a,b,c,\cdots$ 若无特殊说明,均指自然数,且所指分数是指正分数.

2　分数的相等与不等

定义 4.3 若 $bc = ad$,则称 $\frac{b}{a}$ 等于 $\frac{d}{c}$,记作 $\frac{b}{a} = \frac{d}{c}$.

根据以上分数相等的定义,容易得到:

定理 4.1 $\frac{b}{a} = \frac{b}{a}$.

定理 4.2 若 $\frac{b}{a} = \frac{d}{c}$,则 $\frac{d}{c} = \frac{b}{a}$.

证明由读者完成.

定理 4.3 若 $\frac{b}{a} = \frac{d}{c}, \frac{d}{c} = \frac{f}{e}$,则 $\frac{b}{a} = \frac{f}{e}$.

证明: 由 $\frac{b}{a} = \frac{d}{c}, \frac{d}{c} = \frac{f}{e}$ 有,$bc = ad, de = cf$,则 $(bc) \cdot (de) = (ad) \cdot (cf)$.

于是得 $(be) \cdot (cd) = (dc) \cdot (af)$,从而有 $be = af$,则得 $\frac{b}{a} = \frac{f}{e}$.

定义 4.4 若 $bc > ad$,则称 $\frac{b}{a}$ 大于 $\frac{d}{c}$,记作 $\frac{b}{a} > \frac{d}{c}$;或称 $\frac{d}{c}$ 小于 $\frac{b}{a}$,记作 $\frac{d}{c} < \frac{b}{a}$.

定理 4.4 若 $\dfrac{b}{a} > \dfrac{d}{c}, \dfrac{d}{c} > \dfrac{f}{e}$，则 $\dfrac{b}{a} > \dfrac{f}{e}$.

证明：由 $\dfrac{b}{a} > \dfrac{d}{c}, \dfrac{d}{c} > \dfrac{f}{e}$，可得 $bc > ad, de > cf$. 从而 $(bc) \cdot (de) > (ad) \cdot (cf)$，则有 $be > af$，即得 $\dfrac{b}{a} > \dfrac{f}{e}$.

根据分数不等的定义 4.4，显然有

定理 4.5 对于分数 $\dfrac{b}{a}$ 与 $\dfrac{c}{a}$，若 $b > c$，则 $\dfrac{b}{a} > \dfrac{c}{a}$.

证明由读者完成.

定理 4.6 对于分数 $\dfrac{b}{a}$ 与 $\dfrac{b}{c}, b \neq 0$，若 $a > c$，则 $\dfrac{b}{a} < \dfrac{b}{c}$.

证明由读者完成.

定理 4.7 对于任意两个分数 $\dfrac{b}{a}, \dfrac{d}{c}$，则 $\dfrac{b}{a} > \dfrac{d}{c}, \dfrac{b}{a} = \dfrac{d}{c}, \dfrac{b}{a} < \dfrac{d}{c}$ 三种关系有且只有一种成立.

证明：因为 $bc > ad, bc = ad, bc < ad$ 有且只有一种成立.

3 分数的性质

定理 4.8（分数的基本性质） $0 \neq k \in \mathbf{N}$，有 $\dfrac{b}{a} = \dfrac{b \times k}{a \times k}$ 或 $\dfrac{b}{a} = \dfrac{b \div k}{a \div k}$，其中 $k \mid b, k \mid a$.

证明：因 $b(ak) = bak$，且 $(bk)a = bka = bak$，即有 $b(ak) = (bk)a$，从而得 $\dfrac{b}{a} = \dfrac{b \times k}{a \times k}$.

又 $\dfrac{b \div k}{a \div k} = \dfrac{(b \div k) \times k}{(a \div k) \times k} = \dfrac{b}{a}$. 综上所述，命题得证.

定理 4.9 对任意的 $\dfrac{b}{a} > 0$，必有 $\dfrac{d}{c} > 0$ 存在，使得 $\dfrac{b}{a} > \dfrac{d}{c}$.

证明：因对任意 $a > 0, b(a+a) = ba + ba > ba$，故 $\dfrac{b}{a} > \dfrac{b}{a+a}$. 令 $\dfrac{b}{a+a} = \dfrac{d}{c}$ 即得证.

这一定理说明不存在最小的正分数.

定理 4.10 若 $\dfrac{b}{a} > \dfrac{f}{e}$，则必有 $\dfrac{b}{c}$ 存在，使 $\dfrac{b}{a} > \dfrac{d}{c} > \dfrac{f}{e}$.

证明：因 $\dfrac{b}{a} > \dfrac{f}{e}$，故 $be > af$. 于是 $ab + be > ab + af, be + ef > af + ef$.

即有 $b(a+e) > a(b+f), e(b+f) > f(a+e)$，也即 $\dfrac{b}{a} > \dfrac{b+f}{a+e}, \dfrac{b+f}{a+e} > \dfrac{f}{e}$.

令 $\dfrac{b+f}{a+e}=\dfrac{d}{c}$，即得 $\dfrac{b}{a}>\dfrac{d}{c}>\dfrac{f}{e}$.

这一定理说明了分数的稠密性.

4　约分和通分

4.1　约分

定义 4.5　把一个分数的分子、分母分别除以它们的非 1 公约数，化成与原分数相等的分数，称为约分.

定义 4.6　分子和分母互质的分数称为既约分数(或称最简分数).

约分时，通常要约成最简分数.

约分一般有两种方法：

（1）逐次约分法

用分数的分子和分母的公约数逐次去除分子和分母，直到得出一个既约分数的约分方法.

例 4.1　约简 $\dfrac{60}{72}$.

解：$\dfrac{60}{72}=\dfrac{30}{36}=\dfrac{15}{18}=\dfrac{5}{6}$.

（2）一次约分法

先求出分子和分母的最大公约数，再用这最大公约数去除分子和分母的约分方法. 这样的约分所得到的一定是既约分数.

例 4.2　约简 $\dfrac{142}{213}$.

解：由 $(142,213)=71$，

故 $\dfrac{142}{213}=\dfrac{142\div 71}{213\div 71}=\dfrac{2}{3}$.

4.2　通分

定义 4.7　把几个分数化成分母相同而又不改变每一个分数大小的分数，称为通分. 通分时所化成的相同的分母，称为这几个分数的公分母.

通分的方法一般是用原来几个分数的分母的最小公倍数作公分母的.

例 4.3　把 $\dfrac{7}{12}$ 和 $\dfrac{5}{9}$ 通分.

解：由 $[12,9]=36$，

故 $\dfrac{7}{12}=\dfrac{7\times 3}{12\times 3}=\dfrac{21}{36}$,

$\dfrac{5}{9}=\dfrac{5\times 4}{9\times 4}=\dfrac{20}{36}$.

通过通分，可以对两个分数进行大小比较.

4.3 真分数和假分数

定义 4.8 分子(不为 0)小于分母的分数称为真分数;分子大于或等于分母的分数称为假分数.

根据这一定义,显然可知:若 $\dfrac{b}{a}$ 是真分数,则 $0 < \dfrac{b}{a} < 1$;若 $\dfrac{b}{a}$ 是假分数,则 $\dfrac{b}{a} \geqslant 1$.

定理 4.11 若 $\dfrac{b}{a}$ 是一真分数,m 是一正整数,则 $\dfrac{b}{a} < \dfrac{b+m}{a+m}$.

证明: 因 $\dfrac{b}{a}$ 是一真分数,即 $b < a$,故有 $bm < am$,即有 $ba + bm < ba + am$. 于是得 $b(a+m) < a(b+m)$,即 $\dfrac{b}{a} < \dfrac{b+m}{a+m}$.

问题:若定理 4.11 中 $\dfrac{b}{a}$ 是一假分数,将有什么结论?

例 4.4 证明:$1 < \dfrac{2010}{2011+2012} + \dfrac{2011}{2010+2012} + \dfrac{2012}{2010+2011} < 2$.

证明:
$$1 = \dfrac{2010}{2010+2011+2012} + \dfrac{2011}{2010+2011+2012} + \dfrac{2012}{2010+2011+2012}$$
$$< \dfrac{2010}{2011+2012} + \dfrac{2011}{2010+2012} + \dfrac{2012}{2010+2011}$$
$$< \dfrac{2010+2010}{2010+2011+2012} + \dfrac{2011+2011}{2010+2011+2012} + \dfrac{2012+2012}{2010+2011+2012}$$
$$= \dfrac{2 \times (2010+2011+2012)}{2010+2011+2012} = 2.$$

习题十二

1. 试说明分数 $\dfrac{b}{a}$ 的实际含义.

2. 看一看小学数学课本中是怎样教学分数的两种具体含义的.

3. 证明:若 $\dfrac{b}{a} = \dfrac{d}{c}$,则 $\dfrac{d}{c} = \dfrac{b}{a}$.

4. 证明:若 $b > c$,则 $\dfrac{b}{a} > \dfrac{c}{a}$.

5. 设有分数 $\dfrac{b}{a}, \dfrac{d}{c}$($a, b, c, d$ 是正整数),且 $\dfrac{b}{a} < \dfrac{d}{c}$,试在 $\dfrac{b}{a}$ 与 $\dfrac{d}{c}$ 之间写出 5 个分数,并将这 7 个分数从小到大排列起来.

6. 试证:当且仅当 $a < b$ 时,有 $\dfrac{c}{a} > \dfrac{c}{b}$($a,b,c$ 是正整数).

7. 设 $\dfrac{b}{a}$ 是个假分数,试证 $\dfrac{b}{a} \geqslant \dfrac{b+m}{a+m}$($m$ 是正整数).

8. 设有分数 $\dfrac{b}{a}$,$\dfrac{d}{c}$(a,b,c,d 是正整数),且 $\dfrac{b}{a} > \dfrac{d}{c}$,试证 $\dfrac{b}{a} > \dfrac{b+d}{a+c} > \dfrac{d}{c}$.

第二节　分数的加减法

1　分数的加法

1.1　分数加法的定义

定义 4.9　分数 $\dfrac{bc+da}{ac}$ 称为分数 $\dfrac{b}{a}$ 与 $\dfrac{d}{c}$ 的和,记作 $\dfrac{b}{a}+\dfrac{d}{c}=\dfrac{bc+da}{ac}$.求两个分数的和的运算称为分数的加法.

下面我们来讨论这样定义分数加法的合理性.

首先,这一定义考虑到使自然数的运算定律也适合于分数.

事实上,若设 $x=\dfrac{b}{a}$,$y=\dfrac{d}{c}$,则由分数定义 4.2 就有

$$ax = b, cy = d.$$

如果自然数的运算定律适用于分数,那么有

$$acx = bc, acy = da.$$

以上两式两边分别相加,得

$$acx + acy = bc + da.$$

即有

$$ac(x + y) = bc + da.$$

于是有

$$x + y = \dfrac{bc + da}{ac}.$$

这说明这样定义分数加法是可行的.

其次,按这样定义分数加法,和是存在唯一的.

其实,由自然数和、积的存在唯一性知,两个分数的和存在且在相等的意义下是唯一的.这也说明分数集合对于加法运算是封闭的.

再次,这一定义具有普适性.

由定义可以看出,它同时也给出了分数加法的运算法则,并且也包含了自然数

作为分数的特殊情况的加法.即定义不仅适用于分数的加法,也适用于整数的加法.这就说明定义具有普适性.

最后,这一定义具有现实性.

这是说,这样定义的分数加法,与分数的实际含义和自然数加法的实际含义也是相吻合的.

如前所述,分数加法的定义,包含了分数加法的法则.但在实际计算时,只有当两个分数的分母是互质数时,我们才这样计算;而当两个分数的分母不是互质数时,通常是用两个分数的分母的最小公倍数作公分母,进行通分,然后用这个公分母作为和的分母,用它们分子的和作为分子.

这是因为如果两个分数 $\dfrac{b}{a}$ 和 $\dfrac{d}{c}$,$[a,c] = n, n = aq_1, n = cq_2 (q_1, q_2 \in \mathbf{N})$,

那么 $\dfrac{b}{a} + \dfrac{d}{c} = \dfrac{bq_1}{aq_1} + \dfrac{dq_2}{cq_2} = \dfrac{bq_1}{n} + \dfrac{dq_2}{n} = \dfrac{nbq_1 + ndq_2}{n \cdot n} = \dfrac{n(bq_1 + dq_2)}{n \cdot n} = \dfrac{bq_1 + dq_2}{n}$.

请读者说明以上每一个等式成立的理由.

由以上可知,$\dfrac{b}{a}$ 与 $\dfrac{d}{c}$ 相加,通分后,就是把 bq_1 个 $\dfrac{1}{n}$ 与 dq_2 个 $\dfrac{1}{n}$ 合并在一起,这说明分数加法的含义与自然数加法的含义相同.

综上所述,这样定义的加法是合理的.

需要指出的是,分数运算后的结果,如果能够约分的,通常都要约为既约分数.

以上关于两个分数的和的定义,可以推广到求若干个分数的和.其方法就是先求出第一、二个分数的和,再把这个和与第三个分数相加,依次类推,直至求出这若干个分数的和为止.

1.2 分数加法的性质

定理 4.12　若 $\dfrac{b_1}{a_1} = \dfrac{d_1}{c_1}, \dfrac{b_2}{a_2} = \dfrac{d_2}{c_2}$,则 $\dfrac{b_1}{a_1} + \dfrac{b_2}{a_2} = \dfrac{d_1}{c_1} + \dfrac{d_2}{c_2}$.

证明：因 $\dfrac{b_1}{a_1} = \dfrac{d_1}{c_1}, \dfrac{b_2}{a_2} = \dfrac{d_2}{c_2}$,故 $b_1 c_1 = a_1 d_1, b_2 c_2 = a_2 d_2$,

则 $(b_1 c_1) \cdot (a_2 c_2) = (a_1 d_1) \cdot (a_2 c_2), (b_2 c_2) \cdot (a_1 c_1) = (a_2 d_2) \cdot (a_1 c_1)$.

即 $(b_1 a_2) \cdot (c_1 c_2) = (d_1 c_2) \cdot (a_1 a_2), (a_1 b_2) \cdot (c_1 c_2) = (c_1 d_2) \cdot (a_1 a_2)$.

故 $(b_1 a_2) \cdot (c_1 c_2) + (a_1 b_2) \cdot (c_1 c_2) = (d_1 c_2) \cdot (a_1 a_2) + (c_1 d_2) \cdot (a_1 a_2)$.

则 $(b_1 a_2 + a_1 b_2) \cdot (c_1 c_2) = (d_1 c_2 + c_1 d_2) \cdot (a_1 a_2)$.

因而 $\dfrac{b_1 a_2 + a_1 b_2}{a_1 a_2} = \dfrac{d_1 c_2 + c_1 d_2}{c_1 c_2}$.所以 $\dfrac{b_1}{a_1} + \dfrac{b_2}{a_2} = \dfrac{d_1}{c_1} + \dfrac{d_2}{c_2}$.

定理 4.13　$\dfrac{b}{a} + \dfrac{c}{a} = \dfrac{b + c}{a}$.

证明由读者完成.

定理 4.14　加法满足交换律,即 $\dfrac{b}{a}+\dfrac{d}{c}=\dfrac{d}{c}+\dfrac{b}{a}$.

证明:因 $\dfrac{b}{a}+\dfrac{d}{c}=\dfrac{bc+ad}{ac}$,而 $\dfrac{d}{c}+\dfrac{b}{a}=\dfrac{da+bc}{ca}=\dfrac{bc+ad}{ac}$,所以 $\dfrac{b}{a}+\dfrac{d}{c}=\dfrac{d}{c}+\dfrac{b}{a}$.

定理 4.15　加法满足结合律,即

$$\left(\dfrac{b}{a}+\dfrac{d}{c}\right)+\dfrac{f}{e}=\dfrac{b}{a}+\left(\dfrac{d}{c}+\dfrac{f}{e}\right).$$

证明:$\left(\dfrac{b}{a}+\dfrac{d}{c}\right)+\dfrac{f}{e}=\dfrac{bc+da}{ac}+\dfrac{f}{e}=\dfrac{(bc+da)e+f(ac)}{(ac)e}=$

$\dfrac{(bc)e+(da)e+(ac)f}{(ac)e}=\dfrac{b(ce)+[a(de)+a(cf)]}{a(ce)}=\dfrac{b(ce)+a(de+cf)}{a(ce)}=\dfrac{b}{a}+$

$\dfrac{de+cf}{ce}=\dfrac{b}{a}+\left(\dfrac{d}{c}+\dfrac{f}{e}\right).$

运用分数加法的交换律、结合律等性质,可以进行简便运算.

定理 4.16　$\dfrac{b}{a}+\dfrac{d}{c}>\dfrac{b}{a}$.

证明:因 $(bc+da)>bc$,则 $(bc+da)a>(bc)a=b(ac)$,故 $\dfrac{bc+da}{ac}>\dfrac{b}{a}$.

而 $\dfrac{b}{a}+\dfrac{d}{c}=\dfrac{bc+da}{ac}$,所以 $\dfrac{b}{a}+\dfrac{d}{c}>\dfrac{b}{a}$.

定理 4.17　若 $\dfrac{b}{a}\geqslant\dfrac{d}{c}$,则 $\dfrac{b}{a}+\dfrac{f}{e}\geqslant\dfrac{d}{c}+\dfrac{f}{e}$;反之亦然.

证明:因 $\dfrac{b}{a}\geqslant\dfrac{d}{c}$,则 $bc\geqslant ad$.故 $(bc)e\geqslant(ad)e$,即 $(be)c\geqslant(ed)a$.而 $(af)c=$

$(cf)a$,则 $(be+af)\cdot c\geqslant(ed+cf)\cdot a$.于是 $(be+af)\cdot(ce)\geqslant(ed+cf)\cdot(ae)$.

因此,$\dfrac{be+af}{ae}\geqslant\dfrac{ed+cf}{ce}$,即有 $\dfrac{b}{a}+\dfrac{f}{e}\geqslant\dfrac{d}{c}+\dfrac{f}{e}$.

又因以上步步可逆,故命题得证.

定理 4.18　若 $\dfrac{b_1}{a_1}\geqslant\dfrac{d_1}{c_1},\dfrac{b_2}{a_2}\geqslant\dfrac{d_2}{c_2}$,则 $\dfrac{b_1}{a_1}+\dfrac{b_2}{a_2}\geqslant\dfrac{d_1}{c_1}+\dfrac{d_2}{c_2}$.

证明:由前述定理有

$\dfrac{b_1}{a_1}+\dfrac{b_2}{a_2}\geqslant\dfrac{d_1}{c_1}+\dfrac{b_2}{a_2},\dfrac{b_2}{a_2}+\dfrac{d_1}{c_1}\geqslant\dfrac{d_2}{c_2}+\dfrac{d_1}{c_1}$,于是 $\dfrac{b_1}{a_1}+\dfrac{b_2}{a_2}\geqslant\dfrac{d_1}{c_1}+\dfrac{d_2}{c_2}$.

定理 4.19　若 $\dfrac{b_1}{a_1}>\dfrac{b_2}{a_2}$,则存在 $\dfrac{d_1}{c_1}$,使 $\dfrac{b_1}{a_1}=\dfrac{b_2}{a_2}+\dfrac{d_1}{c_1}$;若有 $\dfrac{d_2}{c_2}$,使 $\dfrac{b_1}{a_1}=\dfrac{b_2}{a_2}+\dfrac{d_2}{c_2}$,

则 $\dfrac{d_1}{c_1} = \dfrac{d_2}{c_2}$.

证明：由 $\dfrac{b_1}{a_1} > \dfrac{b_2}{a_2}$，有 $b_1 a_2 > a_1 b_2$，从而有 $0 \neq k \in \mathbf{N}$，使 $b_1 a_2 = a_1 b_2 + k$. 令

$d_1 = k$，$c_1 = a_1 a_2$，则 $\dfrac{d_1}{c_1}$ 即为所求.

事实上，$\dfrac{b_2}{a_2} + \dfrac{d_1}{c_1} = \dfrac{b_2}{a_2} + \dfrac{k}{a_1 a_2} = \dfrac{a_1 b_2 + k}{a_1 a_2} = \dfrac{b_1 a_2}{a_1 a_2} = \dfrac{b_1}{a_1}$.

至此，定理前半部分得证；定理后半部分的证明由定理 4.17 即可得到.

1.3 带分数

一个正整数与一个分数相加，通常采用把分数写在这一自然数的后面的形式来表示它们的和. 例如 $2 + \dfrac{3}{4} = 2\dfrac{3}{4}$. 这种形如 $2\dfrac{3}{4}$ 的数就是所谓的带分数，读作 "二又四分之三". 用字母表示带分数时，可以写成 $n + \dfrac{b}{a}(n, b \neq 0)$，$n$ 是这个带分数的整数部分，$\dfrac{b}{a}$ 是它的分数部分.

由于 $n + \dfrac{b}{a} = \dfrac{n}{1} + \dfrac{b}{a} = \dfrac{na + b}{a}$，而 $na + b > a$，故 $\dfrac{na + b}{a}$ 是一个假分数. 这就是说，带分数都可以化成假分数. 反之，假分数也可化成带分数或整数.

事实上，若 $\dfrac{b}{a}$ 是一个假分数，即 $b \geqslant a$. 用 a 除 b 所得的商为 n，余数为 r，即 $b = na + r$，那么 $\dfrac{b}{a} = \dfrac{na + r}{a} = \dfrac{na}{a} + \dfrac{r}{a} = n + \dfrac{r}{a}$. 若 $r \neq 0$，则所得结果显然是一个带分数；若 $r = 0$，则所得结果显然是一整数.

2 分数的减法

2.1 分数减法的定义

定义 4.10 定理 4.19 中的 $\dfrac{d_1}{c_1}$ 称为 $\dfrac{b_1}{a_1}$ 与 $\dfrac{b_2}{a_2}$ 的差，记作 $\dfrac{b_1}{a_1} - \dfrac{b_2}{a_2} = \dfrac{d_1}{c_1}$. 求两个分数的差的运算叫分数的减法，它是分数加法的逆运算.

其中 $\dfrac{b_1}{a_1}$ 称为被减数，$\dfrac{b_2}{a_2}$ 称为减数.

可以知道，分数减法的定义与自然数减法的定义是相同的. 因此，分数减法的实际含义与自然数减法的实际含义也相同.

2.2 分数减法的性质

分数减法运算与自然数减法一样，要求被减数不小于减数时，才可以施行，即在被减数不小于减数时，差才存在.

定理 4.20　对于分数 $\dfrac{b}{a}$ 与 $\dfrac{d}{c}$，若 $\dfrac{b}{a} \geqslant \dfrac{d}{c}$，则有差 $\dfrac{bc-ad}{ac}$ 存在，且这个差是唯一的.

证明：先证明差的存在性.

因 $\dfrac{b}{a} \geqslant \dfrac{d}{c}$，则 $bc \geqslant ad$，即 $bc - ad \geqslant 0$. 显然 $(bc - ad)$，ac 是自然数. 这说明 $\dfrac{bc-ad}{ac}$ 是一个分数.

又因为 $\dfrac{bc-ad}{ac} + \dfrac{d}{c} = \dfrac{bc-ad}{ac} + \dfrac{ad}{ac} = \dfrac{(bc-ad)+ad}{ac} = \dfrac{bc}{ac} = \dfrac{b}{a}$，

所以 $\dfrac{bc-ad}{ac}$ 是 $\dfrac{b}{a}$ 与 $\dfrac{d}{c}$ 的差.

这就证明了，在 $\dfrac{b}{a} \geqslant \dfrac{d}{c}$ 的条件下，差是存在的.

下面证明这个差是唯一的.

假设 $\dfrac{b}{a}$ 与 $\dfrac{d}{c}$ 的差是两个不相等的分数 $\dfrac{f_1}{e_1}$，$\dfrac{f_2}{e_2}$，根据分数减法的定义，有

$$\frac{f_1}{e_1} + \frac{d}{c} = \frac{b}{a}, \frac{f_2}{e_2} + \frac{d}{c} = \frac{b}{a}.$$

于是有

$$\frac{f_1}{e_1} + \frac{d}{c} = \frac{f_1 c + d e_1}{e_1 c} = \frac{f_2 c + d e_2}{e_2 c} = \frac{f_2}{e_2} + \frac{d}{c}.$$

即有

$$(f_1 c + d e_1) \cdot e_2 c = (f_2 c + d e_2) \cdot e_1 c$$

亦即

$$f_1 c \cdot e_2 c + d e_1 \cdot e_2 c = f_2 c \cdot e_1 c + d e_2 \cdot e_1 c.$$

就是

$$f_1 c \cdot e_2 c = f_2 c \cdot e_1 c.$$

于是有

$$\frac{f_1 c}{e_1 c} = \frac{f_2 c}{e_2 c}.$$

即

$$\frac{f_1}{e_1} = \frac{f_2}{e_2}.$$

这与假设 $\dfrac{f_1}{e_1}$，$\dfrac{f_2}{e_2}$ 不相等矛盾. 这说明不存在两个不相等的差，即 $\dfrac{b}{a}$ 与 $\dfrac{d}{c}$ 的差是

唯一的.

这一定理同时给出了分数减法的法则,即 $\dfrac{b}{a} - \dfrac{d}{c} = \dfrac{bc - ad}{ac}$.

与分数加法相同,也可以通过通分,把两个分数化成分母相同的分数,然后用公分母作分母,用通分后的两个新分数的分子的差作分子,来进行分数的减法.

顺便指出,自然数减法的性质都可以推广到分数减法上来.

习题十三

1. 小学生在进行分数加、减运算时,有时出现如下错误.试分析出现这些错误的原因.

(1) $\dfrac{2}{7} + \dfrac{3}{7} = \dfrac{5}{14}$;

(2) $20 - 4\,\dfrac{5}{7} = 20 - 4 + \dfrac{5}{7} = 16 + \dfrac{5}{7} = 16\,\dfrac{5}{7}$;

(3) $2\,\dfrac{1}{2} - 1\,\dfrac{2}{3} = 2\,\dfrac{3}{6} - 1\,\dfrac{4}{6} = 1\,\dfrac{1}{6}$.

2. 证明:对于正分数有 $\dfrac{b}{a} + \dfrac{c}{a} = \dfrac{b+c}{a}$.

3. 设有正分数 $\dfrac{b}{a}, \dfrac{d}{c}$,证明:

(1) $\left(\dfrac{b}{a} - \dfrac{d}{c}\right) + \dfrac{d}{c} = \dfrac{b}{a}$;

(2) $\left(\dfrac{b}{a} + \dfrac{d}{c}\right) - \dfrac{d}{c} = \dfrac{b}{a}$.

4. 设有正分数 $\dfrac{b}{a}, \dfrac{d}{c}, \dfrac{f}{e}$,证明:

(1) $\dfrac{b}{a} - \dfrac{d}{c} + \dfrac{f}{e} = \dfrac{b}{a} + \dfrac{f}{e} - \dfrac{d}{c}$;

(2) $\dfrac{b}{a} + \left(\dfrac{d}{c} - \dfrac{f}{e}\right) = \dfrac{b}{a} + \dfrac{d}{c} - \dfrac{f}{e}$;

(3) $\dfrac{b}{a} - \left(\dfrac{d}{c} - \dfrac{f}{e}\right) = \dfrac{b}{a} + \dfrac{f}{e} - \dfrac{d}{c}$;

(4) $\dfrac{b}{a} - \left(\dfrac{d}{c} + \dfrac{f}{e}\right) = \dfrac{b}{a} - \dfrac{d}{c} - \dfrac{f}{e}$.

5. 应用运算定律与运算性质计算下列各题.

(1) $10\,\dfrac{15}{32} + 4\,\dfrac{8}{15} + 6\,\dfrac{7}{32}$;

(2) $\left(4\frac{12}{35}+3\frac{9}{14}+2\frac{4}{21}\right)+\left(2\frac{5}{14}+6\frac{13}{35}\right)$;

(3) $45\frac{1}{2}-2\frac{3}{8}-5\frac{5}{6}+6\frac{3}{4}+1\frac{2}{3}-5\frac{5}{8}$.

第三节　分数的乘除法

1　分数乘法

1.1　分数乘法的定义

定义 4.11　分数 $\frac{bd}{ac}$ 称为分数 $\frac{b}{a}$ 与 $\frac{d}{c}$ 的积，记作 $\frac{b}{a}\times\frac{d}{c}=\frac{bd}{ac}$. 求两个分数的积的运算称为分数的乘法. 其中 $\frac{b}{a}$ 与 $\frac{d}{c}$ 称为乘数，又叫作积 $\frac{bd}{ac}$ 的因数，简称因数.

下面我们来讨论这样定义的合理性.

首先，若设 $x=\frac{b}{a},y=\frac{d}{c}$，则 $ax=b,cy=d$. 从而有 $acxy=bd$，即有 $xy=\frac{bd}{ac}$. 这说明这样定义分数乘法是可行的.

其次，由自然数积的存在唯一性可知，分数的积存在且在相等的意义下唯一. 这就是说，分数集合对于乘法运算是封闭的.

再次，因为自然数和带分数都可以化为假分数，因此，定义也适合因数中有自然数或带分数的情况. 同时，这一定义也蕴含了自然数的乘法.

特别地有

$$\frac{b}{a}\times1=\frac{b}{a}\times\frac{1}{1}=\frac{b\times1}{a\times1}=\frac{b}{a};\frac{b}{a}\times0=\frac{b}{a}\times\frac{0}{1}=\frac{b\times0}{a\times1}=\frac{0}{a}=0.$$

最后，这一定义可以推广到若干个分数相乘的情形. 求若干个分数的积，只要先把第一、二个分数先乘，然后把所得的积与第三个分数再相乘，等等. 而实际计算时，根据分数乘法的定义与自然数乘法满足结合律的事实，只要把所有分子相乘所得的积作为这若干个分数的积的分子，所有分母相乘所得的积作为这若干个分数的积的分母即可.

1.2　分数乘法的含义

（1）分数乘以自然数的含义

设 $1<n\in\mathbf{N},\frac{b}{a}$ 是任意一个分数，

则　$$\frac{b}{a}\times n=\frac{b}{a}\times\frac{n}{1}=\frac{bn}{a}=\frac{\overbrace{b+b+\cdots+b}^{n\uparrow}}{a}=\overbrace{\frac{b}{a}+\frac{b}{a}+\cdots+\frac{b}{a}}^{n\uparrow}.$$

可见,分数 $\frac{b}{a}$ 乘以大于 1 的自然数 n,就是求 n 个 $\frac{b}{a}$ 相加的和,也就是求 $\frac{b}{a}$ 的 n 倍是多少.

（2）一个数乘以分数的含义

设 $\frac{b}{a}$ 是任意一个数（当 $a \mid b$ 时,$\frac{b}{a}$ 是整数）.

首先看一个数乘以 $\frac{1}{n}$ 的含义:

设 $1 < n \in \mathbf{N}$,则 $\frac{b}{a} \times \frac{1}{n} = \frac{b \times 1}{a \times n} = \frac{b}{an}$.

因 $\overbrace{\frac{b}{an} + \frac{b}{an} + \cdots + \frac{b}{an}}^{n \uparrow} = \frac{b}{an} \times n = \frac{bn}{an} = \frac{b}{a}$,

故 $\frac{b}{an}$ 是 $\frac{b}{a}$ 分成 n 等份中的一份. 由此可见,一个数 $\frac{b}{a}$ 乘以分数 $\frac{1}{n}$,就是求 $\frac{b}{a}$ 的 n 等份中的一份,也就是求 $\frac{b}{a}$ 的 $\frac{1}{n}$ 是多少.

再看一个数乘以 $\frac{m}{n}$ 的含义（m, n 都是大于 1 的整数）:

因 $\frac{b}{a} \times \frac{m}{n} = \frac{bm}{an}$,

又因 $\frac{b}{an} \times m = \frac{bm}{an}$,

故 $\frac{b}{a} \times \frac{m}{n} = \frac{b}{an} \times m$.

而 $\frac{b}{an}$ 表示把 $\frac{b}{a}$ 分成 n 个等份以后的 1 个等份,所以 $\frac{b}{an} \times m$ 就表示把 $\frac{b}{a}$ 分成 n 等份以后的 m 份.

由此可见,$\frac{b}{a} \times \frac{m}{n}$ 就是求把 $\frac{b}{a}$ 分成 n 等份以后的 m 份是多少,也就是求 $\frac{b}{a}$ 的 n 分之 m 是多少.

应用一个数乘以分数的含义,可以求解一个数的几分之几是多少的应用题.

例 4.5 一本课外书有 360 页,小英已读了它的 $\frac{2}{3}$,小英已读了多少页?

解:求 360 的 $\frac{2}{3}$ 是多少,用乘法.

$$360 \times \frac{2}{3} = 240（页）.$$

答:小英已读了 240 页.

1.3 分数乘法的性质

自然数乘法的性质可以推广到分数乘法上来.使用有关性质可以使运算简便.

定理 4.21 若 $\dfrac{b_1}{a_1} = \dfrac{b_2}{a_2}, \dfrac{d_1}{c_1} = \dfrac{d_2}{c_2}$,则 $\dfrac{b_1}{a_1} \cdot \dfrac{d_1}{c_1} = \dfrac{b_2}{a_2} \cdot \dfrac{d_2}{c_2}$.

证明: 因 $\dfrac{b_1}{a_1} = \dfrac{b_2}{a_2}, \dfrac{d_1}{c_1} = \dfrac{d_2}{c_2}$,则 $b_1 a_2 = b_2 a_1, d_1 c_2 = d_2 c_1$.

故 $(b_1 a_2) \cdot (d_1 c_2) = (a_1 b_2) \cdot (d_2 c_1)$,即有 $(b_1 d_1) \cdot (a_2 c_2) = (b_2 d_2) \cdot (a_1 c_1)$,

于是得 $\dfrac{b_1}{a_1} \cdot \dfrac{d_1}{c_1} = \dfrac{b_2}{a_2} \cdot \dfrac{d_2}{c_2}$.

定理 4.22 分数乘法满足交换律,即有 $\dfrac{b}{a} \cdot \dfrac{d}{c} = \dfrac{d}{c} \cdot \dfrac{b}{a}$.

证明由读者完成.

定理 4.23 分数乘法满足结合律,即有 $\left(\dfrac{b}{a} \cdot \dfrac{d}{c} \right) \cdot \dfrac{f}{e} = \dfrac{b}{a} \cdot \left(\dfrac{d}{c} \cdot \dfrac{f}{e} \right)$.

证明由读者完成.

定理 4.24 分数乘法对加法满足分配律,即有

$$\left(\dfrac{b}{a} + \dfrac{d}{c} \right) \cdot \dfrac{f}{e} = \dfrac{b}{a} \cdot \dfrac{f}{e} + \dfrac{d}{c} \cdot \dfrac{f}{e}.$$

证明: $\left(\dfrac{b}{a} + \dfrac{d}{c} \right) \cdot \dfrac{f}{e} = \dfrac{bc + ad}{ac} \cdot \dfrac{f}{e} = \dfrac{(bc + ad) \cdot f}{(ac) \cdot e} = \dfrac{(bc) \cdot f + (ad) \cdot f}{(ac) \cdot e}$

$$= \dfrac{(bc) \cdot f}{(ac) \cdot e} + \dfrac{(ad) \cdot f}{(ac) \cdot e} = \dfrac{(bf) \cdot c}{(ae) \cdot c} + \dfrac{a \cdot (df)}{a \cdot (ce)}$$

$$= \dfrac{bf}{ae} + \dfrac{df}{ce} = \dfrac{b}{a} \cdot \dfrac{f}{e} + \dfrac{d}{c} \cdot \dfrac{f}{e}.$$

定理 4.25 若 $\dfrac{b}{a} \geqslant \dfrac{d}{c}$,则 $\dfrac{b}{a} \cdot \dfrac{f}{e} \geqslant \dfrac{d}{c} \cdot \dfrac{f}{e}$;反之亦然.

证明: 因 $\dfrac{b}{a} \geqslant \dfrac{d}{c}$,则 $bc \geqslant da$.故 $(bc) \cdot (ef) \geqslant (da) \cdot (ef)$.

即有 $(bf) \cdot (ce) \geqslant (ae) \cdot (df)$.

从而得 $\dfrac{bf}{ae} \geqslant \dfrac{df}{ce}$,即 $\dfrac{b}{a} \cdot \dfrac{f}{e} \geqslant \dfrac{d}{c} \cdot \dfrac{f}{e}$.

又因以上步步可逆,故命题得证.

定理 4.26 若 $\dfrac{b_1}{a_1} \geqslant \dfrac{d_1}{c_1}, \dfrac{b_2}{a_2} \geqslant \dfrac{d_2}{c_2}$,则 $\dfrac{b_1}{a_1} \cdot \dfrac{b_2}{a_2} \geqslant \dfrac{d_1}{c_1} \cdot \dfrac{d_2}{c_2}$.

证明留给读者.

定理 4.27 对于任意分数 $\dfrac{b_1}{a_1}, \dfrac{b_2}{a_2}$,存在分数 $\dfrac{d_1}{c_1}$,使 $\dfrac{b_1}{a_1} = \dfrac{b_2}{a_2} \cdot \dfrac{d_1}{c_1}$;

若有 $\dfrac{d_2}{c_2}$,使 $\dfrac{b_1}{a_1} = \dfrac{b_2}{a_2} \cdot \dfrac{d_2}{c_2}$,则 $\dfrac{d_1}{c_1} = \dfrac{d_2}{c_2}$.

证明：结论第二部分的证明由定理 4.26 即可明白.

下面证明结论的第一部分.

令 $c_1 = a_1 b_2, d_1 = b_1 a_2$，则 $\dfrac{d_1}{c_1} = \dfrac{b_1 a_2}{a_1 b_2}$ 即为所求.

事实上，$\dfrac{b_2}{a_2} \cdot \dfrac{d_1}{c_1} = \dfrac{b_2}{a_2} \cdot \dfrac{b_1 a_2}{a_1 b_2} = \dfrac{b_1 \cdot (a_2 b_2)}{a_1 \cdot (a_2 b_2)} = \dfrac{b_1}{a_1}$.

2 分数除法

2.1 分数除法的定义

定义 4.12　定理 4.27 中的 $\dfrac{d_1}{c_1} = \dfrac{b_1 a_2}{a_1 b_2}$ 称为 $\dfrac{b_1}{a_1}$ 与 $\dfrac{b_2}{a_2}$ 的商，记作 $\dfrac{b_1}{a_1} \div \dfrac{b_2}{a_2} = \dfrac{b_1 a_2}{a_1 b_2}$.
求两个分数的商的运算叫作分数的除法. 它是分数乘法的逆运算.

由此可知，分数除法的定义与自然数除法的定义是一样的.

从定义可知，分数除法是分数乘法的逆运算.

定理 4.28　对于分数除法，只要除数不是零，总是可以实施的. 并且运算的结果在相等的意义下是唯一的.

对于分数 $\dfrac{b}{a}, \dfrac{d}{c}$，且 $\dfrac{d}{c} \neq 0$，那么有商 $\dfrac{bc}{ad}$ 存在，且在相等的意义下是唯一的.

证明：因 $\dfrac{bc}{ad} \times \dfrac{d}{c} = \dfrac{bcd}{adc} = \dfrac{b}{a}$，故 $\dfrac{bc}{ad}$ 是 $\dfrac{b}{a}$ 与 $\dfrac{d}{c}$ 的商.

而由 a, b, c, d 是自然数，且 $d \neq 0$，可知 $\dfrac{bc}{ad}$ 是一个分数. 这表明只要除数不是零，分数除法总是可以施行的.

商的唯一性，可以使用同一法或反证法得到证明，由读者完成.

以上证明的同时，还得到了分数除法的运算法则，即

$$\frac{b}{a} \div \frac{d}{c} = \frac{b}{a} \times \frac{c}{d} = \frac{bc}{ad}.$$

其实，这一法则在分数除法的定义中也可看出.

由于自然数和带分数都可以化成假分数，所以以上法则也适用于自然数或带分数除法. 这说明了分数除法法则具有普适性.

在进行分数除法运算时，所得的商能约简的要约简.

定义 4.13　积等于 1 的两个分数称为互为倒数.

若 $\dfrac{b}{a} \cdot \dfrac{a}{b} = 1$，则 $\dfrac{a}{b}$ 称为 $\dfrac{b}{a}$ 的倒数，或 $\dfrac{b}{a}$ 称为 $\dfrac{a}{b}$ 的倒数.

根据除法的定义，一个数的倒数，就是 1 除以这个数所得的商，即

$$\frac{a}{b} = 1 \div \frac{b}{a}.$$

根据倒数的概念,除法法则可以这样表述:除以一个数等于乘以这个数的倒数.

2.2 分数除法的含义

因为分数除法是分数乘法的逆运算,所以从分数乘法的含义,容易推出分数除法的含义.

$\frac{b}{a}$ 除以 $\frac{m}{n}$,就是求一个数 $\frac{y}{x}$,使得

(1) $\frac{y}{x} \times \frac{m}{n} = \frac{b}{a}$;

或 (2) $\frac{m}{n} \times \frac{y}{x} = \frac{b}{a}$.

在第一种情况下,计算 $\frac{b}{a} \div \frac{m}{n}$,就是已知一个数的 $\frac{m}{n}$ 是 $\frac{b}{a}$,求这个数;在第二种情况下,计算 $\frac{b}{a} \div \frac{m}{n}$,就是求 $\frac{b}{a}$ 是 $\frac{m}{n}$ 的几分之几.

由分数除法的含义,它可以解以下两类问题:

(1) 已知一个数的几分之几是多少,求这个数的问题;

(2) 已知两个数,求一个数是另一个数的几分之几的问题.

例 4.6 人民小学五(1)班有男生 22 人,是全班学生的 $\frac{11}{21}$,全班共有学生多少人?

解:已知全班人数的 $\frac{11}{21}$ 是 22 人,求全班人数,用除法.

$$22 \div \frac{11}{21} = 22 \times \frac{21}{11} = 42(人).$$

答:全班共有 42 人.

例 4.7 人民小学五(1)班女生有 20 人,男生有 22 人,女生人数是男生的几分之几?

解:要求女生 20 人是男生 22 人的几分之几,用除法.

$$20 \div 22 = \frac{10}{11}.$$

答:女生是男生的 $\frac{10}{11}$.

从上面的例 4.7 可以看出,求一个数是另一个数的几分之几,与求一个数是另一个数的几倍,在数量关系上是相同的,都用除法求解,只是由于商的数值不同而用不同的说法.

2.3 分数除法的性质

自然数除法的性质及商的变化规律都可推广到分数除法上来.

读者可以用公式——写出.

 习题十四

1. 小学生在做分数乘、除法运算时,有时会出现以下错误.试分析产生这些错误的原因.

(1) $16 \times \dfrac{8}{9} = \overset{2}{\cancel{16}} \times \dfrac{\overset{1}{\cancel{8}}}{9} = \dfrac{1}{18}$;

(2) $1\dfrac{3}{10} \times \dfrac{5}{6} = 1\dfrac{\overset{1}{\cancel{3}}}{\underset{2}{\cancel{10}}} \times \dfrac{\overset{1}{\cancel{5}}}{\underset{2}{\cancel{6}}} = 1\dfrac{1}{4}$;

(3) $1\dfrac{1}{8} \div 4 = \dfrac{9}{8} \div \dfrac{4}{1} = \dfrac{9}{2} = 4\dfrac{1}{2}$;

(4) $3\dfrac{3}{4} \div 1\dfrac{3}{5} = \dfrac{15}{4} \div \dfrac{8}{5} = \dfrac{4}{15} \times \dfrac{5}{8} = \dfrac{1}{6}$.

2. 应用运算定律或性质计算下面各题.

(1) $4\dfrac{2}{3} \times \dfrac{8}{9} + \dfrac{8}{9} \times 1\dfrac{1}{3}$;

(2) $\left(1\dfrac{2}{13} + \dfrac{10}{21}\right) \div 5$.

3. 证明分数乘法满足交换律和结合律,即:

(1) $\dfrac{b}{a} \cdot \dfrac{d}{c} = \dfrac{d}{c} \cdot \dfrac{b}{a}$;

(2) $\left(\dfrac{b}{a} \cdot \dfrac{d}{c}\right) \cdot \dfrac{f}{e} = \dfrac{b}{a} \cdot \left(\dfrac{d}{c} \cdot \dfrac{f}{e}\right)$.

4. 证明:

(1) 若 $\dfrac{b_1}{a_1} \geqslant \dfrac{d_1}{c_1}, \dfrac{b_2}{a_2} \geqslant \dfrac{d_2}{c_2}$,则 $\dfrac{b_1}{a_1} \cdot \dfrac{b_2}{a_2} \geqslant \dfrac{d_1}{c_1} \cdot \dfrac{d_2}{c_2}$;

(2) $\left(\dfrac{b}{a} \times \dfrac{d}{c}\right) \div \dfrac{d}{c} = \dfrac{b}{a}$;

(3) $\left(\dfrac{b}{a} - \dfrac{d}{c}\right) \times \dfrac{f}{e} = \dfrac{b}{a} \times \dfrac{f}{e} - \dfrac{d}{c} \times \dfrac{f}{e}$;

(4) $\dfrac{b}{a} \div \dfrac{d}{c} \div \dfrac{f}{e} = \dfrac{b}{a} \div \left(\dfrac{d}{c} \times \dfrac{f}{e}\right)$.

5. 根据下面所给的三个数量,编出三道分数乘、除法应用题,并作出解答.

(1) 苹果树有 320 棵;(2) 梨树有 400 棵;(3) 苹果树的棵数是梨树的 $\dfrac{4}{5}$.

6. 试分析三种基本分数应用题间的数量关系.

第四节　分数的四则混合运算和连分数

1　分数的四则混合运算

分数的四则混合运算以及括号的使用与自然数的四则混合运算相同. 在计算过程中, 应用四则运算的定律或性质, 可以使一些计算简便.

例 4.8　计算 $\dfrac{3}{4} + 3\dfrac{3}{4} \times 2\dfrac{2}{5} - 4\dfrac{2}{5} \div 2\dfrac{1}{5}$.

解:

$$\dfrac{3}{4} + 3\dfrac{3}{4} \times 2\dfrac{2}{5} - 4\dfrac{2}{5} \div 2\dfrac{1}{5}$$

$$= \dfrac{3}{4} + \dfrac{15}{4} \times \dfrac{12}{5} - \dfrac{22}{5} \times \dfrac{5}{11}$$

$$= \dfrac{3}{4} + 9 - 2$$

$$= 7\dfrac{3}{4}.$$

例 4.9　计算 $10 \times \left[3\dfrac{3}{8} + \left(8\dfrac{7}{24} - 1\dfrac{5}{12} \right) \div 2\dfrac{1}{5} \right]$.

解:

$$10 \times \left[3\dfrac{3}{8} + \left(8\dfrac{7}{24} - 1\dfrac{5}{12} \right) \div 2\dfrac{1}{5} \right]$$

$$= 10 \times \left[3\dfrac{3}{8} + \left(7\dfrac{31}{24} - 1\dfrac{5}{12} \right) \div 2\dfrac{1}{5} \right]$$

$$= 10 \times \left[3\dfrac{3}{8} + 6\dfrac{7}{8} \div 2\dfrac{1}{5} \right]$$

$$= 10 \times \left[3\dfrac{3}{8} + 3\dfrac{1}{8} \right]$$

$$= 10 \times 6\dfrac{1}{2}$$

$$= 65.$$

2　连分数

2.1　繁分数

由于分数可以理解为两个数相除, 那么当被除数和除数中有一个是分数时, 把它写成分数的形式, 就会有如下的形式:

$$\frac{\frac{2}{3}}{\frac{5}{7}} \qquad \frac{\frac{3}{5}}{4} \qquad \frac{7}{\frac{3}{4}} \qquad \frac{\frac{1}{2}}{1+\frac{2}{3}}$$

像上面这样,把含有分数的除法写成分数形式的式子,习惯上称为繁分数.

繁分数可以化简.化简繁分数的方法一般有两种:

(1) 直接计算.对于简单的繁分数,即繁分数的分子与分母中不含有加或减运算的情形,直接采用除以一个数等于乘以这个数的倒数,转化为分数乘法来化简;对于复杂的繁分数,即繁分数的分子或分母中含有加或减运算的情形,就把这个繁分数的分子或分母计算出来,再用除法化简.

(2) 利用除法的商不变性质.对于复杂的繁分数,有时采用除法的商不变性质,即被除数和除数同时扩大相同的倍数商不变的规律进行化简.

例 4.10 化简 $\dfrac{3}{3+\dfrac{2}{5-\dfrac{3}{5}}}$.

解: $\dfrac{3}{3+\dfrac{2}{5-\dfrac{3}{5}}} = \dfrac{3}{3+\dfrac{2}{\frac{22}{5}}} = \dfrac{3}{3+2\times\frac{5}{22}} = \dfrac{3}{3+\frac{5}{11}} = \dfrac{3}{\frac{38}{11}} = 3\times\dfrac{11}{38} = \dfrac{33}{38}.$

2.2 连分数的定义

我们先看一个例子.

对于方程 $x^2+x-1=0$,可以变形为 $x=\dfrac{1}{1+x}$,将右边的 x 用 $\dfrac{1}{1+x}$ 代入,则得

$$x = \cfrac{1}{1+\cfrac{1}{1+x}},$$

再用 $x=\dfrac{1}{1+x}$ 代入上式,则得

$$x = \cfrac{1}{1+\cfrac{1}{1+\cfrac{1}{1+x}}},$$

无限重复以上迭代步骤,则得到

$$x = \cfrac{1}{1+\cfrac{1}{1+\cfrac{1}{1+\ddots}}}.$$

右端整体上看,是一个繁分数的形式,这样的繁分数就称为连分数.

定义 4.14 设 a_0 是自然数,$a_1, a_2, \cdots, a_n$ 是正整数,则称

$$a_0 + \cfrac{1}{a_1 + \cfrac{1}{a_2 + \cfrac{1}{a_3 + \ddots}}} + \cfrac{1}{a_n + \ddots}$$

为简单连分数,下面简称连分数.本书只讨论简单连分数.

显然,连分数的以上写法太占篇幅,故常把它写作

$$a_0 + \cfrac{1}{a_1 +}\ \cfrac{1}{a_2 +} \cdots \cfrac{1}{+ a_n}\cdots.$$

或 $$[a_0, a_1, a_2, \cdots, a_n, \cdots].$$

其中 $a_0, a_1, a_2, \cdots, a_n, \cdots$ 称为连分数的元素.含有有限个元素的连分数称为有限连分数,否则称为无限连分数.有限连分数的一般形式是

$$a_0 + \cfrac{1}{a_1 + \cfrac{1}{a_2 + \cfrac{1}{a_3 + \ddots}}} + \cfrac{1}{a_n}.$$

简写为

$$a_0 + \cfrac{1}{a_1 +}\ \cfrac{1}{a_2 +} \cdots \cfrac{1}{+ a_n}.$$

或 $$[a_0, a_1, a_2, \cdots, a_n].$$

2.3 连分数与分数

按照连分数的定义,对于一个分数,我们可以把它化为一个有限连分数;反之,对于一个有限连分数,则可以化为一个分数.

例 4.11 化 $\dfrac{97}{40}$ 为连分数.

解:由辗转相除法,得

2	40	97	
	34	80	
2	6	17	2
	5	12	
5	1	5	1
		5	
		0	

故 $\dfrac{97}{40}=2+\dfrac{17}{40}=2+\dfrac{1}{\frac{40}{17}}=2+\dfrac{1}{2+\frac{6}{17}}=2+\dfrac{1}{2+\frac{1}{\frac{17}{6}}}=2+\dfrac{1}{2+\dfrac{1}{2+\frac{5}{6}}}$

$=2+\dfrac{1}{2+\dfrac{1}{2+\frac{1}{\frac{6}{5}}}}=2+\dfrac{1}{2+\dfrac{1}{2+\frac{1}{1+\frac{1}{5}}}}.$

即 $\qquad \dfrac{97}{40}=2+\dfrac{1}{2+}\dfrac{1}{2+}\dfrac{1}{1+}\dfrac{1}{5}.$

依次截段得

$$2,\ 2+\dfrac{1}{2}=2\dfrac{1}{2},\ 2+\dfrac{1}{2+}\dfrac{1}{2}=2\dfrac{2}{5},\ 2+\dfrac{1}{2+}\dfrac{1}{2+}\dfrac{1}{1}=2\dfrac{3}{7}.$$

因为这些分数中的每一个都比它们以前的分数更接近于 $2\dfrac{17}{40}$，所以这些分数

称为 $2\dfrac{17}{40}$ 的渐近分数.

例 4.12 公历为什么四年一闰，百年少一闰，四百年又加一闰呢？

解：地球绕太阳一周所需的时间是 365 天 5 小时 48 分 46 秒，也就是

$$365+\dfrac{5}{24}+\dfrac{48}{24\times60}+\dfrac{46}{24\times60\times60}=365\dfrac{10463}{43200}(\text{天}).$$

应用辗转相除法，可把上面这一分数展开为连分数，得

$$365\dfrac{10463}{43200}=365+\dfrac{1}{4+}\dfrac{1}{7+}\dfrac{1}{1+}\dfrac{1}{3+}\dfrac{1}{5+}\dfrac{1}{64}.$$

它的分数部分的渐近分数是

$$\dfrac{1}{4},\ \dfrac{1}{4+}\dfrac{1}{7}=\dfrac{7}{29},\ \dfrac{1}{4+}\dfrac{1}{7+}\dfrac{1}{1}=\dfrac{8}{33},\ \dfrac{1}{4+}\dfrac{1}{7+}\dfrac{1}{1+}\dfrac{1}{3}=\dfrac{31}{128},$$

$$\dfrac{1}{4+}\dfrac{1}{7+}\dfrac{1}{1+}\dfrac{1}{3+}\dfrac{1}{5}=\dfrac{163}{673},\ \dfrac{1}{4+}\dfrac{1}{7+}\dfrac{1}{1+}\dfrac{1}{3+}\dfrac{1}{5+}\dfrac{1}{64}=\dfrac{10463}{43200}.$$

显然，这些渐近分数所表示的时间，一个比一个更接近于地球绕太阳一周所需的实际时间.

第一个渐近分数是 $\dfrac{1}{4}$，说明可以每隔四年加一天，这就是 4 年一闰的由来. 当然这还不是很精确的.

第二、第三个渐近分数分别是 $\dfrac{7}{29}$ 与 $\dfrac{8}{33}$，说明如果每 29 年加 7 天，就相对精确

些;而每 33 年加 8 天就又更精确些.于是每 99 年里只加 24 天(每 100 年少加一天),这正是百年少一闰的由来.

第四个渐近分数是 $\dfrac{31}{128}$,说明如果更精确的话,可以每 128 年加 31 天;于是在 128 年中,头三个 33 年各加 8 天,后 29 年加 7 天.在 400 年内,有三个 128 年和四个 4 年,所以 400 年应加 97 天($31\times3+1\times4$).而根据四年一闰、百年少一闰的规定,400 只应加 96 天,于是又规定每 400 年又加 1 天($96+1$),这就是四百年又加一闰的由来.

例 4.13　将

$$x = \cfrac{1}{1+\cfrac{1}{1+\cfrac{1}{1+\ddots}}}$$

右端的连分数化成 x 的渐近分数.

解:将右端化成渐近分数后,分别可得

$$\frac{1}{1};\frac{1}{2};\frac{2}{3};\frac{3}{5};\frac{5}{8};\cdots$$

读者试考虑回答下列问题:

(1) 第十个渐近分数是什么?

(2) 这个渐近分数有通项公式吗?如果有,你能写出它的通项公式吗?

这个渐近分数与斐波那契数列

$$1,1,2,3,5,8,13,21,34,55,\cdots$$

有密切的联系.

事实上,方程 $x^2+x-1=0$ 的两个根分别是 $x=\dfrac{-1\pm\sqrt5}{2}$,取 $x=\dfrac{\sqrt5-1}{2}$,就是以上连分数的值.而我们知道 $\dfrac{\sqrt5-1}{2}\approx0.618$,这说明以上连分数与黄金分割数又有密切的联系.

例 4.14　将连分数

$$\pi = 3+\cfrac{1}{7+\cfrac{1}{15+\cfrac{1}{1+\cfrac{1}{292+\cfrac{1}{1+\cfrac{1}{1+\cfrac{1}{1+\cfrac{1}{2+\cfrac{1}{1+\cfrac{1}{3+\ddots}}}}}}}}}}$$

用它的前四个渐近分数表示出来.

解：它的第一个渐近分数是 $\dfrac{3}{1}$；

第二个渐近分数是 $3 + \dfrac{1}{7} = \dfrac{22}{7}$；

第三个渐近分数是 $3 + \cfrac{1}{7 + \cfrac{1}{15}} = 3 + \dfrac{15}{106} = \dfrac{333}{106}$；

第四个渐近分数是 $3 + \cfrac{1}{7 + \cfrac{1}{15 + \cfrac{1}{1}}} = 3 + \cfrac{1}{7 + \cfrac{1}{16}} = 3 + \dfrac{16}{113} = \dfrac{355}{113}$.

π 的这四个渐近分数，其中第一个是古率，第二个是疏率（又称约率），第四个是密率. $\pi < \dfrac{355}{113} < \dfrac{22}{7}$.

关于圆周率的一些知识，有兴趣的读者可参看附录3：祖冲之与圆周率.

以上两个是两个无理数用连分数来表示的例子. 事实上，每一简单连分数都表示一个实数，且任一无理数都可表示为无限简单连分数. 有兴趣的读者可从有关的《初等数论》书中找到它们的证明.

 习题十五

1. 计算.

(1) $\dfrac{8}{13} \div 1\dfrac{1}{12} + 2\dfrac{2}{9} \times 3\dfrac{1}{2} \div 1\dfrac{2}{5}$；

(2) $\left[2\dfrac{1}{3} + \left(5\dfrac{2}{5} - 2\dfrac{2}{3} \right) \times 1\dfrac{2}{3} \right] \div \left(4\dfrac{1}{9} - \dfrac{2}{3} \right)$.

2. 化简.

(1) $\dfrac{\dfrac{1}{2} \times \dfrac{3}{4} - \dfrac{2}{5} \times \dfrac{1}{3} \times \dfrac{3}{4}}{3\dfrac{2}{3} \times \dfrac{1}{4}}$；

(2) $\dfrac{5\dfrac{3}{5} \times \left(1\dfrac{2}{3} + \dfrac{10}{21} \right)}{4 + \cfrac{1\dfrac{3}{4}}{6 - 3\dfrac{3}{8}}}$.

3. 把下列分数化成连分数.

(1) $\dfrac{47}{30}$；　　　　　　　　　　(2) $\dfrac{29}{40}$.

4. 把下列连分数化成分数.

(1) $\dfrac{1}{1+\dfrac{1}{2+\dfrac{1}{3+\dfrac{1}{4}}}}$；

(2) $1+\dfrac{1}{2+\dfrac{1}{1+\dfrac{1}{2+\dfrac{1}{3}}}}$.

5. 用连分数求其渐近线的方法,说明农历中隔几年出现一个闰月(农历包含闰月的那一年叫作闰年)的道理.

提示：地球绕太阳一周的时间是一年,一年等于 $365\dfrac{2422}{10^4}$ 天;月亮绕地球一周经历一次朔望变化,时间是 29 天 12 小时 44 分 $2\dfrac{9}{10}$ 秒(即 $29\dfrac{5306}{10^4}$ 天),叫作一个朔望月(农历月);地球自转一周是一天. 因这一年的天数不是一月天数的整数倍,所以隔几年安排一个闰月.

第五节　分数应用题

分数应用题大体上可分为两种：一种是解题思路和方法与自然数应用题类似的分数应用题,这样的题基本上是把原自然数应用题中的已知数由自然数改为分数,解答方法与自然数应用题基本相同;另一种是由于分数乘除法的含义的扩展而产生的分数应用题,研究这样的应用题,要从分数乘除法的含义去考虑. 通常所说的分数应用题,指的就是第二种.

本节主要讨论第二种分数应用题的解法.

1　基本分数应用题

所谓基本分数应用题,实际上是指直接由分数乘除法的含义一步解答的应用题. 这我们在讨论分数乘除法的含义时,已经举了相关的例子. 限于篇幅,此处不再赘述. 其数量关系表现为如下三种.

1.1　基本的分数乘法应用题

一个数乘以分数,它的含义就是求这个数的几分之几. 这就是说,求一个数的几分之几就用乘法算. 因此,对于最后可以归结为求一个数的几分之几是多少的分数应用题,就是分数乘法应用题.

1.2　基本的分数除法应用题

分数除法含义有两个方面：一是已知一个数的几分之几是多少,求这个数;二是求一个数是另一个数的几分之几. 因此,对于最后可归结为这两个方面的分数应用题,都属于是分数除法应用题.

事实上,基本的分数乘除法应用题,它们的数量关系是相关联的. 只是在这些数量关系中,已知数和未知数不同而已,因而带来解法的不同.以下要讨论的稍复杂的分数应用题,大多是在以上三种基本应用题的基础上发展而来的.

2 稍复杂的分数应用题

稍复杂的分数应用题,从根本上说,都是归结为基本应用题的.在基本分数应用题中,有三个量,都是已知其中的两个量求第三个量.如果已知的两个量中至少有一个不是直接已知,而是要通过一定运算才能知道的,那么这样的分数应用题就属于稍复杂的题了.因此,解题的关键在于分析清楚它在整体结构上属于哪一种基本分数应用题,而后只要求出那个不是直接已知的条件,问题就迎刃而解了.

如果在解答过程中,含有分数乘除法混合运算的,那在数量关系上就更为复杂些.但只要分清在乘或除运算中,整体结构上属于哪一种基本分数应用题,问题也不难解决.

例 4.15 开凿一条长为 2400 米的隧道,已经开凿了它的 $\frac{3}{5}$,还剩下多少米?

分析:要求剩下要开凿的隧道长度,可以先求出剩下隧道占隧道总长的几分之几.

由图 4.1 中可以看出,把隧道总长度(2400 米)看作单位"1",已经开凿了 $\frac{3}{5}$,剩下的是总长度的 $\left(1-\frac{3}{5}=\frac{2}{5}\right)$.因此,求剩下要开凿的隧道长度,就是要求它的总长度的 $\frac{2}{5}$ 是多少.根据一个数乘以分数的含义,用乘法.

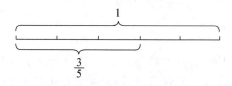

图 4.1 例 4.15 的数量关系

解:$2400 \times \left(1-\frac{3}{5}\right) = 2400 \times \frac{2}{5} = 960$(米).

答:还剩下 960 米.

想一想:还有其他解法吗?

例 4.16 一辆汽车加满汽油后,第一天用掉了它的 $\frac{2}{5}$,第二天用掉了剩下的 $\frac{3}{4}$,此时油箱里还剩下汽油 9 升,全箱有油多少升?

分析一:把全箱油看作单位"1",第一天用了 $\frac{2}{5}$,那么剩下的油是全箱油的

$\left(1-\dfrac{2}{5}\right)$；第二天用掉了剩下的 $\dfrac{3}{4}$，也就是用掉了全箱油的 $\left(1-\dfrac{2}{5}\right)\times\dfrac{3}{4}$；两天用掉后剩下的油是全箱油的 $\left[1-\dfrac{2}{5}-\left(1-\dfrac{2}{5}\right)\times\dfrac{3}{4}\right]$．已知两天后剩油 9 升，就是已知全箱油的 $\left[1-\dfrac{2}{5}-\left(1-\dfrac{2}{5}\right)\times\dfrac{3}{4}\right]$ 是 9 升．根据一个数除以分数的含义，用除法．

解法一：
$$9\div\left[1-\dfrac{2}{5}-\left(1-\dfrac{2}{5}\right)\times\dfrac{3}{4}\right]$$
$$=9\div\left[1-\dfrac{2}{5}-\dfrac{3}{5}\times\dfrac{3}{4}\right]$$
$$=9\div\dfrac{3}{20}$$
$$=60(升).$$

答：全箱有油 60 升．

分析二：如果先求出第一天用油后还剩油多少升，也可以求出全箱油的容量．

第一天用油后的剩油量是个未知数，把它看作单位"1"．已知第二天又从中用掉 $\dfrac{3}{4}$，那么第二天剩下的油就是第一天剩下油的 $\left(1-\dfrac{3}{4}\right)$．而第一天剩下油的 $\left(1-\dfrac{3}{4}\right)$ 是 9 升，所以用除法可以求出第一天剩下的油量数：$9\div\left(1-\dfrac{3}{4}\right)=36(升)$．

又第一天用掉全箱油的 $\dfrac{2}{5}$，再把全箱油看作单位"1"，那么第一天剩下的 36 升油是全箱油的 $\left(1-\dfrac{2}{5}\right)$．这样，求全箱的油量还是用除法．

解法二：
$$9\div\left(1-\dfrac{3}{4}\right)\div\left(1-\dfrac{2}{5}\right)$$
$$=9\div\dfrac{1}{4}\div\dfrac{3}{5}$$
$$=9\times\dfrac{4}{1}\times\dfrac{5}{3}$$
$$=60(升).$$

答：全箱有油 60 升．

例 4.17 某工厂扩展厂房计划投资 350000 元，实际用了 280000 元．比原计划节约了几分之几？

分析：要求比原计划节约几分之几，就是要求节约数是原计划的几分之几，这就要用计划数去除节约数. 原计划数是已知的,而节约数没有直接给出. 这可以根据计划数和实际用的金额,用减法求出.

解: $(350000 - 280000) \div 350000$

$= 70000 \div 350000$

$= \dfrac{1}{5}.$

答: 比原计划节约了 $\dfrac{1}{5}.$

想一想: 还有其他解法吗?

例 4.18 某班在第一次数学测验时,得优秀的学生数是其余学生数的 $\dfrac{1}{3}$;第二次数学测验时,得优秀的学生增加了 4 人,此时得优秀的学生数是其余学生数的 $\dfrac{1}{2}$. 这个班共有学生多少人?

分析: 由于第一次测验得优秀的学生数是其余学生数的 $\dfrac{1}{3}$,说明全班学生可以平均分成 $(3+1)$ 份,这样得优秀的学生数是全班学生数的 $\dfrac{1}{4} = \dfrac{1}{3+1}$;同理,第二次测验得优秀的学生数是全班学生数的 $\dfrac{1}{3} = \dfrac{1}{2+1}$. 而第二次测验多出得优秀的 4 人,正是全班学生的 $\dfrac{1}{12} = \left(\dfrac{1}{2+1} - \dfrac{1}{3+1}\right)$. 根据"已知一个数的几分之几是多少,求这个数",用除法,就得到了算式.

解: $4 \div \left(\dfrac{1}{2+1} - \dfrac{1}{3+1}\right) = 4 \div \dfrac{1}{12} = 48(人).$

答: 全班共有学生 48 人.

例 4.19 一部书稿,甲单独打 10 天可以完成,乙单独打 15 天可以完成. 两人合打,几天可以完成?

分析: 把全部书稿看作单位"1",那么甲一天可以完成全部书稿的 $\dfrac{1}{10}$,乙一天可以完成全部书稿的 $\dfrac{1}{15}$,两人合打一天可以完成全部书稿的 $\left(\dfrac{1}{10} + \dfrac{1}{15}\right)$. 已知总工作量和工作效率,求工作时间用除法.

解: $1 \div \left(\dfrac{1}{10} + \dfrac{1}{15}\right)$

$= 1 \div \dfrac{5}{30}$

$= 6(天).$

答：两人合打 6 天就可完成.

例 4.20　一部书稿,甲乙两人合打 6 天可以打完.甲单独打 10 天可以打完,两人合打 2 天后,余下的书稿由乙单独打,还要几天才能打完?

分析：把全部书稿看作单位"1",那么两人合打,一天可以完成全稿的 $\frac{1}{6}$,甲 1 天可以完成全稿的 $\frac{1}{10}$.要求余下的书稿由乙单独打,几天才能完成,必须先求出两人合打两天后余下全书稿的几分之几,和乙一天完成的工作量.

解：$\left(1-\frac{1}{6}\times 2\right)\div\left(\frac{1}{6}-\frac{1}{10}\right)$

$$=\frac{2}{3}\div\frac{2}{30}$$

$$=10\text{（天）}.$$

答：余下的书稿由乙单独打,还要 10 天才能打完.

以上的应用题,都是由分数乘除法的含义扩展后,而引出的稍复杂的分数应用题.但解答过程中是没有分数乘除法混合运算的.如果解答过程中含有乘除法混合运算,那么这样的分数应用题在数量关系上就更为复杂些.

例 4.21　甲 8 天的工作量与乙 7 天的工作量相等,他们在同一时间共同生产竹工艺品 60 件.甲比乙少生产几件?

分析：甲 8 天的工作量与乙 7 天的工作量相等,如果把乙的工作量看作单位"1",那么在同一时间内,甲的工作量是乙的 $\frac{7}{8}$,甲乙共做的工作量就等于乙工作量的 $\left(1+\frac{7}{8}\right)$.已知甲乙在同一时间内共生产竹工艺品 60 件,也就是说,乙工作量的 $\left(1+\frac{7}{8}\right)$ 是 60 件,所以可用除法求出乙做的件数.因为甲比乙少做的件数是乙做的件数的 $\left(1-\frac{7}{8}\right)$,所以可用乘法求出甲比乙少做的件数.

解：$60\div\left(1+\frac{7}{8}\right)\times\left(1-\frac{7}{8}\right)$

$$=60\div\frac{15}{8}\times\frac{1}{8}$$

$$=4\text{（件）}.$$

答：甲比乙少做 4 件.

对于有些分数应用题,用分数运算的意义来解,比较繁难,但如果把它转化为整数应用题来解,则显得比较简便.

例 4.22 仓库有一堆煤,第一天运出 $\dfrac{2}{9}$,第二天运出剩下的 $\dfrac{3}{7}$,第三天运进的煤是第二天剩下的一半,这时仓库存煤 288 吨.问仓库原有煤多少吨?

分析:显然,这是一个已知一个数的几分之几是多少,求这个数的基本分数应用题的扩展题,即原有煤的几分之几是 288 吨,求原有煤的吨数的问题.因此,只要求出相应的分率,问题就得以解决.但这一分率不容易求,需要有三个单位"1",即先把原有煤看作单位"1",再把第一天运走后剩下的煤看作单位1,最后把第二天运走后剩下的煤又看作单位"1",于是所求的分率即为

$$\left(1-\frac{2}{9}\right)\times\left(1-\frac{3}{7}\right)\times\left(1+\frac{1}{2}\right).$$

解: $288\div\left[\left(1-\frac{2}{9}\right)\times\left(1-\frac{3}{7}\right)\times\left(1+\frac{1}{2}\right)\right]=432$(吨).

而如果使用线段图(见图4.2),不仅容易理解,而且还能把它转化为整数应用题来解.

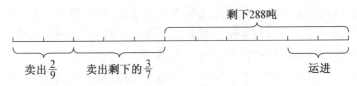

图 4.2　例 4.22 的数量关系

于是可得:$288\div6\times9=432$(吨).

答:仓库原有煤 432 吨.

 习题十六

1. 育民小学有学生 560 人,三好学生占 $\dfrac{1}{8}$.三好学生中有 $\dfrac{1}{5}$ 是五年级的学生.五年级有三好学生多少人?

2. 一个养鸡专业户养产蛋鸡 1400 只,养的肉用鸡比产蛋鸡多 $\dfrac{3}{7}$.这个专业户养肉用鸡多少只?

3. 某工厂改进技术后,制造一台机器的成本是 720 元,比原来节约 $\dfrac{3}{8}$.原来制造一台机器的成本是多少元?

4. 一辆汽车从甲城开往乙城,全程 1358 千米.第一天行驶了全程的 $\dfrac{2}{7}$,第二天行驶了剩下路程的 $\dfrac{3}{5}$.再行驶多少千米才能到达乙城?

5. 某学校三年级有学生 132 人,参加运动会的有 $\frac{5}{6}$,比二年级学生参加运动会的多 $\frac{1}{10}$.二年级参加运动会的学生有多少人?

6. 一件工作,甲单独做 8 小时完成,乙单独做 10 小时完成.如果乙先做 1 小时后两人合作,还要几小时才能完成?

7. 货车从甲城开到乙城要用 8 小时,客车从乙城开到甲城要用 6 小时.货车从甲城开出 $3\frac{1}{3}$ 小时后,客车从乙城相对开出,再过几小时两车相遇?

8. 当水结冰时体积增加 $\frac{1}{10}$.当冰化成水时,体积要减少几分之几?

9. 某人上山的速度是每小时 4 千米,到达山顶后下山,下山按原路返回,速度为每小时 6 千米.此人上、下山的平均速度是多少?

10. 某汽车原来行驶 100 千米耗油 18 千克,经改装后每行驶 100 千米耗油 12 千克.汽车改装后比原来节省汽油几分之几?(列式解答后,再用答案作为一个已知条件,把这道题改编成一道分数乘法和一道分数除法应用题)

11. 某人读一本 252 页的小说,已读页数的 $\frac{5}{7}$ 是未读页数的 $2\frac{1}{2}$ 倍.他已读多少页?

12. 两袋米一共 168 千克,从第一袋取出全袋米的 $\frac{3}{4}$,从第二袋取出全袋米的 $\frac{2}{3}$ 后,两袋中剩下的米一样多.两袋中原来各有米多少千克?

13. 两缸金鱼,如果从第一缸取出 15 尾放入第二缸,这时第二缸中的金鱼正好是第一缸的 $\frac{5}{7}$.已知第二缸中原有金鱼 35 尾,第一缸原有金鱼多少尾?

14. 一段公路,若甲队独修 6 天修完,若乙队独修 8 天修完.现两队同时修了 3 天,还剩 50 米没有修完.这段公路全长有多少米?

15. 一项工程,甲乙两队合做 12 天完成.如果甲做 12 天,乙做 4 天,只完成这项工程的 $\frac{3}{5}$.若两队单独做,各需要多少天完成?

16. 按照下面的要求自编分数应用题,并加以解答.
(1)仿照例 4.20 编一道应用题;
(2)把例 4.16 改编成乘法应用题;
(3)把例 4.15 改换已知条件,编成一道"已知一个数的几分之几是多少,求这个数"的应用题;
(4)把例 4.22 的未知数量变为已知数量,某个已知数量变为未知数量,编出几道不同的应用题.

第五章 小 数

在日常生活和数学研究中,我们还时常用到另外一种形式的数——小数.比如,商品的标价和圆周率的表示,就是使用小数的例子.但同时我们也知道,作为商品标价等我们日常使用的小数,只不过是分数的另一种表达形式,而像圆周率这种小数则是一种无限不循环小数,即无理数的另一种表达形式.因此,从这一意义上说,小数并非一种新的数.但由于它能方便我们的需要,且小数是小学数学的重要内容之一,因而仍有研究的必要.

本章主要讨论的是有限小数和无限循环小数.

第一节 小数的概念和性质

1 小数的概念

定义 5.1 分母是 10^n(n 是正整数) 的分数,称为十进分数. $\dfrac{1}{10}, \dfrac{1}{10^2}, \cdots, \dfrac{1}{10^n}, \cdots$ 称为十进分数的分数单位.

把这些十进分数的分数单位和自然数的记数单位 $1, 10, \cdots, 10^n, \cdots$ 排列在一起,就得到以下序列:

$$\cdots, 10^3, 10^2, 10, 1, \frac{1}{10}, \frac{1}{10^2}, \frac{1}{10^3}, \cdots$$

在这一序列中,每相邻两个单位之间,左边的单位是右边单位的 10 倍,右边的单位是左边单位的 $\dfrac{1}{10}$.

有了这一记数单位序列,那么任何一个十进分数都可以像自然数那样表示成不同的记数单位的和的形式.例如:

$$\frac{423895}{10^3} = \frac{4 \times 10^5 + 2 \times 10^4 + 3 \times 10^3 + 8 \times 10^2 + 9 \times 10 + 5 \times 1}{10^3}$$

$$= 4 \times 10^2 + 2 \times 10 + 3 \times 1 + 8 \times \frac{1}{10} + 9 \times \frac{1}{10^2} + 5 \times \frac{1}{10^3}.$$

一般地,对于一个十进分数 $\dfrac{j}{10^k}$ (j 是自然数,k 是正整数),若设 j 的各位数字依次是 $a_n, a_{n-1}, \cdots, a_1, a_0, b_1, b_2, \cdots, b_{m-1}, b_m$ (m, n 是自然数),则 j 可用 10 的幂的形式表示为

$$j = a_n \cdot 10^{n+m} + a_{n-1} \cdot 10^{n+m-1} + \cdots + a_0 \cdot 10^m + b_1 \cdot 10^{m-1} + \cdots + b_m,$$

于是

$$
\begin{aligned}
\frac{j}{10^m} &= \frac{a_n \cdot 10^{n+m} + a_{n-1} \cdot 10^{n+m-1} + \cdots + a_0 \cdot 10^m + b_1 \cdot 10^{m-1} + \cdots + b_m}{10^m} \\
&= \frac{(a_n \cdot 10^n + a_{n-1} \cdot 10^{n-1} + \cdots + a_0) \cdot 10^m + b_1 \cdot 10^{m-1} + \cdots + b_m}{10^m} \\
&= a_n \cdot 10^n + a_{n-1} \cdot 10^{n-1} + \cdots + a_0 + b_1 \cdot \frac{1}{10} + \cdots + b_m \cdot \frac{1}{10^m}.
\end{aligned}
$$

由于任何一个十进分数都可以表示成不同的记数单位的数之和的形式,因此可以采用自然数的十进位制的位值,把十进分数改写成不带分母的形式,在整数部分和分数部分之间的偏下方记一个圆点".",形成一种新的十进分数表示法.

如 $\dfrac{423895}{10^3}$ 可以写成如下形式:

$$\frac{423895}{10^3} = 423.895.$$

一般地,十进分数 $\dfrac{j}{10^k}$ 可以写成下面的形式:

$a_n a_{n-1} \cdots a_0 . b_1 b_2 \cdots b_m$ ($a_n, a_{n-1}, \cdots, a_0, b_1, b_2, \cdots, b_m$ 之间并不表示相乘,只表示 0 到 9 的这十个数字的顺序排列,且 $a_{n \neq 0}$).

定义 5.2 根据十进位制的位值原则,把十进分数改写成不带分母形式的数称为小数.小数中的圆点称为小数点.小数点的左边部分是小数的整数部分,小数点的右边部分是小数的小数部分.整数部分是零的小数称为纯小数.整数部分不是零的小数称为带小数.

例如:0.024 是纯小数,2.73 是带小数.

整数可看作小数部分是零的小数.这样,整数就可以看成特殊的小数了.

由于小数是按位值原则写出的,所以每个数字因其所在的数位不同,而表示不同的值.小数的数位名称和所表示的记数单位以及数位顺序表如表 5.1 所示.

表 5.1 小数数位顺序表

	整数部分				小数点	小数部分			
数位名称	⋯	千位	百位	十位	个位	·	十分位	百分位	千分位	⋯
记数单位	⋯	千	百	十	一		十分之一	百分之一	千分之一	⋯

小数的读法有两种 —— 意读和直读.

所谓意读,即根据小数的意义来读.对于有限小数,由于它实际上是十进分数的另一种表现形式,因此,可以按分数的意义来读,这就是意读.如 51.18 读作五十一又百分之十八;0.083 读作千分之八十三.一般地,带小数的整数部分仍按整数的读法来读;小数部分按分数的读法来读,用小数的最后一个数位名称中的数(十、百……)作分母,用小数部分的各位数字所组成的整数作分子.

所谓直读,即按照形式直接读出.如 51.18 读作五十一点一八,0.083 读作零点零八三.一般地,整数部分仍按整数的读法来读,小数点读作"点",小数部分顺次读出各个数位上的数字即可.对于无限小数,基本上采用直读的方法来读.以上的讨论基本上是在有限小数的范围内进行的.

小数部分的位数是有限的小数,称为有限小数.显然,以上定义的小数只是有限小数.但我们还会遇到小数部分的位数是无限的小数,即所谓的无限小数.

以下定义就把有限小数与无限小数统一了起来.

定义 5.3 设 a_0, a_k 是自然数,$0 \leqslant a_k \leqslant 9 (k=1,2,3,\cdots)$,记

$$a_0 + \frac{a_1}{10} + \frac{a_2}{10^2} + \cdots + \frac{a_k}{10^k} + \cdots = a_0.a_1 a_2 \cdots a_k \cdots$$

称 $a_0.a_1 a_2 \cdots a_k \cdots$ 为十进小数,简称小数.

这一定义既包含有限小数,也包含无限小数.

定义 5.4 一个无限小数,如果它的小数部分从某一位起,都是由一个或几个数字,依照一定的顺序不断地重复出现,这样的小数称为无限循环小数.

循环小数的小数部分依次重复出现的 $n(n \geqslant 1)$ 个数字,称为循环节,n 称为循环节的长度,或循环节的位数,或循环周期.

这一定义的形式化表示,就是:

定义 5.5 设有无限小数 $0.a_1 a_2 \cdots a_n \cdots$($a_i$ 是 0 到 9 中的任何一个数字,且任何一位以后不全是 0,$i = 1,2,\cdots,9$),若存在两个整数 $s \geqslant 0, t > 0$,使得

$$a_{s+j} = a_{s+kt+j}, j = 1,2,\cdots,t; k = 0,1,2,\cdots$$

则称这一小数为循环小数,记作 $0.a_1 a_2 \cdots a_s \dot{a}_{s+1} \cdots \dot{a}_{s+t}$.

对于循环小数而言,具有上述性质的 s 和 t 并不唯一.如找到的 t 是最小的,就称 $a_{s+1}, a_{s+2}, \cdots, a_{s+t}$ 为循环节,而 t 称为循环节的长度;若最小的 $s = 0$,则称此小数为纯循环小数,否则称之为混循环小数.

由于循环小数是无限的,因此在书写一个循环小数时,不得不采用省略号的形式,但这种使用省略号的形式,对于有的循环小数,一下难以判断出循环节,同时也为了书写简便,我们采用只写出第一个循环节的数字,并在这个循环节的第一个和最后一个数字上面各加上一个点的形式来记,第一个或最后一个数字上面的点称为循环点.例如,$0.13562756275627\cdots = 0.13\dot{5}62\dot{7}$.

纯循环与混循环并非绝对的.例如,循环$3.\overset{\cdot}{2}0\overset{\cdot}{5} = 3.2\overset{\cdot}{0}520\overset{\cdot}{5}$.这意味着纯循环小数可以改写为混循环小数的形式,但并不改变其大小.

显然,循环节的位数的倍增并不改变循环小数的大小,只是表现形式的不同.

另外,有限小数可以改写为以 0 或 9 为循环节的循环小数.

例如,3.72写成$3.7\overset{\cdot}{1}\overset{\cdot}{9}$或$3.72\overset{\cdot}{0}$(一般不采用以 9 为循环节的形式).

自然,以上的一些改写一方面说明了事物的相对性,另一方面也只是在特别必需的时候才进行.一般情况下都是不需要改写的,都写成最简形式.

2　小数的性质

2.1　移动小数点的位置所引起的小数大小的变化

由于小数是按照位值原则并以小数点作为定位标准来写出的,因此移动小数点的位置必然引起数位的变化,从而使小数的大小也跟着发生变化.

例如,把小数 51.83 的小数点向右移动一位,就得到一个新小数 518.3.由于小数的每相邻两单位间都是十进关系,因此小数点位置向右移动一位时,各个数字所占的数位都要发生变化:原来在个位上的"1"移到十位上,它表示数值扩大 10 倍;原来十分位上的"8"移到了个位上,也扩大 10 倍……所以新小数 518.3 是原小数 51.83 的 10 倍.

由此可见,把小数的小数点向右移动一位,小数就扩大 10 倍.同理,把小数点向右移动两位,小数就扩大 100 倍.以此类推,可以得出:把小数点向右移动 n 位,小数就扩大 10^n 倍.

同理,把小数点向左移动 n 位,小数就缩小 10^n 倍.

反之,要把一个小数扩大(或缩小)10 倍,就只要把小数点向右(或向左)移动 n 位即可.

2.2　小数末尾的零

根据小数的定义和分数的基本性质,有

$$\frac{3}{10} = \frac{30}{100} = \frac{300}{1000} = \cdots$$

把它写成小数的形式:

$$0.3 = 0.30 = 0.300 = \cdots$$

由此可得:在小数的末尾添上或去掉几个零,小数的大小不变.

3　小数的大小比较

两个小数的大小比较问题,实质上就是两个十进分数的大小比较问题.这就是说,比较两个小数的大小,与比较两个整数大小的原理相同,只要从高位开始,依次比较相同数位上的数的大小即可,即先比较整数部分,整数部分大的那个小数就大;如果整数部分相同,那么十分位上大的那个小数就大;如果十分位上的数也相同,那么百分位上的数大的那个小数就比较大……

例如,比较 83.181 与 83.179 的大小,因为这两个小数的整数部分相同,故只要比较它们的小数部分,而小数部分十分位也相同,都是 1,因此要看百分位,由于 83.181 的百分位上是 8,而 83.179 的百分位上是 7,8＞7,故 83.181＞83.179.

 习题十七

1. 小学数学课本中是怎样引入小数的?

2. 把以下各式分别记成小数.

(1) $4 \times 10 + 3 + 5 \times \dfrac{1}{10} + 6 \times \dfrac{1}{100}$;

(2) $3 \times \dfrac{1}{10} + 7 \times \dfrac{1}{100} + 2 \times \dfrac{1}{10000}$;

(3) $8 \times 100 + 5 \times 10 + 3 \times \dfrac{1}{100} + \dfrac{1}{10000}$.

3. "小数比整数小",这样说对吗?为什么?

4. 为什么小数的末尾可以随意添上或去掉零?整数末尾可不可以随意添上或去掉零,为什么?

第二节　小数的四则运算

对于有限小数,由于它只不过是十进分数的另一种表达形式,而无限循环小数也可以化为分数,所以分数四则运算的定义和运算性质完全适用于小数四则运算;而小数的记数原则又与整数的记数原则相同,故小数的四则运算法则可以仿照整数的运算法则进行.

1 小数的加法和减法

由于小数的记数原则与整数相同,每个数位上的记数单位是不同的,所以计算小数的加减法,也要把相同数位对齐(也即小数点对齐),使同一记数单位上的数相加减.

例 5.1　计算 $46.3 - 9.56$.

解: 由

$$
\begin{array}{r}
4\,6.3 \\
-\ \ \ 9.5\,6 \\
\hline
3\,6.7\,4
\end{array}
$$

故 $46.3 - 9.56 = 36.74$.

2 小数乘法

要仿照整数乘法的法则计算小数乘法,那就要解决小数点的处理问题.

设 α, β 分别是两个 m, n 位小数,则可记

$\alpha = \dfrac{A}{10^m}, \beta = \dfrac{B}{10^n}$,其中 A, B 分别是 α, β 去掉小数点后所得到的整数.

于是有 $\alpha \cdot \beta = \dfrac{A}{10^m} \cdot \dfrac{B}{10^n} = \dfrac{A \cdot B}{10^{m+n}}$.

这就是说,要计算 α 和 β 的积,先不考虑它们的小数点,而把它们当作两个整数 A 和 B 来乘,然后把所得的积缩小 10^{m+n} 倍即可,即只要在 A 和 B 的积里记上小数点,而小数的位数等于两个因数 α 和 β 里的小数位数的和.

例 5.2 计算 7.591×0.63.

解: 由

$$
\begin{array}{r}
7.591 \\
\times\ \ 0.63 \\
\hline
2\,2\,7\,7\,3 \\
4\,5\,5\,4\,6\ \ \\
\hline
4.78233
\end{array}
$$

故 $7.591 \times 0.63 = 4.78233$.

3 小数除法

要使小数除法也可以仿照整数除法的法则进行,同样要解决小数点的处理问题.

3.1 小数除以整数

设 α 是个 m 位小数,记 $\alpha = \dfrac{A}{10^m}$(A 是 α 去掉小数点后所得的整数),B 是个非零整数,则

$$\alpha \div B = \frac{A}{10^m} \div B = A \div 10^m \div B = (A \div B) \div 10^m.$$

这告诉我们,一个 m 位小数 α 除以一个非零整数,可把 α 扩大 10^m 倍化为一个整数 A,然后用 A 除以 B,再将所得的商缩小 10^m 倍即可.

如果 A 除以 B 得到整数商 q,那么商 q 缩小 10^m 倍后就有 m 位小数,所以 $\alpha \div B$ 的商与被除数 α 的小数部分的位数相同.

如果 A 除以 B 得不到整数商,而把 A 再扩大 10^x 倍后,能够得到整数商 q,那么由于被除数 α 扩大了 10^{m+x} 倍,因此商 q 就要缩小 10^{m+x} 倍. 这时 $\alpha \div B$ 所得到的商有 $(m+x)$ 位小数,与除到最后一位时被除数 α 末尾添 0 后的小数位数相同.

如果无论把 α 扩大多少倍,都不能得到整数商,那么 $\alpha \div B$ 的商的小数位数就不

是有限的.

实际计算小数除以整数,就按照整数除法法则来进行(最后还有余数时,可以在末尾添 0,再继续除).

例 5.3 计算 $39.48 \div 8$.

解:由

$$
\begin{array}{r}
4.935 \\
8{\overline{\smash{\big)}\,39.48}} \\
\underline{32} \\
74 \\
\underline{72} \\
28 \\
\underline{24} \\
40 \\
\underline{40} \\
0
\end{array}
$$

故 $39.48 \div 8 = 4.935$.

除的时候,实质上是把被除数化为不同的记数单位的数之和的形式,就是

$$
39.48 \div 8 = \left(3 \times 10 + 9 \times 1 + 4 \times \frac{1}{10} + 8 \times \frac{1}{10^2}\right) \div 8
$$

$$
= \left(32 \text{个} 1 + 72 \text{个} \frac{1}{10} + 24 \text{个} \frac{1}{10^2} + 40 \text{个} \frac{1}{10^3}\right) \div 8.
$$

除到被除数的个位后,还余 7,看作 70 个 $\frac{1}{10}$,与 4 个 $\frac{1}{10}$ 合在一起,除以 8,得 9 个 $\frac{1}{10}$,在商的十分位上写上 9.这样,小数点就应该记在个位与十分位之间,与被除数的小数点上下对齐.

3.2 小数除以小数

设有两个小数 α 和 β,记 $\beta = \frac{B}{10^n}$(B 是 β 去掉小数点后得到的整数),则 $\alpha \div \beta = \alpha \div \frac{B}{10^n} = \alpha \div (B \div 10^n) = (\alpha \cdot 10^n) \div B$.

这就是说,用小数除可以化为用整数除.其方法是把除数的小数点去掉化成整数,原除数有几位小数,就把被除数的小数点向右移动几位,然后按照小数除以整数的法则计算.

例 5.4 计算 $30.24 \div 0.7$.

解：　由

$$
\begin{array}{r}
4\,3.\,2 \\
0\backslash7\,\overline{)\,3\ 0\backslash2.\,4} \\
2\ 8 \\
\hline
2\ 2 \\
2\ 1 \\
\hline
1\ 4 \\
1\ 4 \\
\hline
0
\end{array}
$$

故 $30.24 \div 0.7 = 43.2$.

在进行小数除法运算时,得到的商可以是有限小数,也可以是无限小数.

运用小数的运算定律或性质,同样可以使有些小数四则运算简便.

例 5.5　　计算 $0.39 \times 0.5 \times 0.8 \div 0.3$.

解：$0.39 \times 0.5 \times 0.8 \div 0.3 = (0.39 \div 0.3) \times (0.5 \times 0.8)$

$$= 1.3 \times 0.4$$

$$= 0.52.$$

 习题十八

1. 以 $8.24 + 47.5$ 为例,说明小数加法的法则.

2. 以 $93.1 - 4.27$ 为例,说明小数减法的法则.

3. 小学生在做小数乘除法习题时,发生了下面的错误.请指出错在哪里,并分析产生错误的原因.

(1)
$$
\begin{array}{r}
0.\,0\ 2\ 4 \\
\times\quad 0.\,7 \\
\hline
0.\,1\ 6\ 8
\end{array}
$$

(2)
$$
\begin{array}{r}
3.\,6\ 4 \\
\times\quad 2.\,5 \\
\hline
1\ 8\ 2\ 0 \\
7\ 2\ 8 \\
\hline
0.\,9\ 1\ 0\ 0
\end{array}
$$

(3) $3.48 \div 0.87$

$$
\begin{array}{r}
0.\,0\ 4 \\
0.\,8\ 7\,\overline{)\,3.\,4\ 8} \\
3.\,4\ 8 \\
\hline
0
\end{array}
$$

(4) $0.45 \div 0.22 = 2(余 1)$

$$
\begin{array}{r}
2 \\
0\backslash22\,\overline{)\,0\backslash4\ 5} \\
4\ 4 \\
\hline
1
\end{array}
$$

4. 下列各题怎样算简便就怎样算.

(1) $17.826 - (12.826 + 4.595)$;

(2) $27.425 - (19 - 14.575)$；

(3) $0.38 \times 8.46 + 0.15 \times 8.46 + 0.28 \times 8.46$；

(4) $0.1 \div 0.1 + 0 \div 32.6 \div 65.2 - 0.1 \times 0.1$.

5. 计算.

(1) $[7.2 - (0.6 \div 5 + 2.4)] \times (0.33 - 0.25)$；

(2) $(0.01812 \div 0.003 \div 0.5) \div (0.2718 \div 18 \times 5)$；

(3) $\dfrac{(11.69 + 9.3 - 12.79) \times 0.9}{36}$；

(4) $\dfrac{28.4 \times 25 - 13.4}{1.08 \div 1.5 + 6.3 \div 0.28}$.

第三节　小数和分数

这一节主要讨论小数与分数的互化. 由于每一个假分数都可以化为一个整数或一个整数与一个真分数的和的形式,而每一个真分数又可通过约分化为既约分数,因此在讨论分数化为小数时,只需讨论既约真分数化为小数的情况即可.

1　化分数为小数

1.1　化分数为有限小数

(1) 分数能够化为有限小数的充要条件

定理 5.1　一个既约真分数 $\dfrac{b}{a}$ 能化为有限小数的充要条件是,分母 a 只含有质因数 2 和 5.

证明: 先证条件的充分性.

设 $a = 2^m \times 5^n$ (m, n 是正整数),则

$$\frac{b}{a} = \frac{b \times 2^n \times 5^m}{2^{m+n} \times 5^{n+m}} = \frac{b \times 2^n \times 5^m}{10^{n+m}}.$$

这就是说, $\dfrac{b}{a}$ 是一个可以表示成以 10^{n+m} 为分母的十进分数,所以它能表示为一个有限小数.

再证条件的必要性.

设 $\dfrac{b}{a} = \dfrac{c}{10^m}$,则 $ac = b \cdot 10^m$. 由整除的定义知, $a \mid b \cdot 10^m$. 而 $(b, a) = 1$,故 $a \mid 10^m$. 但 10^m 只含质因数 $2, 5$,于是 a 只含质因数 $2, 5$.

(2) 化分数为有限小数的方法

方法一: 根据证明定理 5.1 的方法,将分数的分子和分母同乘以 2 或 5 的幂,使分母变成 10 的幂,然后直接改写成有限小数.

例 5.6 化 $\dfrac{7}{40}$ 为小数.

解： $\dfrac{7}{40} = \dfrac{7 \times 5^2}{2^3 \times 5 \times 5^2} = \dfrac{175}{1000} = 0.175.$

方法二：直接用除法计算. 这是根据分数与除法的关系而得到的方法.

可以再通过对几个例子的计算观察，得出分母只含质因数 2，5 的既约分数化为小数后，关于小数位数的如下结论：小数的位数等于分母里 2 和 5 的指数中较大的一个数. 这一结论的证明留给读者.

1.2　化分数为循环小数

定理 5.2 任何分数都可表示为有限小数或无限循环小数，两者必居其一.

设有分数 $\dfrac{m}{n}$（n,m 是正整数），先用 n 去除 m，得商为 a_0，余数为 r_1（$0 \leqslant r_1 < n$）；再用 n 去除 $10r_1$，得商为 a_1，余数为 r_2（$0 \leqslant r_2 < n$）；又用 n 去除 $10r_2$，得商为 a_2，余数为 r_3（$0 \leqslant r_3 < n$）；如此一直下去，则有

$$m = a_0 n + r_1,$$
$$10r_1 = a_1 n + r_2,$$
$$10r_2 = a_2 n + r_3,$$
$$\vdots$$
$$10r_k = a_k n + r_{k+1},$$
$$\vdots$$

其中 $0 \leqslant r_k < n$，r_k 是自然数，$k = 1,2,3,\cdots$

如果对于某一 k，$10r_{k-1}$ 被 n 整除，即有 $r_k = 0$，则以上的除法运算终止，且有

$$m = a_0 n + \dfrac{a_1}{10} n + \dfrac{a_2}{10^2} n + \cdots + \dfrac{a_{k-1}}{10^{k-1}} n.$$

即有

$$\dfrac{m}{n} = a_0 + \dfrac{a_1}{10} + \dfrac{a_2}{10^2} + \cdots + \dfrac{a_{k-1}}{10^{k-1}} = a_0 . a_1 a_2 \cdots a_{k-1}.$$

显然，这是一个有限小数.

如果对任何 k，$10r_{k-1}$ 都不能被 n 整除，即有 $0 < r_k < n$（$k = 1,2,3,\cdots$）. 但由于 n 是个确定的正整数，而小于 n 的正整数只有 $(n-1)$ 个，故多于或等于 n 个的余数中至少有两个相同，即最多除到第 n 次，所得余数就会与前面 $n-1$ 个余数中的某个相同. 若第 $(t+s)$ 个余数与第 t 个余数相同，即有 $r_{t+s} = r_t$，接下去第 $(t+s+1)$ 个商及余数就分别与第 $(t+1)$ 个商及余数相同，即

$$a_{t+s+1} = a_{t+1}, r_{t+s+1} = r_{t+1}.$$

继续下去就有

$$a_{t+s+2} = a_{t+2}, r_{t+s+2} = r_{t+2},$$

$$\vdots$$

$$a_{t+s+s} = a_{t+s} = a_t, r_{t+s+s} = r_{t+s} = r_t,$$

$$\vdots$$

这是一个从 t 位开始循环,循环节长为 s 的循环小数.

(1) 化分数为纯循环小数

定理 5.3 如果一个既约真分数 $\dfrac{b}{a}$ 的分母 a 只含有 2 和 5 以外的质因数,那么,

① 这个分数所化成的小数是纯循环小数;

② 这个纯循环小数的循环节的最少位数,与分母能整除 $\overset{t个}{\overline{99\cdots9}}$ 时 9 的最少个数 t 相同.

证明: ① 因为分母 a 只含有 2 和 5 以外的质因数,而 10 的幂只含有质因数 2 和 5,所以 $(a, 10^n) = 1$ (n 为大于 0 的自然数). 用 a 除 10 的幂必有非 0 余数. 由于余数小于 a,所以至少会有两个 10 的幂除以 a 所得的余数相同. 设余数为 r,两个 10 的幂分别为 10^m 和 10^{m+t},取 t 为最小的. 于是得

$$10^m = aq_1 + r (q_1 \text{ 是自然数}). \tag{1}$$

$$10^{m+t} = aq_2 + r (q_2 \text{ 是自然数}). \tag{2}$$

(2) $-$ (1) 得

$$10^{m+t} - 10^m = aq_2 - aq_1.$$

$$10^m(10^t - 1) = a(q_2 - q_1).$$

因 $q_2 - q_1$ 是整数,$(a, 10^m) = 1$,

故 $a \mid (10^t - 1)$.

则有 $a \mid (10^t - 1)b$.

即有 $\dfrac{(10^t - 1)b}{a} = q$ (q 是非零自然数).

就是 $\dfrac{10^t \cdot b}{a} - \dfrac{b}{a} = q$.

因 q 是非零自然数,故 $\dfrac{10^t \cdot b}{a}$ 与 $\dfrac{b}{a}$ 的小数部分相同.

令 $\dfrac{b}{a} = 0.b_1 b_2 \cdots b_t b_{t+1} b_{t+2} \cdots$(这里的 $b_i (i = 1, 2, \cdots, t, t+1, t+2, \cdots)$ 只表示数字的顺序排列,而不是相乘. 下同),得 $\dfrac{10^t b}{a} = b_1 b_2 \cdots b_t . b_{t+1} b_{t+2} \cdots$

于是有 $b_1 = b_{t+1}, b_2 = b_{t+2}, \cdots, b_t = b_{2t}, b_{2t+1} = b_{t+1} = b_1, b_{2t+2} = b_{t+2} = b_2, \cdots$

所以 $\dfrac{b}{a} = 0.\dot{b}_1 b_2 \cdots \dot{b}_t$ (t 是循环节的倍数,也称循环周期).

这就证明了分母只含有 2 和 5 以外的质因数的既约真分数化成的小数是纯循环小数.

在以上证明中可知,$a \mid (10^t - 1)$ 时,t 是最小的数.这就是说,$a \mid \overbrace{99\cdots9}^{t\uparrow}$,9 的个数是最少的.同时也可知,$\dfrac{b}{a}$ 化成纯循环小数的循环节是 t.现在来证明循环节的位数 t 也是最少的.

假设 $\dfrac{b}{a}$ 化成纯循环小数的循环节位数是 s,而 $s < t$,于是

$$\frac{b}{a} = 0.b_1 b_2 \cdots b_s + \frac{b}{10^s a},$$

两边乘以 10^s,得

$$\frac{10^s b}{a} = b_1 b_2 \cdots b_s + \frac{b}{a}.$$

即 $\dfrac{10^s b}{a} - \dfrac{b}{a} = b_1 b_2 \cdots b_s.$

$$\frac{b(10^s - 1)}{a} = b_1 b_2 \cdots b_s.$$

因 $b_1 b_2 \cdots b_s$ 是一整数,故 $a \mid b(10^s - 1)$.
又 $(a, b) = 1$,则 $a \mid (10^s - 1)$.

这就是说,a 能整除 $\overbrace{99\cdots9}^{s\uparrow}$,而且个数比 t 少.这与所设 $a \mid \overbrace{99\cdots9}^{t\uparrow}$ 中 t 是最小数相矛盾.

因此,不可能存在一个比 t 小的数.从而证明 $\dfrac{b}{a}$ 化成纯循环小数,循环节的最小位数是 t,也就是与 a 能整除 $\overbrace{99\cdots9}^{t\uparrow}$ 时 9 的最少个数 t 相同.

例 5.7 $\dfrac{1}{3}, \dfrac{22}{7}$ 能化成什么样的循环小数?循环节的位数是几位?

解:因它们的分母只含有 2 和 5 以外的质因数,故都一定能化成纯循环小数.
而 $3 \mid 9, 7 \mid 999999$,故化成纯循环小数的循环节最少位数是 1 和 6.这可以进行计算验证.读者可自行验证之.

但对于分母比较大时,要靠手工判断分母能整除最少的 9 的个数,并进行计算验证,实在是件麻烦事,故可借助计算机.

例 5.8 $\frac{355}{113}$ 能化为怎样的小数?

解:因 $\frac{355}{113}$ 的分母 113 只含有 2 和 5 以外的质因数,故它化成的小数是纯循环小数,且循环节的位数为 112 位.

$$\frac{355}{113} = 3.\overset{\centerdot}{1}41592920353982300884955752212389380530973451327433628318584070796460176991150442477876106194690265486725663716\overset{\centerdot}{8}.$$

由上可知 $\pi < \frac{355}{113} < \frac{22}{7}$.

(2)化分数为混循环小数

定理 5.4 如果一个既约真分数 $\frac{b}{a}$ 的分母 a 里,既含有质因数 2 或 5,又含 2 和 5 以外的质因数,那么

① $\frac{b}{a}$ 所化成的小数是混循环小数;

② 它的小数部分中,不循环位数等于分母里的因数 2 和 5 的指数中较大的一个数;

③ 循环节的最少位数,与分母里 2 和 5 以外的质因数的积能整除 $\overset{\overbrace{\quad t个 \quad}}{99\cdots9}$ 时 9 的最少个数 t 相同.

证明:设 $\frac{b}{a} = \dfrac{b}{2^m \times 5^n \times p}$,$p$ 为 a 中 2 和 5 以外的质因数的积.

若 $m > n$,则可得

$$\frac{b}{a} = \frac{b \times 5^{m-n}}{2^m \times 5^n \times 5^{m-n} \times p} = \frac{b \times 5^{m-n}}{p} \times \frac{1}{10^m}.$$

于是 $\quad \dfrac{10^m b}{a} = \dfrac{b \times 5^{m-n}}{p}$.

因 $(a, b) = 1$,可知 $(b, p) = 1$.

又 $(p, 5^{m-n}) = 1$,故根据定理 3.28,$(b \times 5^{m-n}, p) = 1$.

因此用 p 除 $b \times 5^{m-n}$ 必有非零余数,设商为 q,余数为 $r(0 < r < p)$,得

$$(b \times 5^{m-n}) \div p = q\cdots r,即 \frac{b \times 5^{m-n}}{p} = q + \frac{r}{p}.$$

根据定理 3.24,因 $(b \times 5^{m-n}, p) = 1$,则 $(r, p) = 1$.

这就是说 $\dfrac{r}{p}$ 是一个既约分数.又因 p 只含 2 和 5 以外的质因数,所以 $\dfrac{r}{p}$ 定可化成纯循环小数.从而 $\dfrac{b \times 5^{m-n}}{p}$ 也一定可以化成纯循环小数.把这个纯循环小数乘以

$\dfrac{1}{10^m}$,就是把它的小数点向左移动 m 位,所得小数的小数部分有 m 位不循环.而 m 就是分母里的因数 2 或 5 的指数中较大的一个.这就证明了 ① 和 ②.

$\dfrac{b\times 5^{m-n}}{p}$ 是一个纯循环小数,当小数点向左移动 m 位时,循环节的最少位数并未发生变化,所以 $\dfrac{b}{a}$ 化成小数的循环节与 $\dfrac{b\times 5^{m-n}}{p}$ 化成小数的循环节的最少位数是相同的.这就证明了 ③.

对于 $m<n$ 的情况,读者可自证之.

例 5.9 分数 $\dfrac{7}{22},\dfrac{13}{150}$ 可以化成怎样的循环小数?小数部分不循环的位数与循环节的最少位数分别是几?

解: $\dfrac{7}{22},\dfrac{13}{150}$ 的分母既含有质因数 2 或 5,又含 2 和 5 以外的质因数,故把它们化成小数是混循环小数.

因 $\dfrac{7}{22}=\dfrac{7}{2\times 11}$,$11\,|\,99$,分母只含有 1 个 2,11 最少能整除的是 99,即 9 的最少个数是 2,故把 $\dfrac{7}{22}$ 化成循环小数后,不循环的位数是 1,循环节的最少位数是 2;

因 $\dfrac{13}{150}=\dfrac{13}{2\times 5^2\times 3}$,$3\,|\,9$,分母中 2 和 5 中指数较大的一个是 2,3 最少能整除的是 9,即 9 的最少个数是 1,故把 $\dfrac{13}{150}$ 化成循环小数后,不循环的位数是 2,循环节的最少位数是 1.

读者可通过除法计算验证以上结论.而这也是化分数为循环小数的常用方法.

把一个既约分数化成小数的判断过程及相关结论可用框图表示如图 5.1 所示.

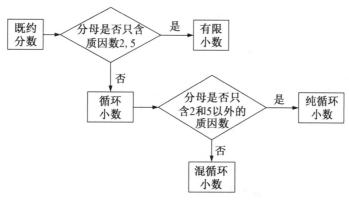

图 5.1 既约分数化成小数的判断过程及相关结论

1.3　无限不循环小数

除了有限小数和无限循环小数外,在小学还有无限不循环小数,这就是圆周率 π. $\pi = 3.1415926535\cdots$我国古代的祖冲之是世界上研究圆周率取得最早最杰出成就的数学家.

除了圆周率外,常用的无限不循环小数还有自然对数的底数 e. $e = 2.71828\cdots$还有不尽方根,等等.

2　化小数为分数

定理 5.5　任何有限小数或无限循环小数都可以化为分数.

证明:(1)有限小数化分数

对于有限小数化分数,只要把它写成分母是 10 的幂的分母,然后化成既约分数即可.

(2)纯循环小数化分数

设纯循环小数是 $0.\dot{b}_1 b_2 \cdots \dot{b}_t$,$t$ 是循环节的位数,化成的分数是 $\dfrac{b}{a}$. 于是有

$$0.\dot{b}_1 b_2 \cdots \dot{b}_t = \frac{b}{a}. \tag{1}$$

两边同乘以 10^t,得

$$b_1 b_2 \cdots b_t + 0.\dot{b}_1 b_2 \cdots \dot{b}_t = \frac{10^t b}{a}. \tag{2}$$

把(2)-(1),得

$$\frac{(10^t - 1)b}{a} = b_1 b_2 \cdots b_t.$$

即有

$$\frac{b}{a} = \frac{b_1 b_2 \cdots b_t}{10^t - 1}.$$

于是得

$$0.\dot{b}_1 b_2 \cdots \dot{b}_t = \frac{b_1 b_2 \cdots b_t}{\underbrace{99\cdots 9}_{t}}.$$

由此可知,化纯循环小数的方法是:

① 分数的分子是第一个循环节的数字所组成的数;

② 分母是数字 9 组成的数,9 的个数等于循环节的位数.

这一方法可由无穷递缩等比数列求和公式证得. 读者可自行证之.

（3）混循环小数化分数

设混循环小数是 $0.a_1a_2\cdots a_s\dot{b}_1b_2\cdots \dot{b}_t$，$t$ 是循环节的位数，s 是不循环部分的位数，化成的分数是 $\dfrac{b}{a}$. 即有

$$0.a_1a_2\cdots a_s\dot{b}_1b_2\cdots \dot{b}_t = \frac{b}{a}.$$

两边同乘以 10^s，得

$$a_1a_2\cdots a_s.\dot{b}_1b_2\cdots \dot{b}_t = \frac{10^s b}{a}.$$

即

$$a_1a_2\cdots a_s + 0.\dot{b}_1b_2\cdots \dot{b}_t = \frac{10^s b}{a}.$$

再根据纯循环小数化分数的方法，就得

$$a_1a_2\cdots a_s + \frac{b_1b_2\cdots b_t}{10^t - 1} = \frac{10^s b}{a}.$$

所以

$$\frac{b}{a} = \frac{a_1a_2\cdots a_s}{10^s} + \frac{b_1b_2\cdots b_t}{(10^t-1)10^s} = \frac{a_1a_2\cdots a_s(10^t-1)+b_1b_2\cdots b_t}{(10^t-1)10^s}.$$

于是

$$0.a_1a_2\cdots a_s\dot{b}_1b_2\cdots \dot{b}_t = \frac{a_1a_2\cdots a_s b_1b_2\cdots b_t - a_1a_2\cdots a_s}{\underbrace{99\cdots 9}_{t\uparrow}\underbrace{00\cdots 0}_{s\uparrow}}.$$

由此可得化混循环小数为分数的方法是：

① 分数的分子是小数点右边第一个数字到第一个循环节末位的数字组成的数，减去不循环部分数字组成的数，所得的差；

② 分母是由数字 9 后面带数字 0 组成的数，其中 9 的个数等于循环节的位数，0 的个数等于不循环部分的位数.

例 5.10 证明：$0.\dot{9}=1$.

证明一： 由定理 5.5，因为 $t=1$，所以 $0.\dot{9}=1$.

证明二： 因为 $0.\dot{3}=\dfrac{1}{3}$，而 $0.\dot{9}=3\times 0.\dot{3}$，所以 $0.\dot{9}=3\times\dfrac{1}{3}=1$.

证明三： 因 $10\times 0.\dot{9}=9.\dot{9}$ \hfill (1)

而 $0.\dot{9}=0.\dot{9}$ \hfill (2)

(1)－(2)得

$$0.\dot{9}\times 9 = 9,\text{即 } 0.\dot{9}=1.$$

证明四：因为 $0.\dot{9} = 0.9 + 0.09 + 0.009 + 0.0009 + \cdots$

显然这是一个以公比为 $\frac{1}{10}$ 的无穷递缩等比数列的和，根据无穷递缩等比数列求和的公式，得

$$0.\dot{9} = \lim_{n \to \infty} \frac{0.9 \times \left[1 - \left(\frac{1}{10}\right)^n\right]}{1 - \frac{1}{10}} = 1.$$

例 5.11　化 $0.\dot{7}2\dot{3}$ 和 $8.7\dot{2}4\dot{5}$ 为分数.

解：
$$0.\dot{7}2\dot{3} = \frac{723}{999} = \frac{241}{333}.$$

$$8.7\dot{2}4\dot{5} = 8\frac{7245 - 72}{9900} = 8\frac{7173}{9900} = 8\frac{797}{1100}.$$

3　分数、小数四则混合运算

分数、小数四则混合运算的顺序与自然数四则混合运算的顺序相同.

在分数、小数四则混合运算中，① 遇到加减法时，一般把分数化成小数再进行计算比较方便；如果有的分数只能化成循环小数，那就不宜把分数化成小数进行计算，否则得不到精确值. ② 遇到乘除法时，一般把小数化成分数进行计算比较简便；如果小数与分数的分子、分母能直接约分，就不必把小数化成分数再计算. 总之，运算过程中采用哪种方法计算简便、迅速，就采用哪种方法.

例 5.12　计算 $\left[\left(2.41 + 1\frac{1}{4}\right) \div 3 - 0.1\right] \times \left(0.9 - \frac{1}{2}\right)$.

解： 因为题中的分数都可化成有限小数，所以把它们化成小数，再计算.

$$\left[\left(2.41 + 1\frac{1}{4}\right) \div 3 - 0.1\right] \times \left(0.9 - \frac{1}{2}\right)$$

$$= \left[(2.41 + 1.25) \div 3 - 0.1\right] \times (0.9 - 0.5)$$

$$= [3.66 \div 3 - 0.1] \times 0.4$$

$$= 1.12 \times 0.4$$

$$= 0.448.$$

例 5.13　计算 $0.5 \times 1.\dot{3} + 0.1\dot{4} \div 1\frac{4}{9}$.

解： 因为题中有循环小数，所以把小数都化成分数，再计算.

$$0.5 \times 1.\dot{3} + 0.1\dot{4} \div 1\frac{4}{9} = \frac{5}{10} \times 1\frac{3}{9} + \frac{13}{90} \div 1\frac{4}{9}$$

$$= \frac{2}{3} + \frac{1}{10}$$

$$= \frac{23}{30}.$$

例 5.14　计算 $\left(10.8 - 6.3 \times 1\frac{1}{3}\right) \div 2\frac{2}{3}$.

解：因为 $6.3 \div 3 = 2.1$ 比较明显,所以不必把 6.3 化为分数的形式,可以直接进行计算.

$$\left(10.8 - 6.3 \times 1\frac{1}{3}\right) \div 2\frac{2}{3} = \left(10.8 - 6.3 \times \frac{4}{3}\right) \div 2\frac{2}{3}$$

$$= (10.8 - 2.1 \times 4) \div 2\frac{2}{3}$$

$$= (10.8 - 8.4) \div \frac{8}{3}$$

$$= 2.4 \times \frac{3}{8}$$

$$= 0.3 \times 3$$

$$= 0.9.$$

 习题十九

1. 观察下面的分数,哪些能化成十进分数,哪些不能化成十进分数?

$$\frac{17}{32} \qquad 1\frac{183}{250} \qquad \frac{32}{75} \qquad 6\frac{29}{44} \qquad \frac{21}{48} \qquad \frac{1296}{3125}$$

2. 观察下面的分数,哪些能化成有限小数?哪些能化成循环小数?如果能化成有限小数,小数部分的位数是多少?

$$\frac{3}{5} \qquad 2\frac{1}{3} \qquad \frac{1}{7} \qquad \frac{16}{20} \qquad 8\frac{43}{103} \qquad \frac{121}{400} \qquad 1\frac{107}{625}$$

3. 举例.

(1) 举出一个分母是两位数并且能化成有限小数的既约分数;

(2) 举出一个分母是一位数并且能化成循环小数的既约分数.

4. 先指出下面的分数,哪些能化成纯循环小数,哪些能化成混循环小数?它们的小数部分不循环数字的个数和循环节最少的位数各是多少?然后把它们化成循环小数.

$$\frac{5}{12} \qquad \frac{22}{7} \qquad 15\frac{14}{82} \qquad \frac{37}{101} \qquad \frac{346}{505} \qquad 5\frac{41}{52}$$

5. 已知既约分数 $\dfrac{b}{a}$ 能够化成纯循环小数,并且循环节的最少位数是 2,a 可能是多少?

6. 分别写出一个分数,使它的分子是 1,并且它所化成的小数是:

(1) 循环节只有一位的纯循环小数;

(2) 循环节的最少位数是 4 的纯循环小数;

(3) 不循环部分有一位数字,循环节的最少位数是 3 的混循环小数.

7. 把下列循环小数化为分数.

$0.\dot{1}23\dot{4}$ $0.49\dot{1}$ $1.1\dot{9}$ $1.2\dot{0}$ $1.\dot{2}$ $0.\dot{0}\dot{2}$

8. 把下列各题的正确答案的代号填入题后的括号中.

(1) 真分数化成的小数是( ).

A. 带小数　　　　　B. 纯小数　　　　　C. 循环小数　　　　　D. 混循环小数

(2) 所有的有限小数都可以改写成( ).

A. 混循环小数　　　　B. 纯循环小数　　　　C. 带小数

9. 计算.

(1) $(0.1\dot{2} + 0.3 - 0.\dot{4} \times 0.5) \div 6 \div 7\dfrac{8}{9}$;

(2) $\dfrac{\left(7\dfrac{5}{8} + 11.375\right) - \left(9.384 + 3\dfrac{29}{250}\right)}{4\dfrac{2}{3} \times 0.15 + \dfrac{147}{100} \div 0.14 - 0.075}$;

(3) $\dfrac{0.\dot{1} + 0.\dot{2} + 0.33\cdots + 0.44\cdots}{0.0\dot{1} + 0.0\dot{2} + 0.033\cdots + 0.044\cdots}$;

(4) $1.\dot{1} + 2.\dot{2} + 3.\dot{3} + \cdots + 9.\dot{9}$.

第四节　百分数

1　百分数的概念

定义 5.6　表示一个数是另一个数的百分之几的数,称为百分数,用 $\dfrac{a}{100}$ 的形式来表示,一般都记作 $a\%$ 的形式.百分数有时又称百分率、百分比.百分数以 1% 作为单位.

要注意的是:

(1) $\dfrac{a}{100}$ 与 $a\%$ 在形式上并非完全统一.如我们可以有 $\dfrac{75}{100}$ 米的表示,但不能有 75% 米的写法.这就是说,$\dfrac{a}{100}$ 像一般分数一样,有两种含义:既可以表示部分与整体的关系 —— 分数,也可以表示两个数的比值关系 —— 分率;但 $a\%$ 只能表示分率,不能带有单位.

(2) 即使用 $\frac{a}{100}$ 的形式,$\frac{a}{100}$ 也并不一定就表示分数,即百分数不能简单地看作是分数的真子集. 如我们可以有 $\frac{7.5}{100}$,或 7.5%,它是一个名正言顺的百分数,但 $\frac{7.5}{100}$ 显然不符合一般的分数的含义,只能是一种形式. 因为根据分数的定义,分子不能是小数的,因此像 $\frac{2.5}{4}$ 只是一种表示形式. 所以像 7.5% 作为百分数,我们是把分子概念作了延拓的. 而有了分数与小数的互化后,这实际上不成为一个问题. 因为 $\frac{7.5}{100} = \frac{75}{1000}$,并不影响什么.

(3) 当 $\frac{75}{100}$ 作为一般分数看待时,一般要约简为 $\frac{3}{4}$;而作为百分数看待时,$\frac{75}{100} = 75\%$ 是无须约简的;不但不需要约简,一般的分数如果要表示百分率的时候,反而要用 $\frac{a}{100} = a\%$ 的形式来表示.

由上可知,百分数是一个特定的概念,不能简单地看作是特殊的分数,即不能简单地把百分数集看作是分数的真子集. 百分数这一概念来自于欧美,在我国就是所谓的"成数". 也就是说,百分数是成数的符号化表示与延伸.

2 百分数与分数、小数的互化

(1) 百分数化成分数,先将 $a\%$ 写成 $\frac{a}{100}$ 的形式,如果能约简的要约简为最简分数.

(2) 化百分数为小数,只要去掉"%",然后把小数点向左移动两位(位数不够添上 0 补足).

(3) 化小数为百分数,只要把小数点向右移动两位(位数不够添 0 补足),再在后面添上"%".

(4) 化分数为百分数,可先把分数化成小数,再把小数化成百分数.

3 百分数应用题

在百分数应用题中,出现的百分数一般都表示百分率. 因此,在这个意义上说,百分数应用题与分数应用题中当分数表示分率时的那种应用题没有原则上的区别,也就是说,此时百分数应用题就是一种分率是百分数的分数应用题. 这样,百分数应用题与分数应用题一样,也有以下三种:

(1) 求一个数是另一个数的百分之几;

(2) 求一个数的百分之几是多少;

(3) 已知一个数的百分之几是多少,求这个数.

而稍复杂的百分数应用题的解法与稍复杂的分数应用题的解法也相同.

求百分率在生产生活中有较多的应用.

例 5.15 一个农业科学试验小组用 500 粒大豆做发芽试验,结果发芽 478 粒.求大豆的发芽率?

解:由 种子发芽率 $= \dfrac{\text{试验种子发芽数}}{\text{试验种子总数}} \times 100\%$,

故 $\dfrac{478}{500} \times 100\% = 95.6\%$.

答:大豆发芽率为 95.6%.

例 5.16 某县新建一水利工程,原计划投资 750 万元,实际投资 570 万元.节约投资百分之几?

分析:要求节约投资的百分之几,就是要求节约投资数占原计划投资数的百分之几,因此,需要求出节约投资数.

解:$(750 - 570) \div 750 = 180 \div 750 = 24\%$.

答:节约投资 24%.

例 5.17 李老师在银行存款 6000 元,定期三年.但因事存了一年五个月就取出来了,只能按活期储蓄计算利息.若当时活期储蓄的月利率是 0.26%,李老师取出的人民币是多少元?

分析:李老师存了一年五个月,不到三年,月利息只能按 0.26% 计算,本利和按以下关系求出:

$$\text{本利和} = \text{本金} + \text{本金} \times \text{月利率} \times \text{月数}.$$

解:$6000 + 6000 \times 0.26\% \times 17 = 6000 + 265.2 = 6265.2(\text{元})$.

答:李老师取出的人民币是 6265.2 元.

例 5.18 全世界每年因土地荒漠化损失惨重,美洲每年损失 80 亿美元,比非洲少 11%,非洲比亚洲少 57%,亚洲每年损失多少亿美元?

分析:(1) 美洲每年损失的钱数比非洲少 11%,把非洲每年损失的钱数看作单位"1",那么美洲每年损失的钱数相当于非洲的$(1 - 11\%)$,即

非洲每年损失的钱数 $\times (1 - 11\%) = $ 美洲每年损失的钱数.

于是

非洲每年损失的钱数 $= $ 美洲每年损失的钱数 $\div (1 - 11\%)$.

(2) 非洲每年损失的钱数比亚洲少 57%,把亚洲每年损失的钱数看作单位"1",那么非洲每年损失的钱数相当于亚洲的$(1 - 57\%)$,即

亚洲每年损失的钱数 $\times (1 - 57\%) = $ 非洲每年损失的钱数.

于是

$$亚洲每年损失的钱数 = 非洲每年损失的钱数 \div (1 - 57\%)$$

$$= 美洲每年损失的钱数 \div (1 - 11\%) \div (1 - 57\%).$$

解: $80 \div (1 - 11\%) \div (1 - 57\%)$

$= 80 \div 89\% \div 43\%$

$\approx 209(亿美元).$

答: 亚洲每年损失 209 亿美元.

例 5.19 某店进得有含水量为 99% 的浆果 100 千克,存放一段时间后,测得含水量为 98%,问此时浆果重多少?

(1) **分析:** 因为原先浆果的含水量为 99%,故含干果量为 $1 - 99\% = 1\%$,于是 100 千克的浆果其干果含量为 $100 \times 1\% = 1$(千克);后来测得水量为 98%,即干果含量为 $1 - 98\% = 2\%$,这样问题变为:已知浆果的 2% 是 1 千克,求浆果量. 显然用除法算,即有 $1 \div 2\% = 50$(千克).

解: $100 \times (1 - 99\%) \div (1 - 98\%)$

$= 1 \div (1 - 98\%)$

$= 50(千克).$

(2) **分析:** 本题中,虽然浆果及其含水量在发生变化,但干果量始终不变. 抓住这一不变量,即可列出方程解得.

算式:$100 \times (1 - 99\%) = x \times (1 - 98\%)$. 解得 $x = 50$(千克).

(3) **分析:** 由于干果含量为 1 千克,设干果量为 2% 时有浆果 x 千克,则不难得到下列方程.

算式:$\dfrac{1}{x} = \dfrac{2}{100}$. 解得 $x = 50$(千克).

(4) **分析:** 设此时含水量为 x 千克,于是便有下列方程.

算式:$\dfrac{1}{x} = \dfrac{2\%}{98\%}$. 解得 $x = 49$(千克).

(5) **分析:** 先画出如图 5.2 所示的线段图.

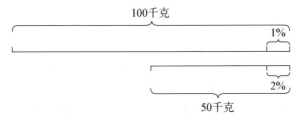

图 5.2 例 5.19 的数量关系

由图 5.2 可以看出,当 1 千克干果占浆果的 1% 时,有浆果 100 千克,那么同样,这 1 千克干果占浆果的 2% 时,则应有浆果 50 千克. 因为占浆果的 2% 的干果是 1 千克,所以如果把此时浆果总量看作一个整体,设为单位"1",那么只要求出"1"中含有几个 2%,就可知浆果的多少.

算式:$1 \times (1 \div 2\%) = 50$(千克).

答:此时浆果重 50 千克.

 习题二十

1. 一种电视机原来每台 2500 元,降价后每台 1500 元,每台电视机价格降低百分之几?

2. 一个发电厂上个月用煤 1500 吨,这个月计划用煤比上个月节约 5%. 这个月用煤多少吨?

3. "六一"儿童节,新华书店的儿童读物按 9 折出售(即按原价的 90% 出售). 有一本儿童书籍售出价为 4.05 元,这本书原价多少元?

4. 兴华商店去年全部商品的进价是 2703400 元,商品的销售总额是 3072000 元. 全年支付商品流通费 149900 元,支付税金和其他费用 95000 元. 求利润率.

$$\left(商品利润率 = \frac{净利润额}{销售总额}\right)$$

5. 有含盐量为 10% 的盐水 20 千克,要使含盐量增加到 20%,应再加进盐多少千克?

第五节 近似计算

在实际计算中,大量的都是近似计算. 近似数的计算,除了必须遵守准确数的计算法则外,还有着自己特有的一些计算法则. 掌握这些法则,能使我们合理而又迅速地对近似数进行计算,并获得足够精确的结果.

1 近似数及其精确度

1.1 近似数

在实践中,根据需要和可能,有时可以得到与实际情况完全符合的数,这样的数称为准确数. 如某班有 40 名学生,40 就是一个准确数;但有时不必也不可能得到准确数,如量得一块地的长为 70 米,一方面由于受度量工具所限,这个 70 不可能很准确,地的长度可能比 70 米略多或略少;另一方面对于测量一块地而言,此时也不需要很准确,比 70 米稍多一点点或稍少一点点都无所谓,只要 70 米与这块地的实际长度大致相等即可,也就是说 70 是与实际长度相近似的一个数,称为近似数.不仅测量是如此,在计算时也会遇到这样的情况,比如计算圆面积需要用到圆周率 π,它是个无限不循环小数,而我们只能取它的前几位小数——π 的近似值.

相近似的两个数用"$\approx$"(读作约等于)相连接,如 $\pi \approx 3.14$.一般地,如 a 是准确数 A 的近似数,那么有 $A \approx a$.显然,一个准确数与它的近似数之间存在一个相差值.

1.2　近似数的截取方法

近似数的截取方法有以下三种:

(1) 四舍五入法

这种方法是根据需要,去掉多余部分的数字,而按被去掉部分的情况,作以下两种不同的变换.如果去掉部分的首位数字小于 5,保留部分不变,这就是所谓的"四舍";如果去掉部分的首位数字不小于 5,就给保留部分的最后一位数字加上 1,这就是所谓的"五入".

如对圆周率 $\pi = 3.1415926\cdots$ 来说,如果保留两位小数,则因小数部分的第三位是 1,小于 5,于是就得 $\pi \approx 3.14$;如果要保留三位小数,则因小数部分的第四位是 5,不小于 5,于是就得 $\pi \approx 3.142$.

(2) 进一法

这种方法是去掉多余部分的数字后,不论被去掉部分是多少,给保留部分的最后一位数字都加上 1.

例如,一辆卡车能运煤 3 吨,10 吨煤需要几辆这样的卡车才能一次运完?

由于 $10 \div 3 = 3.33\cdots$ 或 $10 \div 3 = 3$(余1),这说明用 3 辆卡车运一次,还余 1 吨,要一次运完,就得用 4 辆卡车.这时就用了进一法,即

$$10 \div 3 = 3.33\cdots \approx 4(辆).$$

(3) 去尾法

这种方法是去掉多余部分的数字后,不论被去掉部分是多少,保留部分都不变.

例如,每件儿童衣服需要 1.2 米布,5.6 米布可以做这样的衣服多少件?

因为 $5.6 \div 1.2 = 4.66\cdots$ 或 $5.6 \div 1.2 = 4$(余 0.8),这说明 5.6 米布做了这样的衣服 4 件后,还剩下 0.8 米布.这余下的 0.8 米布不够做一件衣服,所以只能做 4 件.这时要用去尾法.就是

$$5.6 \div 1.2 = 4.66\cdots \approx 4(件).$$

1.3　绝对误差

在截取近似数时,一般与准确数总会产生一个误差.

定义 5.7　假设 a 是准确数 A 的近似值,如果 $a < A$,a 就称为 A 的不足近似值;如果 $a > A$,a 就称为 A 的过剩近似值.$A - a$ 称为近似数 a 的误差,而

$|A-a|$ 称为近似数 a 的绝对误差,记作 $\Delta = |A-a|$.

显然,绝对误差 Δ 越小,表明近似数越接近它的准确数;若 $\Delta = 0$,则 $a = A$.

但是在得不到准确数的情况下,就无法知道一个近似数的绝对误差.此时,只能根据具体情况确定该近似数的绝对误差范围(绝对误差不超过多少).例如,用最小刻度是毫米的钢尺来测量工件的长度,可以确定测量结果的绝对误差不超过 1 毫米.又如,用四舍五入法截得近似数 3.14,由于舍去的或增加的不超过 0.005,因此,近似数 3.14 的绝对误差不超过 0.005.写成

$$|A-3.14| \leqslant 0.005,$$

或写成

$$A \approx 3.14(\pm 0.005),$$

即

$$3.14-0.005 \leqslant A \leqslant 3.14+0.005.$$

一般地我们有如下定义.

定义 5.8 若近似数 a 与准确数 A 的绝对误差不超过某个正数 ε,即 $|a-A| \leqslant \varepsilon$,则称 ε 是近似数 a 的绝对误差界.

这一定义告诉我们,在得不到准确数 A 的情况下,有了它的近似数的绝对误差界,我们能知道 A 介于 $a-\varepsilon$ 和 $a+\varepsilon$ 之间,即 $a-\varepsilon \leqslant A \leqslant a+\varepsilon$.并称 $a-\varepsilon$ 为 A 的下界,$a+\varepsilon$ 为 A 的上界.

1.4 精确度

同一个准确数可以有不止一个近似数.有了绝对误差,就可以比较这些近似数接近准确数的程度,也就是确定近似数的精确度.显然,近似数的绝对误差越小,精确度就越高.

例如,$0.3,0.33,0.333$ 都是 $\frac{1}{3}$ 的近似数,它们的绝对误差分别是 $\frac{1}{30}$,$\frac{1}{300},\frac{1}{3000}$.因为 $\frac{1}{30} > \frac{1}{300} > \frac{1}{3000}$,所以近似数 0.333 就比 0.33,0.3 的精确度高.

截取近似虽然有三种不同的方法,但通常都采用四舍五入法(今后如无特别说明,近似数都看作是由四舍五入截得的).因为四舍五入法比进一法或去尾法截得近似数的精确度一般要高一些.

(1) 对于一个数来说,用四舍五入法截取到一个指定的数位,所产生的绝对误差比用其他方法截取的小.

例如,用三种不同的截取方法分别对 2.82 和 2.89 截取近似数,它们的精确度比较如表 5.2 所示.

表 5.2　三种截取近似数的比较表

截取方法	准确数				绝对误差范围
	2.82		2.89		
	近似数	绝对误差	近似数	绝对误差	
进一法	2.9	0.08	2.9	0.01	不超过十分位的一个单位(即不超过 0.1)
去尾法	2.8	0.02	2.8	0.09	不超过十分位的一个单位(即不超过 0.1)
四舍五入法	2.8	0.02	2.9	0.01	不超过十分位的半个单位(即不超过 0.05)

可见,用四舍五入法的绝对误差范围比进一法、去尾法都小.也就是说,用四舍五入法截取的近似数的精确度要高一些.

(2) 在含有若干个数的计算中,用四舍五入法截取近似数,所得的近似数里可能有的比原数大些,也可能有的比原数小些.它们所产生的误差可以相互抵消一部分,因此计算结果的精确度就会高些.

本书中除特别说明外,近似数都看作是用四舍五入法截取的.

用四舍五入的截取方法得到的近似数,截到哪一位就说精确到哪一位,也就是绝对误差不超过那一位上的半个单位.如近似数 6.2,精确度是 0.1,也说精确到 0.1 或精确到十分位.近似数 4.3 与 4.30 的精确度是不同的,近似数 4.3 的精确度是 0.1,而近似数 4.30 的精确度是 0.01.这说明在近似数中,小数的末尾不能随意添上或去掉 0.

1.5　相对误差

近似数的绝对误差(或绝对误差的范围)能反映一个近似数的精确度,但这是不够的.因为近似数的精确程度还与这个近似数所表示的量的本身大小有关.例如,甲量得课桌长度为 200 厘米,绝对误差不超过 1 厘米;乙量得两地相距为 500 米,绝对误差不超过 1 米.尽管甲的绝对误差小,但相对来说,乙测量的精确度要比甲高.这就有必要引进相对误差的概念.

定义 5.9　近似数的绝对误差除以准确数的绝对值,称为近似数的相对误差.但实际计算时,常把近似数的绝对误差除以近似数的绝对值所得的商也称为相对误差.如果以 a 表示近似数,Δ 表示 a 的绝对误差,δ 表示 a 的相对误差,那么在计算时常用的是

$$\delta = \left| \frac{\Delta}{a} \right| (\delta \text{ 通常用百分数表示}).$$

但是近似数的绝对误差常常无法确定,而只能确定近似数的绝对误差的范围.

如果一个近似数的绝对误差不超过 h,那么

$$\delta = \left| \frac{h}{a} \right|.$$

这时,我们就说,这个近似数的绝对误差不超过 δ. δ 的值越小,精确度越高.

例 5.20 测量一块长方形土地,测得长是 500 米,绝对误差不超过 1 米;宽是 20 米,绝对误差不超过 0.05 米.问这两个测量结果哪一个精确度高?

解:因 $a \approx 500$ 米,$h_a = 1$ 米,故 $\delta_a = \frac{1}{500} = 0.2\%$.

而 $b \approx 20$ 米,$h_b = 0.05$ 米,则 $\delta_b = \frac{0.05}{20} = 0.25\%$.

答:测量土地的长的精确度高.

1.6 有效数字和可靠数字

一个近似数,如果绝对误差不超过它的最末一位的半个单位,那么从左面第一个非零数字起到最末位数字止,所有的数字都称为这个近似数的有效数字.

例如,近似数 3.0124 有五个有效数字:3,0,1,2,4;近似数 0.0305 有三个有效数字:3,0,5.近似数 4500,如果它的精确度是 100,那么它有两个有效数字:4,5;如果它的精确度是 10,那么它有三个有效数字:4,5,0;如果它的精确度是 1,那么它有四个有效数字:4,5,0,0.

当一个近似数是整十、整百、整千 …… 的数时,如果不加说明,就无法确定它的精确度.通常是把它写成 $a \times 10^n$ 的形式,其中 a 是近似数的有效数字所组成的数,且 $1 \leqslant a < 10$,n 是整数.这样,根据有效数字就可以确定近似数的精确度.

例如,用四舍五入法把 799.6 分别精确到个位、十位、百位,其表示如下:

精确到个位:$799.6 \approx 8.00 \times 10^2$;

精确到十位:$799.6 \approx 8.0 \times 10^2$;

精确到百位:$799.6 \approx 8 \times 10^2$.

对于准确数来说,它的有效数字可以看成是任意多个.

除了使用有效数字的概念外,还会用到所谓的可靠数字.因为我们在截取近似数时,除了使用四舍五入法外,有时还会用到去尾法和进一法.而使用这两种方法截取的近似数,绝对误差就有可能超过它最末一位的半个单位.

如果近似数的绝对误差不超过末位数位的一个单位,那么除第一个非零数字前的零外,所有数字都称为这个近似数的可靠数字.

由此可知,用进一法或去尾法得到的近似数,除第一个非零数字前的零外,所有数字都是可靠数字.

很明显,一个近似数的有效数字(或可靠数字)的个数越多,这个近似数的相对误差就越小.

2　近似数的加法和减法

我们通过以下实例来说明近似数加、减法的法则.

例 **5.21**　　求近似数 262.5,31.60,9.38,0.2812 与 0.02647 的和.

解：先在每一个加数末尾添上一个"?",表示不知道的截去的数字,然后按通常的加法进行计算.在计算过程中,把每一个"?"都当作"0".

$$
\begin{array}{r|l}
262.5 & ? \\
31.6 & 0? \\
9.3 & 8? \\
0.2 & 812? \\
0.0 & 2647? \\
\hline
303.7 & 8767? \\
\end{array}
$$

从上式计算中不难看出,计算结果中虚线右边的数字 8,7,6,7 都是由一些已知数字和"?"算出的,显然是不可靠的,应该把它们舍去.用四舍五入法得计算结果 303.8.这样,计算结果所保留的小数位数应与加数中小数位数最少的那个数相同.

所以　　$262.5 + 31.60 + 9.38 + 0.2812 + 0.02647$

$$\approx 262.5 + 31.60 + 9.38 + 0.28 + 0.03$$

$$\approx 303.8.$$

例 **5.22**　　求近似数 0.075 与 0.001263 的差.

解：由于被减数的最后一个有效数字在千分位上,千分位以后的各位数字无法确定,因此,只要用四舍五入法使减数比被减数多保留一位小数,然后进行计算即可.计算结果所保留的小数位数与被减数相同.

$$
\begin{array}{r|l}
0.075 & ??? \\
-\,0.001 & 263? \\
\hline
0.073 & 737? \\
\end{array}
$$

同样,从上式中不难看出,计算结果中虚线右边的数字 7,3,7 是不可靠的,因此,应该把它们舍去,得计算结果 0.074.而结果中所保留的小数位数自然应与被减数、减数中小数位数最少的那个数相同.

所以　　$0.075 - 0.001263$

$$\approx 0.075 - 0.0013$$

$$= 0.0737$$

$$\approx 0.074.$$

由此,可总结出近似数加、减法的计算法则,如下:

近似数相加或相减时,先把小数位数较多的近似数四舍五入,使比小数位数最少的近似数多保留一位小数,然后按照通常的减法法则进行计算,最后把计算结果中多保留的那数字进行四舍五入.

例 5.23 求近似数 $5.43 \times 10^3 + 1.61 \times 10^4$ 的和.

解:给出的近似数是 $a \times 10^n$ 的形式,可以移动小数点,使各数中 10 的指数都相同,然后再进行计算.

$$5.43 \times 10^3 + 1.61 \times 10^4 = 0.543 \times 10^4 + 1.61 \times 10^4$$
$$= (0.543 + 1.61) \times 10^4$$
$$= 2.153 \times 10^4$$
$$\approx 2.15 \times 10^4.$$

3　近似数的乘法和除法

我们用以下实例给出近似数乘、除法的法则.

例 5.24 求近似数 2.14 与 3.56 的积.

依照加法那样,我们把两个因数分别看作是 2.14? 与 3.56?,然后按通常的乘法法则计算.

解:(1)

```
        2. 1 4 ?
    ×   3. 5 6 ?
    ─────────────
        ? ? ? ?
      1 2 8 4 ?
    1 0 7 0 ?
    6 4 2 ?
    ─────────────
    7. 6 1 8 4 ? ?
```

(2)

```
        2. 1 4 ?
    ×   3. 5 6 ?
    ─────────────
        ? ? ? ?
      1 2 8 4 ?
    1 0 7 0 ?
    6 4 2 ?
    ─────────────
    7. 6 1 8 4 ? ?
```

从以上两式可以看出,在计算 2.14?×? 时,所得的积可能是四位数,也可能是五位数.如果是四位数,那么最后积的千分位不可靠;如果是五位数,那么最后积的百分位不可靠.因此,我们取 7.62 与 7.6 作为所求之积.

例 5.25 求近似数 6.035 与 0.27 的积.

解:(1)

```
        6. 0 3 5 ?
    ×     0. 2 7 ?
    ─────────────────
        ? ? ? ? ?
      4 2 2 4 5 ?
    1 2 0 7 0 ?
    ─────────────────
    1. 6 2 9 4 5 ? ?
```

(2)

```
        6. 0 3 5 ?
    ×     0. 2 7 ?
    ─────────────────
        ? ? ? ? ? ?
      4 2 2 4 5 ?
    1 2 0 7 0 ?
    ─────────────────
    1. 6 2 9 4 5 ? ?
```

从以上两式可以看出,我们应取 1.63 与 1.6 为所求的积.

以上两例说明,两个近似数相乘,其中一个有 m 个有效数字,另一个有 n 个有效数字,而且 $m \geqslant n$,那么积应保留的有效数字可能是 $(n-1)$ 个,也可能是 n 个,也可能是 $(n+1)$ 个.为了使计算有一个统一的法则,通常我们就保留 n 个有效数字.

例 5.26　求近似数 $0.6674 \div 2.1$ 的商.

解:除法是乘法的逆运算.仿照近似数的乘法可以推知,除数的有效数字较少,只有两个,那么商最多有两个数字是可靠的,可以先把被除数保留三个有效数字.

$$0.6674 \div 2.1 \approx 0.667 \div 2.1$$
$$\approx 0.317$$
$$\approx 0.32.$$

由此,可总结出近似数乘除法的计算法则,如下:

近似数相乘或相除时,先把有效数字较多的近似数四舍五入,使其比有效数字较少的近似数多保留一个有效数字;然后按照通常的乘除法法则进行计算;最后使计算结果中有效数字的个数和原来有效数字较少的那个近似数中的有效数字的个数相同.

例 5.27　求 8.75^3.

解:乘方是乘法的特例,计算结果保留的有效数字的个数,应与底数的有效数字的个数相同.

$$8.75^3 \approx 669.9 \approx 670 = 6.70 \times 10^2.$$

4　近似数的混合运算和预定结果精确度的计算

4.1　近似数的混合运算

近似数的混合运算,可根据近似数的加、减、乘、除的计算法则按运算顺序一步一步进行计算.但在计算时必须注意下列几点.

(1) 计算前,必须分清哪些是近似数,哪些是准确数,准确数的小数位数和有效数字的个数可根据需要而定.

(2) 计算时,中间步骤的计算结果所保留的数字,要比按照前面的计算法则规定保留的数字多一个.

(3) 计算时,可能的话,应从有效数字较多的近似数开始算,以保证下一步计算时有足够的有效数字的个数.

(4) 两个很相近的近似数相减,容易减少有效数字的个数,应尽量避免这种运算.

(5) 由于采取的运算顺序不同,会导致最后计算结果的尾数不完全相同,只要都是按照法则逐步计算出来的,这些不同的计算结果都是正确的.

例 5.28 计算 $3.054 \times 2.5 - 57.85 \div 9.21$.

解: $3.054 \times 2.5 - 57.85 \div 9.21$

$\approx 3.05 \times 2.5 - 57.85 \div 9.21$

$\approx 7.63 - 6.281$

$\approx 7.63 - 6.28$

$\approx 1.4.$

例 5.29 已知大圆半径 R 是 12.5 厘米,小圆半径 r 是 12.0 厘米,求圆环的面积.

解法一: 直接应用公式 $S = \pi \cdot R^2 - \pi \cdot r^2$ 来计算.

因为 R, r 都有三个有效数字,故 π 取四个有效数字 $\pi \approx 3.142$.

由 $R^2 = 12.5^2 \approx 156.3$(十分位的 3 是保留数字),

$\pi R^2 \approx 3.142 \times 156.3 \approx 491.1$(十分位的 1 是保留数字).

$r^2 = 12.0^2 = 144.0$(十分位的 0 是保留数字),

$\pi r^2 \approx 3.142 \times 144.0 \approx 452.4$(十分位的 4 是保留数字).

由于以上数据的十分位上的数字都是保留数字,所以最后计算结果精确到个位.

故 $S \approx 491.1 - 452.4 = 38.7 \approx 39$(平方厘米).

解法二: 用公式 $S = \pi(R^2 - r^2)$ 来计算.

因为 R, r 都有三个有效数字,故 π 取四个有效数字 $\pi \approx 3.142$.

由 $R^2 = 12.5^2 \approx 156.3$(十分位的 3 是保留数字),

$r^2 = 12.0^2 = 144.0$(十分位的 0 是保留数字).

故 $R^2 - r^2 = 156.3 - 144.0 = 12.3$(十分位的 3 是保留数字).

由于 12.3 的最末一个数字 3 是保留数字,所以最后的计算结果保留两个有效数字.

故 $S = \pi(R^2 - r^2)$

$\approx 3.142 \times 12.3$

$= 38.6466$

≈ 39(平方厘米).

解法三: 用公式 $S = \pi(R + r)(R - r)$ 来计算.

由 $R + r = 12.5 + 12.0 = 24.5, R - r = 12.5 - 12.0 = 0.5$,

故 $(R + r)(R - r) = 24.5 \times 0.5 \approx 12$.

由于 12.5 与 12.0 太接近,在做减法时,丢失了一个有效数字,而 12 中的最末一个数字2是保留数字,所以π只要取两个有效数字 $\pi \approx 3.1$,最后的计算结果也只要保留一个有效数字.

故 $S \approx 3.1 \times 12 \approx 37 \approx 40 = 4 \times 10$(平方厘米).

4.2 预定结果精确度的计算

前面讨论的近似计算,都是根据原始数据的精确度来确定计算结果的精确度.但在实际生活中,常常遇到预定了计算结果所要达到的精确度,要求确定原始数据的精确度问题.看下面的例子.

例 5.30 计算 $\dfrac{1}{11} + \dfrac{1}{12} + 0.07694$,使结果精确到 0.001.

解:要使计算结果精确到 0.001,每个分数化成小数时,都应保留四位小数,就是

$$\frac{1}{11} \approx 0.0909, \frac{1}{12} \approx 0.0833.$$

故 $\dfrac{1}{11} + \dfrac{1}{12} + 0.07694 \approx 0.0909 + 0.0833 + 0.0769$

$$\approx 0.2511$$
$$\approx 0.251.$$

这就是说,在做近似数的加法和减法时,如果用绝对误差给出预定结果的精确度,那么原始数据的小数位数只需比预定结果的小数位数多取一位.

但是在做近似数乘法和除法时,如果也用绝对误差给出预定结果的精确度,就需要先估算结果的粗略值,以确定其有效数字的个数.

例 5.31 计算 $82.4375 \div 3.147625$,使商精确到 0.1.

解:先估算商,$80 \div 3 \approx 30$,整数部分是两位数,由于要求商精确到 0.1,所以商应该有三个有效数字,而原始数据应比要求的商多保留一个有效数字,就是

$$82.4375 \div 3.147625 \approx 82.44 \div 3.148 \approx 26.2.$$

例 5.32 计算 $2.8546 \times 0.2938 + 5.8421$,使其结果精确到 0.1.

解:设 $a = 2.8546, b = 0.2938, c = 5.8421$.

要使结果精确到 $0.1, a, b$ 的积与 c 都应保留两位小数,因此可以取 $c \approx 5.84$.又因 a 与 b 的积肯定是一个纯小数,且十分位不是 0,保留两位小数就是取两个有效数字,所以 a 和 b 也应取两个有效数字.

故 $2.8546 \times 0.2938 + 5.8421 \approx 2.9 \times 0.29 + 5.84$

$$\approx 0.84 + 5.84$$
$$= 6.68$$
$$\approx 6.7.$$

习题二十一

1. 用三种截取方法使 $x = 2.6358$ 分别保留到十分位、百分位、千分位,并找出它们的绝对误差.

2. 举出 3 个准确数和 5 个近似数的例子.

3. 用四舍五入法把下列各数写成指定精确度的近似数.

(1) 1.732(精确到 0.01);

(2) 365.25(精确到 0.1);

(3) 243.6 厘米(精确到 1 厘米);

(4) 72.54 千克(精确到 0.1 千克).

4. 下列各数都是用四舍五入法截取的近似数,把每个数的精确度写在各数后面的括号里.

(1) 83.21(　　　　); 　　　　(2) 0.0005(　　　　);

(3) 3.14 厘米(　　　　); 　　(4) 73.6 吨(　　　　).

5. 称得两物体分别重 $15(\pm 0.5)$ 克与 $40(\pm 1)$ 克,哪一个称得准些?

6. 制造直径为 35 厘米的齿轮,要求绝对误差不超过 0.1 厘米,求相对误差的范围.

7. 近似数 82 与 82.0 有何区别?分别找出它们的绝对误差和相对误差的范围.

8. 张华说:"6.8449 可以四舍五入成 6.845,可以再四舍五入成 6.85,因而可四舍五入成 6.9."这个说法对不对?为什么?

9. 用四舍五入法把下列各数写成指定精确度的近似数,并指出有效数字的个数.

(1) 1234567(精确到 100); 　　(2) 36821419(精确到 10000);

(3) 6.374(精确到 0.01); 　　　(4) 7.2938(精确到 0.001).

10. 试确定下列各数的有效数字.

(1) $32.5(\pm 0.05)$; 　　　　　(2) $500(\pm 5)$;

(3) $0.0107(\pm 0.00005)$.

11. 计算下列近似数的加减法.

(1) $0.3734 + 0.569 + 9.6$;

(2) $13.56 - 4\frac{7}{13}$;

(3) $5213.25 + 214.761 + 0.00422 + 11.2588$;

(4) $724.65 + 21.838 + 0.54632 - 2.6357 + 0.000537$.

12. 张明从一堆 125 千克的煤中取出一块重为 8 克的煤,因而他计算得煤堆里余下的煤的重量是 124.992 千克,他的计算有没有错误?为什么?

13. 做下面近似数的除法.

(1) 25.7×1.4143；　　　　　　(2) $314.2 \div 103$；

(3) 4.243×821；　　　　　　(4) $0.357 \div 0.051245$.

14. 王芳量得圆的直径是 16.3 厘米,周长是 51.2 厘米,因而她计算得圆周率 $\pi \approx 3.1411043$,她的计算有没有错误?为什么?

15. 做下面近似数的混合运算.

(1) $3.28 \times 2.15 + 4.8409 \times 2.7 - 76.18 \div 7.24$；

(2) $(3.06 \div 7.5 + 3.4 \times 0.38) \times (40 - 2.38 \times 10.6)$(其中 40 是准确数)；

(3) $\frac{1}{2} \times (68.84 + 107.30) \times 9.86 \div 60$(其中 $\frac{1}{2}$ 与 60 是准确数)；

(4) $(1.921 \times 10^4 + 6.48 \times 10^3) \div (18.3 + 7.9)$.

16. 做下面近似数的加减乘除法(精确到0.1).

(1) $\frac{4}{7} + \frac{8}{13} - 0.671$；　　　　　　(2) 4.9124×0.2945；

(3) $60.476 \div 14.82$；　　　　　　(4) 3.284×2.155.

17. 已知大圆半径 R 是 20.6 厘米,小圆半径 r 是 15.2 厘米.求圆环的面积.

18. 量得梯形的上底是 10.73 米,下底是 6.88 米,高是 0.98 米.求梯形的面积(精确到 0.1 米^2).

19. 做下面近似数的混合运算.

(1) $3.28 \times 2.15 + 4.842 \times 0.345$(精确到个位)；

(2) $76.18 \div 72.43 - 0.825$(精确到十分位)；

(3) $4.083 - 3.238 \times 1.064$(精确到十分位).

20. 测得一圆柱形物体的底面直径是 3.06 分米,高是 8.25 分米,求这个圆柱形物体的体积.

第六章　量的计量

数量数量,数与量有紧密的联系.如同数(shù)诞生于数(shǔ),量(liàng)则起源于量(liáng).本章只研究一些小学数学教学中常用的量.

第一节　量的概念与计量

1　量的概念

在观察和研究周围的事物时,常常要测定和比较它们的长短、大小、重量等.事物的这些可以测定和比较的性质,就称为量.

量有不连续量和连续量之分.例如,一个班里的学生有多少,校园里的树有多少,都是不连续量;而长度、体积、质量、时间、温度、加速度等,都是连续量.

在数学和物理学及其他应用科学中,又把量分为标量和向量两种.只有大小的量称为标量(也称数量),如长度、质量、时间、密度、温度、能量等.而既有大小又有方向的量称为向量(也称矢量),如力、速度、加速度、电磁强度等.

2　量的计量

对于不连续量,我们可以计数,如班里的学生数、粉笔的支数等.对连续量,就要计量,如黑板的长度、教室的面积等.随着社会的发展,计量日益成为生产生活实践和科学技术研究必不可少的重要手段,计量的方法和工具也日益完善.

所谓计量,就是把一个未知量和一个作为标准的同类量进行比较的过程.例如,要量黑板的长是多少,就要用一把米尺来量.用米尺量黑板的过程就是计量.用来作为计量的标准的量,称为计量单位.计量一种量往往有几个大小不同的计量单位,如计量长度的就有千米、米、分米、厘米、毫米等.这些大小不同的同一类量的计量单位,人们确定其中一个为主单位,其他单位便是主单位的若干倍或若干分之一.在同类的计量单位中,较大的计量单位是较小的计量单位若干倍,这个数值称为这两个单位间的进率.以长度单位为例,米是主单位,比米大的单位有十米、百米、千米(公里),比米小的单位有分米、厘米、毫米等.每相邻两个单位间的进率都是10.十米、百米、千米称为米的十进倍数单位,而分米、厘米、毫米等则称为米的十进分数单位.

用一个计量单位来计量某一个量,结果得到这个量含有这个计量单位的若干倍,这个数值就称为这个量的量数.同一个量,用不同的计量单位来计量,得到的量数显然是不同的.例如,用米作计量单位,量得一张写字台的长是 2 米,所得的量数是 2;那么用分米来计量,写字台的长就是 20 分米,所得的量数是 20.

计量过程比计数复杂.选定一个计量单位来计量某一个量,结果往往不能得到整数量数,需要再选定一个较小的单位来计量剩下的部分.常常是用这个较小的单位来计量,还不能得到整数量数.如果想量得更精确,就需要再选定一个更小的单位来计量.常用的计量方法有以下两种:把要计量的量直接同计量单位进行比较,称为直接计量.如要量教室的长和宽,就可以用皮尺直接去量.先直接计量有关的量,再通过计算才能得到要计量的量的结果,称为间接计量.如求教室的面积等,就是间接计量.

3 计量制度

人类在文化发展的最初阶段,就已经在他们周围的环境里选取计量单位.例如,我国古代曾把成年人一步的长度作为一种长度单位,这一方法至今仍有使用,即所谓的步测.欧洲古代把成年人的脚长作为一种长度单位.显然,使用这些自然的计量单位,计量的结果并不能保持一致.于是需要更为合理的计量制度,即根据某些标准来规定计量单位,并确定同类量计量单位间的进率.但地区与地区间、国与国间,计量单位仍不相同.科技的发展,国际贸易的增加,需要建立全世界统一的计量单位.

法国在 18 世纪末制订了米制.到 19 世纪,欧洲一些国家开始采用米制,以后采用米制的国家增加到 100 多个.米制是一种以十进制为特点的计量制度,使用简便.但是,米制自创立后,随着生产和科学技术的发展,在应用过程中,在某些科学技术领域内出现了多种单位制并用的现象.如力学领域,比较常见的就有四种米制的单位制(米、千克、秒制;米、千克力、秒制;厘米、克、秒制;米、吨、秒制),致使各种单位制之间的换算非常麻烦,浪费人力、物力和时间.

为了消除多种单位制并用的现象,国际计量大会于 1960 年通过了一种国际单位制,它的国际简称为 SI,推荐各国采用.国际单位制以长度单位"米"、质量单位"千克(公斤)"、时间单位"秒"、电流单位"安培"、热力学温度单位"开尔文"、物质的量单位"摩尔"、发光强度单位"坎德拉"七个单位为基本单位,平面角单位"弧度"、立体角单位"球面度"为辅助单位,其他的单位都由基本单位和辅助单位推导出来,称为导出单位,从而建立了一种统一的计量单位制.国际单位制是在米制的基础上发展起来的一整套计量单位制,它的特点是科学、统一、简明、实用.到 1984 年,全世界以不同形式宣布向国际单位制过渡的国家已有 80 多个.

4 计量单位

我国国务院 1959 年发布《关于统一计量制度的命令》,确定米制为我国的基本计量制度.1977 年我国国务院颁布的《中华人民共和国计量管理条例(试行)》中规定要"逐步采用国际单位制".在此基础上,1984 年 2 月 27 日我国国务院发布《关于在我国统一实行法定计量单位的命令》,确定以国际单位制单位为基础的我国法定计量单位,规定了具体实施措施和步骤.从 1986 年 1 月 1 日起,我国市场贸易中使用的市制计量单位逐步进行改革,使用国家法定计量单位,即市斤、市两改用千克(公斤)、克;市尺、市寸改用米、厘米.到 1990 年已完成向国家法定计量单位的过渡.从 1991 年 1 月 1 日起正式实行国家法定计量单位.

下面对一些常用的法定计量单位说明如下.

4.1 长度单位

规定长度是一个基本量,采用国际单位制的长度单位.其主单位是米(米是光在真空中 $\dfrac{1}{299792458}$ 秒所经过的距离),它是一个 SI 基本单位.比米大的单位有十米、百米、千米(公里)等,比米小的单位有分米、厘米、毫米等.这些单位称为米的十进倍数单位和分数单位,每相邻两个单位间的进率是 10,如表 6.1 所示.

表 6.1　常用的法定长度单位

单位名称	千米(公里)	百米	十米	米	分米	厘米	毫米	微米
单位符号	km	hm	dam	m	dm	cm	mm	μm
包含的米数	10^3	10^2	10	1	10^{-1}	10^{-2}	10^{-3}	10^{-4}

此外,有国家选定的非国际单位制长度单位海里(只用于航程).

1 海里 = 1852 米.

4.2 面积单位

面积是一个导出量,采用国际单位制的面积单位.其主单位是平方米,它是 SI 基本单位米的 SI 导出单位.平方米的倍数单位和分数单位常用的有平方千米、平方分米、平方厘米等.每相邻两个单位间的进率是 100,如表 6.2 所示.此外,在计量土地面积(过去称地积)时,还可使用公顷.

表 6.2　常用法定的面积单位

单位名称	平方千米(平方公里)	平方米	平方分米	平方厘米	平方毫米
单位符号	km²	m²	dm²	cm²	mm²
包含的平方米数	10^6	1	10^{-2}	10^{-4}	10^{-6}

1 公顷 $= 1$ 平方百米 $(hm^2) = 10^4$ 平方米.

4.3　体积单位

体积是一个导出量,采用国际单位制的体积单位.其主单位是立方米,它是 SI 基本单位米的 SI 导出单位.立方米的分数单位中常用的有立方分米、立方厘米、立方毫米.每相邻两个单位间的进率都是 1000,如表 6.3 所示.

表 6.3　常用法定的体积单位

单位名称	立方米	立方分米	立方厘米	立方毫米
单位符号	m^3	dm^3	cm^3	mm^3
包含的立方米数	1	10^{-3}	10^{-6}	10^{-9}

此外,有国家选定的非国际单位制体积(容积)单位升、毫升等.

1 升 $(L,l) = 10^3 (mL,ml)$,

1 升 $= 1$ 立方分米 $= 10^{-3}$ 立方米,

1 毫升 $= 1$ 立方厘米 $= 10^{-6}$ 立方米.

4.4　质量单位

质量是一个基本量,采用国际单位制的质量单位.其主单位是千克(千克等于国际千克原器——一金属柱体的质量),它是一个 SI 基本单位.质量单位就是日常生活和贸易中的重量单位,但在物理学中,把重量与质量区分为两个不同的概念,重量单位与质量单位也不相同.物理学中的重量是指重力,用力的单位牛[顿].千克的倍数单位和分数单位中常用的有兆克(吨)、克、毫克等.质量单位各相邻单位间的关系如表 6.4 所示.

表 6.4　常用质量单位

单位名称	兆克	千克	克	毫克	微克
单位符号	Mg	kg	g	mg	μg
包含的千克数	10^3	1	10^{-3}	10^{-6}	10^{-9}

4.5　时间单位

时间是一个基本量,采用国际单位制的时间单位.其主单位是 SI 的基本单位秒(秒是铯-133 原子基态的两个超精细能级之间跃迁所对应的辐射的 9192631770 个周期的持续时间).秒的倍数单位和分数单位有千秒 (ks)、毫秒 (ms)、微秒 (μs)(在科技上应用).此外,还有国家选用的非国际单位制时间天(日)、[小]时、分.通常使用的时间单位还有世纪、年、月、星期.时间单位各相邻单位间的关系如表 6.5 所示.

表6.5　常用时间单位

单位名称	世纪	年	月	天(日)	[小]时	分	秒
单位符号		a		d	h	min	s
关系	100 年	12 个月	31 天(一、三、五、七、八、十、十二各月) 30 天(四、六、九、十一各月) 28 天(平年二月) 29 天(闰年二月)	24[小]时	60 分	60 秒	10^3 毫秒

1 天(日)也是一昼夜,是以平太阳日为准,地球绕轴自转一周的持续时间.1 天有 24 小时,可分为两段:从夜里 12 时到中午 12 时是第一段,从中午 12 时到夜里 12 时是第二段.生活中通常采用这种分段计时法.交通运输、邮电等部门,为了避免计时错误,则采用 0 时到 24 时的计时法.下午 1 时是 13 时,下午 2 时是 14 时,等等.

公历 1 年是以地球绕太阳公转相继两次通过春分点的周期(天文学上称回归年)来确定的.经过实测,这个周期是 365 天 5 小时 48 分 46 秒.为了方便,就把 365 天定为 1 年,称为平年.有些年的二月加上 1 天,这一年是 366 天,称为闰年.

经过计算,规定一般公元年数能被 4 整除的是闰年;但公元年数是整百的,必须能被 400 整除才是闰年.例如,公元 2008 年、2012 年是闰年,公元 1900 年、2100 年不是闰年,公元 2000 年、2400 年是闰年.

除了上述所讲的世界通用的公历(或称阳历)外,我国广大农民还习惯使用农历(或称夏历、阴历).农历是以月球绕着地球公转一周的时间作为 1 个月,12 个月作为 1 年.实际上,从新月开始到再出现新月的时间是 29 天 12 小时 44 分 3 秒.为了使一个月保持整天数并接近这个数,规定大月 30 天,小月 29 天;1 年为 354 天.照这样计算,农历同公历一年要相差 10 天多,于是规定每隔两三年设置一个闰月.设置闰月的年份有 13 个月.

4.6　其他单位

在科技、生产和生活中,有很多量需要计量,因而要有很多计量单位.为了方便,使所有的计量统一在一个单位制中,并使许多量的单位之间具有内在的联系,国际单位制规定 7 个基本单位(米、千克、秒等),其他绝大部分计量单位都可由这些基本单位导出.有些导出单位有专门的名称和符号,如功的单位用焦耳(J).有些导出单位没有专门的名称和符号,而由两个以上的单位相乘或相除构成,这样的单位称为组合单位.例如,某一年铁路货物周转量为 5333 亿吨公里,"吨公里"就是一个组合单位,是由吨和公里相乘构成的.速度单位"米每秒$\left(\dfrac{\text{m}}{\text{s}}\right)$"也是一个组合单位,它是由米和秒相除构成的."330 米每秒"表示每秒移动 330 米.

第二节　名　　数

1　名数的概念

量数和计量单位名称合起来称为名数,如 3 米、1 千克、5 克等.

只含有一个计量单位名称的名数称为单名数,含有两个或两个以上的同类计量单位名称的名数称为复名数.如 3 米、5 小时是单名数,3 米 2 分米、2 小时 15 分是复名数.单位间的进率是十(或一百、一千)的名数称为十进复名数,单位间的进率不是十(或一百、一千)的名数称为非十进名数.

2　名数的互化

在同类计量单位中,较大的单位是高级单位,较小的单位是低级单位.如在人民币单位元、角、分中,元对角、分来说,元是高级单位,角、分是低级单位;如果只比较角与分两个单位,那么角是高级单位,分是低级单位.

把高级单位的名数或复名数化成低级单位的名数,或把低级单位的名数化成高级单位的名数或复名数,称为名数的互化.

2.1　把高级单位的名数化成低级单位的名数

例 6.1　2 日 12 时是多少小时?

解:因为 1 日 = 24 时,2 日 = 24 时 × 2 = 48 时,

所以 2 日 12 时 = 48 时 + 12 时 = 60 时.

例 6.2　5.03 平方米是多少平方厘米?

解:因为 1 平方米 = 10000 平方厘米,

所以 5.03 平方米 × 10000 = 50300 平方厘米.

从上面的例子可以得出把高级单位的名数化成低级单位的名数的方法是:计算时,先用高级单位的量数去乘对应的进率,再加上低级单位的量数.

2.2　把低级单位的名数化成高级单位的名数

例 6.3　3500 克是多少千克?

解:因为 1000 克 = 1 千克,

所以 3500 克 = (3500 ÷ 1000) 千克 = 3.5 千克.

例 6.4　木星自转的周期是 35400 秒,化成高级单位的复名数.

解:先把 35400 秒化成分.

因为 1 分 = 60 秒,

所以 35400 秒 = (35400 ÷ 60) 分 = 590 分.

再把分化成时.

因为 1 时 = 60 分,

所以 590 分 = 9 时 50 分.

以上过程用短除法表示如下:

$$
\begin{array}{r}
60 \mid \underline{35400（秒）} \\
60 \mid \underline{590（分）} \\
9（时）\quad \cdots 50（分）
\end{array}
$$

所以　35400 秒 = 9 时 50 分.

从上面的例子可以得出把低级单位的名数化成高级单位的名数的方法是: 计算时,先用对应的进率去除低级单位的量数,如果要化成带有高级单位和低级单位的复名数,就用除得的整数商作为高级单位的量数,而余数就是低级单位的量数.

3　名数的四则运算

3.1　十进复名数的四则运算

十进复名数的四则运算,通常先把复名数化成低级单位的单名数或者改写成用小数表示的高级单位的单名数,再进行计算.

例 6.5　一个长方形桌面,长是 1 米 10 厘米,宽是 50 厘米.这个桌面的面积是多少?

解法一:先把复名数化成低级单位的单名数,再进行计算.

1 米 10 厘米 = 110 厘米,

1 米 10 厘米 × 50 厘米 = 110 厘米 × 50 厘米 = 5500 平方厘米.

答:这个桌面的面积是 5500 平方厘米.

解法二:先把复名数改写成用小数表示的高级单位的单名数,再进行计算.

1 米 10 厘米 = 1.1 米,

50 厘米 = 0.5 米,

1 米 10 厘米 × 50 厘米 = 1.1 米 × 0.5 米 = 0.55 平方米.

答:这个桌面的面积是 0.55 平方米.

3.2　非十进复名数的四则运算

非十进复名数加、减法,可以把相同计量单位的量数上下对齐,然后从最低的计量单位开始分别相加、减;也可以把复名数化成低级单位的单名数,再相加、减.

例 6.6　一列客车从北京开往天津,北京开车的时刻是 17 时 40 分,到天津的时刻是 20 时 8 分.这列客车行驶了多少时间?

解:从这一天的开始(0 时)到开车的时刻所经过的时间是 17 时 40 分,至到达的时刻所经过的时间是 20 时 8 分.用减法即可求出客车行驶的时间.

$$20 \text{ 时 } 8 \text{ 分} - 17 \text{ 时 } 40 \text{ 分} = 2 \text{ 时 } 28 \text{ 分}.$$

$$
\begin{array}{r}
19 \quad 68 \\
\cancel{20} \text{ 时 } \cancel{8} \text{ 分} \\
- 17 \text{ 时 } 40 \text{ 分} \\
\hline
2 \text{ 时 } 28 \text{ 分}
\end{array}
$$

答：这列客车行驶了 2 时 28 分.

非进复名数乘、除法,把复名数化成低级单位的名数再进行计算,比较方便;也可以根据具体情况化成分数再进行计算.

 习题二十二

1. 举例说明什么叫作量,什么叫作量数.

2. 举例说明一个量的量数和所用的计量单位有什么关系.

3. 举例说明什么叫作直接计量,什么叫作间接计量.

4. 列举常用的法定长度单位.说出每相邻两个单位间的进率.说出实际生活中长度接近于 1 米、1 厘米的物体.

5. 列举常用的法定面积单位.说出每相邻两个单位间的进率.说出实际生活中面积接近于 1 平方米、1 平方厘米的物体.

6. 列举常用的法定体积单位.说出每相邻两个单位间的进率.说出实际生活中体积接近于 1 立方米、1 立方厘米的物体.

7. 列举常用的法定质量单位.说出每相邻两个单位间的进率.说出实际生活中质量接近于 1 千克、1 克的物体.

8. 估计.

（1）估计所在教室的长、宽、高;

（2）估计教室中黑板的面积;

（3）估计书本的重量.

9. 2000 年有多少天?为什么?2010 年有多少天?为什么?

10. 什么叫名数、单名数和复名数?分别举例说明.

11. 名数的互化.

（1）3 立方米 20 立方分米 =（　　　）立方分米;

（2）5 公顷 =（　　　）平方米;

（3）2.15 小时 =（　　　）时（　　　）分;

（4）37008000 立方厘米 =（　　　）立方米（　　　）立方分米;

（5）350 克 =（　　　）千克.

12. 计算.

(1) 3 米 72 厘米 ＋2 米 45 厘米;

(2) 12 时 5 分 －8 时 45 分;

(3) 3 千克 280 克 ×4;

(4) 22 千米 86 米 ÷6.

13. 从中华人民共和国成立的那一天起到今天,经过了多少年、多少月、多少天?

14. 火星公转一周要用 1.88 年,约合多少天?其公转速度是 24100 米/秒,合每时多少千米?

15. 1 公顷阔叶林在生长季节每天能吸收 1 吨 CO_2,成人每天要排出 900 克 CO_2.照这样计算,人们每天需要造林面积多少平方米才能使空气中的 CO_2 不致增加?

16. 某地 6 月 25 日的日出时刻是早晨 4 时 55 分,日落时刻是晚上 7 时 45 分,求日照的时间.

附录1 5000 以内的质数表

2	3	5	7	11	13	17	19	23	29
31	37	41	43	47	53	59	61	67	71
73	79	83	89	97	101	103	107	109	113
127	131	137	139	149	151	157	163	167	173
179	181	191	193	197	199	211	223	227	229
233	239	241	251	257	263	269	271	277	281
283	293	307	311	313	317	331	337	347	349
353	359	367	373	379	383	389	397	401	409
419	421	431	433	439	443	449	457	461	463
467	479	487	491	499	503	509	521	523	541
547	557	563	569	571	577	587	593	599	601
607	613	617	619	631	641	643	647	653	659
661	673	677	683	691	701	709	719	727	733
739	743	751	757	761	769	773	787	797	809
811	821	823	827	829	839	853	857	859	863
877	881	883	887	907	911	919	929	937	941
947	953	967	971	977	983	991	997	1009	1013
1019	1021	1031	1033	1039	1049	1051	1061	1063	1069
1087	1091	1093	1097	1103	1109	1117	1123	1129	1151
1153	1163	1171	1181	1187	1193	1201	1213	1217	1223
1229	1231	1237	1249	1259	1277	1279	1283	1289	1291
1297	1301	1303	1307	1319	1321	1327	1361	1367	1373
1381	1399	1409	1423	1427	1429	1433	1439	1447	1451
1453	1459	1471	1481	1483	1487	1489	1493	1499	1511

续表

1523	1531	1543	1549	1553	1559	1567	1571	1579	1583
1597	1601	1607	1609	1613	1619	1621	1627	1637	1657
1663	1667	1669	1693	1697	1699	1709	1721	1723	1733
1741	1747	1753	1759	1777	1783	1787	1789	1801	1811
1823	1831	1847	1861	1867	1871	1873	1877	1879	1889
1901	1907	1913	1931	1933	1949	1951	1973	1979	1987
1993	1997	1999	2003	2011	2017	2027	2029	2039	2053
2063	2069	2081	2083	2087	2089	2099	2111	2113	2129
2131	2137	2141	2143	2153	2161	2179	2203	2207	2213
2221	2237	2239	2243	2251	2267	2269	2273	2281	2287
2293	2297	2309	2311	2333	2339	2341	2347	2351	2357
2371	2377	2381	2383	2389	2393	2399	2411	2417	2423
2437	2441	2447	2459	2467	2473	2477	2503	2521	2531
2539	2543	2549	2551	2557	2579	2591	2593	2609	2617
2621	2633	2647	2657	2659	2663	2671	2677	2683	2687
2689	2693	2699	2707	2711	2713	2719	2729	2731	2741
2749	2753	2767	2777	2789	2791	2797	2801	2803	2819
2833	2837	2843	2851	2857	2861	2879	2887	2897	2903
2909	2917	2927	2939	2953	2957	2963	2969	2971	2999
3001	3011	3019	3023	3037	3041	3049	3061	3067	3079
3083	3089	3109	3119	3121	3137	3163	3167	3169	3181
3187	3191	3203	3209	3217	3221	3229	3251	3253	3257
3259	3271	3299	3301	3307	3313	3319	3323	3329	3331
3343	3347	3359	3361	3371	3373	3389	3391	3407	3413
3433	3449	3457	3461	3463	3467	3469	3491	3499	3511
3517	3527	3529	3533	3539	3541	3547	3557	3559	3571
3581	3583	3593	3607	3613	3617	3623	3631	3637	3643
3659	3671	3673	3677	3691	3697	3701	3709	3719	3727
3733	3739	3761	3767	3769	3779	3793	3797	3803	3821

续表

3823	3833	3847	3851	3853	3863	3877	3881	3889	3907
3911	3917	3919	3923	3929	3931	3943	3947	3967	3989
4001	4003	4007	4013	4019	4021	4027	4049	4051	4057
4073	4079	4091	4093	4099	4111	4127	4129	4133	4139
4153	4157	4159	4177	4201	4211	4217	4219	4229	4231
4241	4243	4253	4259	4261	4271	4273	4283	4289	4297
4327	4337	4339	4349	4357	4363	4373	4391	4397	4409
4421	4423	4441	4447	4451	4457	4463	4481	4483	4493
4507	4513	4517	4519	4523	4547	4549	4561	4567	4583
4591	4597	4603	4621	4637	4639	4643	4649	4651	4657
4663	4673	4679	4691	4703	4721	4723	4729	4733	4751
4759	4783	4787	4789	4793	4799	4801	4813	4817	4831
4861	4871	4877	4889	4903	4909	4919	4931	4933	4937
4943	4951	4957	4967	4969	4973	4987	4993	4999	

附录2 有关质数的一些猜想

有关质数的猜想有很多,可以说质数领域是产生猜想的"富矿".其中的许多猜想都很有名,当然最有名气的恐怕要数哥德巴赫猜想了,因为那是皇冠上的明珠啊!

1 孪生质数

欧几里得提出并证明了"质数有无穷多"这一著名的数学定理.后来,人们通过变换这一定理条件的方法提出了种种猜想."孪生质数猜想"就是其中的一个.若 p 是质数, $p+2$ 亦是质数,则称 $(p, p+2)$ 是一对孪生质数.如 $(3,5)$;$(5,7)$;$(11,13)$;$(17,19)$;$(101,103)$;$(10016957,10016959)$…都是孪生质数.孪生质数显然是质数中的一部分,但人们却改变"质数有无穷多"这一定理的条件,提出"孪生质数有无穷多"这一数学猜想.这个猜想至今尚未解决.

截至 2006 年,已知最大的孪生质数为 $100314512544015 \cdot 2^{171960} \pm 1$,这是由匈牙利数学家所发现的.它们是 51780 位数.

陈景润证明了:存在无穷多个质数 p,使得 $p+2$ 要么是质数,要么是两个质数的乘积.

进一步地,人们提出三生质数及 n 生质数无穷多的猜想.显然,它们是孪生质数猜想的推广猜想.

三生质数是指:若 p 是质数, $p+2$, $p+4$ 也是质数,则称 $(p, p+2, p+4)$ 为三生质数.如 3,5,7 就是一个三生质数的例子.

所谓" n 生质数猜想",就是假定 $i_1 < i_2 < \cdots < i_{n-1}$ $(n>1)$ 是 $(n-1)$ 个自然数, p 是质数,且 $p+i_1, p+i_2, \cdots, p+i_{n-1}$ 也都是质数,则称 $(p, p+i_1, p+i_2, \cdots, p+i_{n-1})$ 是 n 生质数组.例如四生质数有:担式孪生质数(形如 $p, p+2, p+6, p+8$): 101,103,107,109;1481,1483,1487,1489;25301,25303,25307,25309…担式差6质数(形如 $p, p+6, p+22, p+28$): 151,157,173,179;3301,3307,3323,3329;9181,9187,9203,9209…可以看出它们都有成密集分布现象,有一个高密度分布区,就是说具有不均匀性.数学家们难以量化,找不到合适的公式来表述这一现象.

2 质数三角不等式

设 $\pi(x)$ 表示不大于 x 的质数的个数,则人们根据三角不等式,猜想有 $\pi(x)+$

$\pi(y) \geqslant \pi(x+y)$，此即 $\pi(x)$ 三角不等式.

但是，有意思的是，数学家汉斯和黎加尔斯于 1973 年借助计算机证明了 $\pi(x)$ 三角不等式猜想与孪生质数猜想是矛盾的.这就是说，两个猜想至少有一个是不正确的.你猜想哪个是不正确的?

3　质数的二次函数表示

设二次函数 $f(x) = x^2 - x + 2$，则 $f(1) = 2$ 是质数. $f(x) = x^2 - x + 3$，则 $f(1) = 3, f(2) = 5$ 是质数.又 $f(x) = x^2 - x + 5$，当 $x = 1, 2, 3, 4$ 时均为质数.此时人们猜想，当 p 是质数时，$f(x) = x^2 - x + p$，当 $p = 1, 2, 3, \cdots, p-1$ 时，其函数值都为质数.这样，人们认为找到了表示质数的二次函数的一般方法.这一猜想的有名例子是欧拉首先提出的.欧拉发现的二次函数 $f(x) = x^2 - x + 41$，当 $x = 1$，$2, 3, \cdots, 40$ 时都是质数.

这一猜想当 $p = 2, 3, 5, \cdots, 41$ 都是正确的. $p = 43$ 呢?即 $f(x) = x^2 - x + 43$ 时，$f(2) = 45$ 是合数.当 $p = 47$ 时，$f(x) = x^2 - x + 47$，$f(2) = 49$ 是合数.当 $f(x) = x^2 - x + 53$ 时，$f(2) = 55$ 是合数.于是我们又会有这样的猜想，当 $p > 41$ 时，$f(x) = x^2 - x + p$ 就不再满足上述性质.事实上，这一猜想是正确的.它的正确性，在 20 世纪 60 年代被人所证明.

既然要使 x 从 1 到 $p-1$，$f(x)$ 全为质数，这样的二次函数 $f(x) = x^2 - x + p$，当 $p > 41$ 时是不存在的，人们自然会转而寻找这样的 p，使 $f(x) = x^2 - x + p$ 产生尽可能的质数.毕格尔发现 $f(x) = x^2 - x + 72491$，当 $x = 1, 2, 3, \cdots, 11000$ 时，$f(x)$ 都是质数.这个纪录至今未有人能打破.更一般的二次函数又如何呢?数学家们发现 $f(x) = x^2 - x + 41$ 在 x 从 1 至 107 时，质数的生成率达 47.5%；$f(x) = 4x^2 + 170x + 1847$ 在 x 从 1 至 105 时，质数生成率达 46.6%；$f(x) = x^2 + 4x + 59$ 在 x 从 1 至 105 时质数生成率达 43.7%.人们自然要问，能否找到生成质数更多的二次函数?

一件非常有趣的事是，$f(x) = 60x^2 - 170x + 12150$，当 $x = 1, 2, 3, \cdots, 20$ 时，$f(x) - 1$ 和 $f(x) + 1$ 竟是连续 20 对的孪生质数.

4　质数等差数列

我们都知道数列 $3, 5, 7, \cdots$ 是一等差数列，其中含有一个由质数构成的无穷子数列 $3, 5, 7, 11, 13, \cdots$ 其中的 $3, 5, 7$ 就是一个质数等差数列.等差数列 $2, 5, 8, 11, \cdots$ 中也有一个由质数构成的子数列 $5, 11, 17, 23, 29$.自然人们要想，能否找到更大的质数等差数列?有没有无穷质数等差数列?至今人们找到项数为 10 的质数等差数列是 $199, 409, 619, 829, 1039, 1249, 1459, 1669, 1879, 2089$.一个首项是 107928278317，公差为 9922782870，项数为 18 的质数等差数列.找到它可真非易事.它是美国数学家普尔查德于 1978 年用计算机并花了 1 个月的时间才找到的.1984 年普尔查德又找到了一个 19 项的,首项为 8297644381,公差为 4180566390 的质数等差数列.这是我们目前所知的最好结果.

5 每位数字都是 1 的质数

我们将由 i 个 1 组成的数记作 A_i,如 $A_1 = 1, A_2 = 11, A_3 = 111$,那么 $A_2 = 11$ 是质数,$A_{19} = 1111111111111111111$ 是质数.数学家验证了 A_1 至 A_{358} 中的每一个数,发现除 A_2 和 A_{19} 外,只有 A_{23} 和 A_{317} 是质数.而 2,19,23,317 均是质数,自然我们会猜想 n 是质数是 A_n 为质数的必要条件.要找到一个 A_i 形的质数是很不容易的.A_{317} 是美国数学家威里亚姆斯发现的,曾轰动一时.那么下一个呢?数学家们猜想下一个是 A_{1301},你认为呢?

6 回文质数

我们来看 11,13,17,19,37,79 这 6 个质数,将它们倒过来得 11,31,71,91,73,97 仍然是质数.这样的质数,人们把它们称作回文质数.如果将 13 和 31 作为一对回文质数,那么 100 之内的回文质数共有 6 对.如果不计像 11 与 11 这一对重复的,则 100 以内共有 5 对无重复的回文质数.利用 1000 以内的质数表,我们很容易统计出 1000 以内共有 30 对回文质数,不重复的有 18 对.很自然的人们要问,这种回文质数的对数是有限的还是无限的?至今尚未有答案.

更有趣的是,数学家发现所谓的循环回文质数,如 11939,19391,93911,39119,91193 这 5 个质数,首先它们都是回文质数,其次它们的各个数字是循环的,故称为循环回文质数.自然两位回文质数也是循环回文质数.三位的循环回文质数有以下四组: 113,131,311;197,971,719;199,991,919;337,373,733.目前已知的最大的一组循环回文质数是: 193939,939391,393919,939193,391939,919393.那么还有没有更大的循环回文质数?如果有,如何把它找出来?一般地,循环回文质数是有限个还是无限个?回答是不知道.

对上述有关问题你又有何猜想?

7 升降质数

还有被称为升降质数的也很有趣.如 23,23456789,1234567891 这三个质数,其特点是各个数位上的数字是由若干个相邻的数字由小到大,或是按由 1 至 9 再由 1 至 9 的全部或其一部分排列而成的.人们称它们为上升质数.相反的是所谓的下降质数,如 43,1987,76543 都是下降质数.目前已知的这类数中的最大者是 1234567891234567891234567891,它是个 28 位数,够大的了.还有没有更大的?如果有,下一个是哪个数?

8 已知的最大质数

欧几里得证明了质数是无限的,因而也就没有最大的质数.但是要找出一个足够大的质数也并非易事.历史上曾有许多著名数学家为此作出努力,并取得了好成绩.1772年,已是双目失明的欧拉证明了 $2^{31}-1=2147483647$ 是一个质数,这是当时人们所能知道的最大一个质数.后来人们借助计算机不断刷新纪录.1985年发现 $2^{216091}-1$ 是质数,它是个65050位数,真正的天文数字.2001年12月10日德国《明镜》周刊报道,一名20岁的加拿大青年发现了人类迄今为止所发现的最大质数 $2^{13466917}-1$.这个质数是一个4053946位的正整数,如果用5号铅字将它印出,它的长度将有6000米长.

这位20岁的青年名叫米哈依尔·卡梅隆,他是使用自己的计算机自愿参加一个名为"国际搜寻梅森质数工程"的活动中发现这个质数的.有人在电脑上运行了45天,证明了 $2^{13466917}-1$ 是质数.这是截至2001年为止所找到的最大质数.这个数字有多大呢?它是4053946位数,如果一张A4的纸可以印2000个阿拉伯数字的话,那也得要密密麻麻地印上2000多张纸才能将这个数字印完呢!找出这么大的质数到底有什么意义?除了满足人类的好奇心之外,较大的功用恐怕是可以用来展示电脑运算速度的突破吧!

据《新科学家》杂志2003年12月2日报道,美国密歇根州立大学化工系研究生麦克·薛佛,发现当时最大的一个梅森质数,它可用 $2^{20996011}-1$ 表示,共有6320430位数.它比上一个梅森质数多了约200万位.假如要将这个数写出来,大概要花5星期.

麦克·薛佛是"网际网路梅森质数搜寻计划"(GIMPS)的志愿参与者,他是在2003年11月17日发现这个质数,但同年12月2日才得到验证.

若只用一部电脑,计算这个梅森质数需时2.5万年.但薛佛是"互联网梅森质数大搜索"活动成员,他的个人电脑和逾20万台普通电脑都下载了计算梅森质数的程序,在闲置时参加运算,形成超级电脑一样的运算能力,只花了两年时间,就找到1966年至今第4个梅森质数.美国有组织已设立了10万美元奖金,鼓励首位找到超过千万位的质数的人.

2005年2月28日设在美国奥兰多的梅森质数搜索组织正式公布,德国一名数学爱好者近日发现了迄今最大的质数.这个质数有780多万位,它是 $2^{25964951}-1$.

据报道,这个新发现的质数是梅森质数家族的第42位成员,它也是当时已知最大的质数.这位名叫马丁·诺瓦克的数学爱好者是德国一名眼科医生,他利用主频为2.4GHz的个人电脑运行梅森质数计算程序,经过50多天的持续运算终于在2月18日得到了这个7816230位的质数.它比此前发现的最大质数多50万位.5天之后,一名法国专家独立验证了这一结果.

另据报道,2005年12月15日,中密苏里州立大学的库珀和布诺教授发现了第43个梅森质数——$2^{30402457}-1$.这是当时所知的最大质数.它是个9152052位数.如果用普通字符写下来,这个梅森质数有4万多米长.而第42个梅森质数写下来,是3万多米长.如果以2000个数字为一页的话,第43个梅森质数要大概2140多页才能显示完.这个新质数在 5 天内由法国的一名专家在一台超级计算机上独立核算验证.

这意味着美国的 Electronic Frontier 基金会为第一个找到 1000 万位长度的质数而设立的 10 万美元大奖仍然等待着最终归宿.

由上可知,充当"最大质数"者往往是梅森质数.

9 哥德巴赫猜想

1742 年 6 月 7 日,德国数学家哥德巴赫在给他的好友 —— 住在俄国的大数学家欧拉的信中提出如下问题,请欧拉给予回答:

(1) 每一个偶数 $n \geqslant 6$,都是两个奇素数 p,q 之和,即 $n = p + q$;

(2) 每一个奇数 $n \geqslant 9$,都是三个奇素数 p_1,p_2,p_3 之和,即 $n = p_1 + p_2 + p_3$.

这就是著名的哥德巴赫猜想.其中(1) 称为偶数哥德巴赫猜想;(2) 称为奇数哥德巴赫猜想(已基本解决).所以现在大家所说的哥德巴赫猜想都指的是(1).

哥德巴赫猜想自 1742 年被提出后,许多数学家陆续作出了越来越接近最后解决[假定以偶数 = (1 + 1) 来表示]的成果:

1924 年,雷特马赫(Rademacher,1892—1969) 证明了:偶数 = (7 + 7);

1932 年,爱斯特曼(Estermann) 证明了:偶数 = (6 + 6);

1938 年,布赫斯塔勃(Byxwrao) 证明了:偶数 = (5 + 5);

1940 年,布赫斯塔勃证明了:偶数 = (4 + 4);

1950 年,维诺格拉多夫(Vinogradov,1891—1983) 证明了:偶数 = (3 + 3);

1958 年,王元证明了:偶数 = (2 + 3);

1962 年,潘承洞证明了:偶数 = (1 + 5);

1962 年,王元和潘承洞证明了:偶数 = (1 + 4);

1965 年,布赫斯塔勃等证明了:偶数 = (1 + 3);

1973 年,陈景润证明了:偶数 = (1 + 2).

我国数学家陈景润的"1 + 2",离最后结果"1 + 1"还差一步之遥.

附录3　祖冲之与圆周率

　　古时候,求算圆周率的值是数学中一个非常重要也是非常困难的研究课题.中国古代许多数学家都致力于圆周率的计算,而公元 5 世纪祖冲之所取得的成就可以说是圆周率计算的一个跃进.祖冲之(公元 429—500),字文远,祖籍范阳郡遒县(今河北涞源县),南北朝时期杰出的数学家、天文学家和机械制造家.公元 429 年生于建康(今江苏南京)一个官宦人家.他家历代都对天文历法有研究,他从小就接触数学和天文知识.公元 464 年,祖冲之 35 岁时,他开始计算圆周率.

　　在中国古代,人们从实践中认识到,圆的周长是"圆径一而周三有余",也就是圆的周长是圆直径的三倍多,但是多多少,意见不一.在祖冲之之前,中国数学家刘徽提出了计算圆周率的科学方法 ——"割圆术",用圆内接正多边形的周长来逼近圆周长,用这种方法,刘徽计算圆周率到小数点后 4 位数.祖冲之在前人的基础上,经过刻苦钻研,反复演算,将圆周率推算至小数点后 7 位数,并指出 $3.1415926 < \pi < 3.1415927$,还得出了圆周率分数形式的近似值.

　　$3.1415926 < \pi < 3.1415927$,这一结果的重要意义在于指出误差的范围,是当时世界上最杰出的成就.事实上,我国古代数学家何承天(公元 370—447)用 $\frac{22}{7}$ 表示圆周率 π 的近似值,称为疏率;祖冲之则用 $\frac{355}{113}$ 表示圆周率,称为密率.其中密率 $\frac{355}{113}$,西方直到 16 世纪才由德国人 V.奥托发现.祖冲之的结果领先了 1000 多年.而 $\frac{22}{7} \approx 3.14$,$\frac{355}{113} \approx 3.1415929$.$\frac{355}{113}$ 是三个成对奇数 113355 再折两段组成,优美、规整、易记.为了纪念祖冲之的杰出贡献,有些外国数学史家把圆周率 π 的密率叫作"祖率".

　　祖冲之究竟用什么方法得出这一结果,现在无从考查.如果设想他按刘徽的"割圆术"方法去求的话,就要计算到圆内接 16384 边形,这需要花费多少时间和付出多么巨大的劳动啊!

　　这一光辉成就,也充分反映了我国古代数学高度发展的水平.祖冲之,不仅受到中国人民的敬仰,同时也受到世界各国科学界人士的推崇.1960 年,苏联科学家在研究了月球背面的照片以后,用世界上一些最有贡献的科学家的名字来命名那上面的山谷,其中有一座环形山被命名为"祖冲之环形山".1964 年 11 月 9 日为了纪念祖冲之对我国和世界科学文化作出的伟大贡献,紫金山天文台将 1964 年发现的、国际永久编号为 1888 的小行星命名为"祖冲之星".

我们现在计算圆周率就简单方便得多了,只要设计一个程序,就可用计算机来计算.以下给出的是小数点后 1000 位的圆周率:

$\pi = 3.$ 1415926535 8979323846 2643383279 5028841971 6939937510
5820974944 5923078164 0628620899 8628034825 3421170679 8214808651
3282306647 0938446095 5058223172 5359408128 4811174502 8410270193
8521105559 6446229489 5493038196 4428810975 6659334461 2847564823
3786783165 2712019091 4564856692 3460348610 4543266482 1339360726
0249141273 7245870066 0631558817 4881520920 9628292540 9171536436
7892590360 0113305305 4882046652 1384146951 9415116094 3305727036
5759591953 0921861173 8193261179 3105118548 0744623799 6274956735
1885752724 8912279381 8301194912 9833673362 4406566430 8602139494
6395224737 1907021798 6094370277 0539217176 2931767523 8467481846
7669405132 0005681271 4526356082 7785771342 7577896091 7363717872
1468440901 2249534301 4654958537 1050792279 6892589235 4201995611
2129021960 8640344181 5981362977 4771309960 5187072113 4999999837
2978049951 0597317328 1609631859 5024459455 3469083026 4252230825
3344685035 2619311881 7101000313 7838752886 5875332083 8142061717
7669147303 5982534904 2875546873 1159562863 8823537875 9375195778
1857780532 1712268066 1300192787 6611195909 2164201989…

圆周率 π 除了可以用无限不循环小数与连分数表示出来以外,还可用其他方法来表示.下面我们给出它的另外两种表示方法:

$$\pi = 2 \cdot \frac{2}{1} \cdot \frac{2}{3} \cdot \frac{4}{3} \cdot \frac{4}{5} \cdot \frac{6}{5} \cdot \frac{6}{7} \cdot \cdots$$

$$\frac{\pi}{4} = 1 - \frac{1}{3} + \frac{1}{5} - \frac{1}{7} + \frac{1}{9} - \frac{1}{11} + \cdots$$

参 考 文 献

1. 洪潮,王明欢,等.小学数学基础理论和教法(第一册)[M].北京:人民教育出版社,1984.

2. 人民教育出版社小学数学室.小学数学教材教法(第一册)[M].北京:人民教育出版社,2001.

3. 周华辅,夏炎炎,等.代数与初等函数[M].北京:人民教育出版社,1982.

4. 闵嗣鹤,严士健.初等数论[M].北京:高等教育出版社,2003.

5. 杨世明,王雪琴.数学发现的艺术[M].青岛:中国海洋大学出版社,1998.

6. 杨迅文.尝试·猜测·推想[M].福州:福建教育出版社,1985.

7. 维林金,等.中小学数学的现代基础[M].上海:上海科学技术出版社,1987.

8. 别尔曼.数与数的科学[M].北京:商务印书馆,1957.

9. 兰道.分析基础[M].北京:高等教育出版社.1958.

10. 汪文贤.数学思维论[M].杭州:浙江摄影出版社,2007.

11. 汪文贤.数学问题论[M].北京:研究出版社,2007.

12. 汪文贤.一道百分数应用题的多种解法[J].小学教学研究,1993(5):1.

13. 汪文贤.抓住不变量,解答应用题[J].小学教学研究,1996(6):2.

14. 汪文贤.百分数的定义及教学要点[J].进修之友,1992.